中山舰

打捞与文物保护利用

湖北省水下文化遗产保护中心
国家水下文化遗产保护武汉基地
武汉市中山舰博物馆

编著

科学出版社
北京

图书在版编目（CIP）数据

中山舰打捞与文物保护利用 / 湖北省水下文化遗产保护中心，国家水下文化遗产保护武汉基地，武汉市中山舰博物馆编著. —北京：科学出版社，2019.10

ISBN 978-7-03-062517-5

Ⅰ.①中… Ⅱ.①湖… ②国… ③武… Ⅲ.①中山舰事件（1926）–文物保护 Ⅳ.①K262.810.6

中国版本图书馆CIP数据核字（2019）第224209号

责任编辑：王光明／责任校对：邹慧卿
责任印制：肖　兴／书籍设计：北京美光设计制版有限公司

科　学　出　版　社 出版

北京东黄城根北街16号
邮政编码：100717
http://www.sciencep.com

北京华联印刷有限公司 印刷

科学出版社发行　各地新华书店经销

*

2019年10月第　一　版　开本：889×1194　1/16
2019年10月第一次印刷　印张：15 1/4
字数：439 000

定价：328.00 元
（如有印装质量问题，我社负责调换）

中山舰打捞与文物保护利用
编委会

主　编

朱祥德　王瑞华

副 主 编

赵　耀　陈　淳　刘新阳　黄文建　刘　念

编撰人员

朱祥德　王瑞华　李　劲　赵　耀　陈　淳
刘新阳　黄文建　刘　念　陈　娟　朱世乾
罗　丹　李立新　胡珏珩　吕昌霖　刘　艾
熊　超

3 个月前，我曾有机会参加了由中国博物馆协会航海博物馆专业委员会组织的武汉年会，发表了题为《江汉朝宗：水运视角下的武汉》的演讲。或许是出于这一机缘，湖北省水下文化遗产保护中心的朱祥德主任找到我，希望我为即将出版的《中山舰打捞与文物保护利用》写一篇序，盛意难却，只好应承下来。

中外闻名的中山舰自 1938 年 10 月被日本战机击沉于湖北武汉金口江面后，在江底沉睡了 59 年，它虽从民众的视野中消失日久，但其英名和功业一直为后人所景仰。在消失近一个甲子之后的 1997 年，中山舰终于由当地政府组织力量打捞出水，并引起了不小的轰动。

我自己曾耕耘于辛亥革命史和中国近现代史园地近 40 年，当然也会对在近代史上有着重大影响的一代名舰十分关注。我知道，中山舰出水后，在湖北省文物局的具体指导下，武汉市文物部门组织力量进行了紧锣密鼓的舰体修复、保护和展示活动，并于 2011 年 9 月，在中山舰沉没地武汉金口长江边建成的中山舰博物馆正式对外开放，举办了中山舰舰体复原陈列、一代名舰——中山舰史迹陈列、中山舰出水文物精品陈列等常设展览，向世人全方位地展示一代名舰的前世今生。据说每天到中山舰博物馆纪念孙中山，瞻仰、缅怀抗日英烈，一睹名舰风采的观众络绎不绝。每遇节假日，更有大批青少年学生踊跃地来中山舰博物馆参观学习。该馆已成为第一批国家级抗战纪念设施、遗址、首批国家国防教育示范基地、全国爱国主义教育基地、海峡两岸交流基地、国家一级博物馆、湖北高校省级实习实训基地。

打捞、修复、保护、陈列中山舰是一项较为庞大的系统工程。这在我国水下考古史上尚属首例，可以说，开创了中国大型舰船水下考古发掘的先河。在实施打捞、修复、保护、陈列中山舰的过程中，相关文物保护部门积累了丰富的实践经验，对于我国水下考古事业来说，无疑是一笔宝贵的财富。

现在，湖北省水下文化遗产保护中心、国家水下文化遗产保护武汉基地和武汉市中山舰博物馆的工作人员，又将这 21 年来围绕中山舰整体打捞、舰体修复、舰上文物发掘清理和保护、中山舰爱国主义教育基地建设等的工作编撰成报告，予以出版，这是非常值得肯定的。它既为史学界研究中山舰历史提供了资料上的便利，也为普通读者了解这一历史过程提供了宝贵的参考。就历史教育意义而言，该报告的出版，对于揭示近代中国人民奋勇抗争的光辉历史具有重要意义，对于反映文物保护技术成果、促进我国水下文化遗产的保护和利用具有重要意义，同时对于感谢所有为中山舰打捞和保护工作做出贡献的人们具有重要意义。

我相信，该书的印行出版，不仅有利于人们了解当时的历史，而且有助于激发人民群众的爱国主义热情，永远铭记历史教训，为国家和民族的未来而戮力同心，不断奋斗。

是为序。

马敏

2018 年 10 月于武昌

目录

第五章　中山舰博物馆和中山舰爱国主义教育基地建设

第六章　结语

附录

第一章

概述

第一节

中山舰的光辉历程

中山舰，原名"永丰舰"，在中国近代舰船史上，中山舰仅仅是一艘普通的中型炮舰，它之所以能成为中国近代史上的一代名舰，主要是因为它追随孙中山先生进行过不屈不挠的革命斗争，并在抗日战争中勇战强敌，为中国近代革命和民族解放事业做出了不平凡的贡献，是中国近代历史的重要见证。

一、名舰东来

1895 年甲午海战，北洋海军全军覆没。1909 年，清政府重提振兴海军之议，设立筹办海军事务处，任命贝勒载洵、海军提督萨镇冰为筹办海军事务处大臣。1910 年，载洵、萨镇冰赴日本考察海军军备，他们代表清政府分别向日本三菱长崎造船所和神户川崎造船所订购了 2 艘钢木结构的浅水型炮舰，即后来分别被命名为"永丰"和"永翔"的姊妹炮舰。

1911 年，正是永丰舰开工建造这一年，辛亥革命爆发，革命军推翻了清王朝，建立了中华民国。1912 年初，北洋政府派李国圻、熊贞泷赴日监造永丰舰。1912 年 6 月，永丰舰建成。船身长 205 英尺，船宽 29.5 英尺，排水量 780 吨，吃水 8 英尺，功率 1350 马力，时速 13.5 海里，配备阿式十生的五炮 1 门，阿式七生的五炮 1 门，阿式三磅炮 4 门，马式一磅炮 2 门，载煤量 150 吨，载淡水量 16 吨，全船配员兵 108 名。永丰舰是日本三菱长崎造船所为外国制造的第一艘军舰，因此，长崎造船所为永丰舰举行了隆重的下水仪式。但由于当时中国未付清订购款项，永丰舰未能交付使用。1913 年 1 月，袁世凯执掌的北洋政府与日本政府达成付款协议后，长崎造船所将永丰舰交付北洋政府，并在上海吴淞口编入袁世凯的北洋政府海军第一舰队服役，原湖鹗号鱼雷艇艇长林霆亮海军少校任首任舰长。

二、参与护法运动

1917 年 7 月 1 日，张勋复辟帝制，把废帝溥仪拥上"皇帝"宝座。孙中山对张勋拥清复辟极为愤慨。1917 年 7 月 6 日，孙中山同廖仲恺、朱执信、何香凝、章太炎等人乘海琛号巡洋舰由上海南下，准备在广州筹划武力讨伐张勋。但张勋复辟很快失败，皖系军阀段祺瑞复任国务总理，乘机控制北京政府，拒绝恢复《中华民国临时约法》和召开国会，准备另行召集临时参议院，重新制定国会组织法和选举法，选举新国会。

孙中山坚持民主主义革命立场，对段祺瑞的专制统治进行坚决斗争。1917 年 7 月 17 日，孙中山到达广州，毅然举起了"护法"大旗。海军总长程璧光积极响应护法号召，与海军第一舰队司令林葆怿发表《讨贼檄文》。7 月 21 日，程璧光率第一舰队主力海圻、海琛、永丰等共计 10 舰，由上海吴淞口南下广州，与停泊在广州的楚豫、永翔 2 艘军舰汇合，组成了西南护法舰队，成为支持孙中山护法斗争的重要军事力量。

1917 年 8 月 25 日至 9 月 1 日，孙中山在广州主持召开了国会非常会议，会议宣布成立护法军政府、选举孙中山为陆海军大元帅。护法军政府的成立，是孙中山联络西南各界护法力量的初步成果。然而，参与建立护法军政府的粤、桂、滇、黔、湘西南各省军阀并不真正奉行《中华民国临时约法》、支持国会。他们口头上附和护法，实际上只是为了利用孙中山先生的名望来扩大自己的影响，维护在各自地盘上的势力，以达到军阀割据的目的。

滇系军阀唐继尧、桂系军阀陆廷荣从一开始就多方抵制和破坏护法运动。1917 年 11 月，桂系决定由莫荣新暂代广东督军。然而莫荣新上任后却蔑视孙中山："孙某之政府，空头之政府也，彼无兵无饷，吾辈但取不理之态度，彼至不能支持之时，自然解散而去。"[1] 1918 年 1 月 2 日，广东督军莫荣新枪杀多名大元帅府警卫，孙中山先生忍无可忍，于 1 月 3 日亲率海军同安、豫章两舰炮击观音山广东督军署，驱逐莫荣新。此次行动，护法海军成为正处于孤立寡援境地的孙中山先生的一个有力臂膀。

以永丰舰为骨干的海军舰队虽然未能给莫荣新以致命一击，却在一定程度上打击了桂系军阀的嚣张气焰，莫荣新亦赴大元帅府向孙中山先生致歉。但不久，桂系军阀为除掉政敌，派刺客暗杀了海军总长程璧光，护法海军从此被桂系军阀所挟制，孙中山被迫离开广东，返回上海，第一次护法运动失败。

[1]　转引自汪朝光：《中国近代通史》［第六卷民国的初建（1912—1923）］第三章"军阀纷争与南北对峙"，江苏人民出版社，2009 年。

三、保护中山脱险

1919 年五四运动爆发，俄国十月革命胜利，孙中山深受鼓舞和启发，坚定了他再度南征、重夺广东革命大本营、再造共和的信念。1919 年 10 月 10 日，孙中山正式重新改组国民党，即改"中华革命党"为"中国国民党"，以党为革命领导中心，重新迈开革命步伐。

1920 年 8 月，孙中山扶植的援闽粤军回粤讨伐窃据广东的桂系军阀。很快，援闽粤军占领广东，把桂系逐回广西，重新掌控了护法海军舰队。11 月，孙中山在广东军民欢迎下由上海抵达广州，重组军政府，并发起第二次护法运动，以大元帅的名义任命粤军统帅陈炯明为粤军总司令兼广东省省长。1921 年 4 月 7 日，国会非常会议召开，孙中山当选为非常大总统。

1921 年 8 月，两广统一后，孙中山决定乘胜出师北伐，但陈炯明为了保存自己的军事实力、维系自己的地盘，不愿意北伐，要求留在广州，搞联省自治，与孙中山逐渐分裂。1922 年 6 月 16 日，陈炯明先发制人，占领观音山，炮轰总统府。孙中山先生身陷险境，最终在总统府守军的拼死抵抗和机智掩护下，逃离总统府。脱险之后，孙中山临时登上停泊于长堤边的宝璧舰。护法舰队司令温树德便将孙中山安排在自己的座舰——永翔舰上。永丰舰舰长冯肇宪等人认为孙中山先生在永翔舰上并不安全，遂设法请孙中山到永丰舰给官兵们训话，并劝说孙中山最后到了永丰舰上避难。不久，温树德叛变投敌，率海圻、海琛、肇和三艘大巡洋舰撤离黄埔。此后的 50 多天，孙中山遂以永丰舰为座舰，亲自指挥舰队作战，冲出叛军火力包围，

图 1-1　1923 年 8 月，孙中山先生携宋庆龄与永丰舰官兵合影留念

最后驻泊于相对安全的广州租界——白鹅潭。第二次护法运动失败后，孙中山改乘英国炮舰摩轩号前往香港。

这次广州蒙难事件，永丰舰官兵鼎力相救，成功地承担起保卫孙中山先生的重任。永丰舰作为孙中山先生的座舰，为保卫孙中山先生做出了不可替代的贡献。1923 年 8 月，在广州蒙难一周年之际，孙中山先生携夫人宋庆龄重登永丰舰，看望曾经风雨同舟、生死相依 54 天的永丰舰官兵（图 1-1）。

1924 年 10 月，孙中山先生应冯玉祥之邀北上商讨和平解决南北问题，11 月乘永丰舰离广北上，此行也是孙中山先生最后一次乘坐永丰舰。1925 年 3 月 12 日孙中山先生逝世后，3 月 21 日，中国国民党中央执行委员会即决定将永丰舰改名为"中山舰"，作为对中山先生的永久纪念。4 月 13 日，广州国民政府在永丰舰上举行"永丰军舰易名中山军舰"开幕典礼，正式将永丰舰改名为"中山舰"。胡汉民、伍朝枢、廖仲恺等党政要员出席命名大会并发表演讲。

四、中山舰事件 [2]

1924 年 1 月，国民党召开第一次全国代表大会，确立了"联俄、联共、扶助农工"的三大政策，促成了第一次国共合作。而且，1925 年，国共两党在共产国际的援助下建立了广东革命根据地和广州国民政府，筹备了

[2]　关于中山舰事件，可以参考杨天石：《"中山舰事件"之谜》，《历史研究》1988 年第 2 期；杨奎松：《走向"三二〇"之路》，《历史研究》2002 年第 6 期；王奇生：《中国近代通史》［第七卷国共合作与国民革命（1924—1927）］第五章第六节"中山舰事件"，江苏人民出版社，2009 年。

国民革命军。然而随着时局的变化，国民党右派反俄、排共倾向日益加剧，蒋介石随着自己地位的日益提升与稳固，独裁倾向也日益显现，在左右派之间摇摆不定，汪精卫、蒋介石二人之间也产生了矛盾，中山舰事件就是在此情况下发生的。

1926年3月18日，一艘由上海开往广州的商轮被土匪劫掠，停泊于黄埔上游。黄埔军校值班人员接到调舰保护求助，因军校暂无舰可调，值班人员便请黄埔军校驻广州办事处支援。时任办事处主任的欧阳钟（国民党党员、孙文主义学会骨干）要求海军方面派一艘军舰救援。海军局代局长李之龙（中共党员、青年军人联合会骨干）派遣时为蒋介石座舰的中山舰前往。

中山舰于3月19日上午驶抵黄埔。中山舰停泊黄埔期间，海军局作战科科长邹毅告诉李之龙，俄国考察团想参观中山舰，俄顾问也咨询中山舰是否在广州。李之龙电话请示因公滞留在广州的蒋介石，可否将中山舰从黄埔调回广州。蒋介石表示"我没有要你开去，你要开回来，就开回来好了，何必问我做什么呢"。此后蒋介石颇感事态蹊跷，深觉其中有诈。在此之前，蒋介石已听闻时任广州市政委员会委员长的伍朝枢等人编造的谣言，说汪精卫和俄国顾问季山嘉阴谋强迫蒋介石去莫斯科"受训"。蒋介石联想到自己的赴俄护照刚刚得到批准，于是怀疑汪精卫等人企图挟持自己到中山舰，威逼自己去海参崴。随后，蒋介石回到东山寓所，召集部下连夜开会商议对策，最后决定先发制人。

3月20日凌晨，蒋介石在广州实行戒严，逮捕海军局代局长李之龙，控制中山舰，包围省港罢工委员会，收缴工人纠察队的枪械，解除俄国顾问队的武器，拘押了卫戍广州的第2师党代表中的共产党员。十几个小时之后，未见任何抵抗，蒋介石意识到自己反应过当，便于事变当日下午，在初步判定并不存在特别的危险和阴谋之后，取消了戒严，交还了收缴的武器，并释放了被软禁的中共党代表。

中山舰事件后，蒋介石又借"整理党务"进一步排除共产党、打压汪精卫等人，掌握了军政大权。

五、金口抗战殉国

1937年7月7日，日军发动全面侵华战争。中山舰奉命调入长江巡防。此时中山舰舰长为萨师俊，他是近代海军宿将萨镇冰的侄孙。由于战斗的折损，加上海军舰只自沉江底以阻塞河道以阻挡日本军舰长驱直入长江，中国海军损失惨重。排水量仅为780吨的浅水型炮舰——中山舰，先后参加了海军封锁长江的任务、武汉保卫战，在1938年时已经成为中国海军最大的战舰。此时海军的任务并非同日本海军决战，而是在长江沿线偷袭敌军和布施水雷。由于不参与作战，中山舰上的大炮被拆卸下来用以装备陆上炮台，仅在舰上加装2门高射炮以满足巡防的需要。

1938年6月，武汉会战前夕，中山舰奉命由岳阳水域开赴武汉，担任嘉鱼、新堤到金口一带的航道封锁任务。海军总司令陈绍宽上将曾以中山舰为座舰在武汉及附近水域指挥战事。

　　1938 年 10 月 24 日，中山舰接到海军部电报，开赴金口执行从金口至城陵矶江面的警戒和保护武汉疏散的运输任务。此时，武汉已经面临全部沦陷的危险。上午 9 时许，中山舰到达嘉鱼附近即被日军侦察机发现；11 时许，又有 9 架轰炸机飞过中山舰，中山舰发炮攻击，日机并未攻击，侦察后离去；下午 3 时许，中山舰抵达金口水域，6 架日军飞机发动了多轮袭击。起初，中山舰在水中蛇形游弋，并给予日军飞机以还击，日机很难炸中。但之后，中山舰主炮发生故障，不敌日本飞机轮番低空轰炸，驾驶台被炸毁，萨师俊不幸被炸断左腿，右腿、左臂亦受重伤。但他仍强忍剧痛，继续指挥官兵作战。不久，中山舰尾部被日军炮弹击中，轮机长黄孝春、轮机兵郭奇珊等当场牺牲，左舷也被日军战机炮弹击中，被炸出一个 1 米见方的大洞，江水涌向舰中，并逐渐漫进锅炉，炉火熄灭，中山舰停止前进，舰体开始向江中下沉。在此危急时刻，舰长萨师俊命令官兵先转移。副舰长吕叔奋一边指挥作战，一边下令放下舢板将舰长萨师俊和重伤员转移。当日军战机发现舢板载人离舰后立即俯冲下来用机关枪扫射舢板上的官兵，萨师俊舰长和伤员全部壮烈殉国。中山舰也缓缓地沉入长江金口龙床矶江底。自此，中山舰一直安眠于长江金口水域。

第二节　打捞中山舰的紧迫性和必要性

中山舰于 1938 年 10 月 24 日在长江金口水域因遭日机轰炸、受重创而沉没江底。长江作为沟通我国东部沿海和西南腹地的运输大动脉，是我国运量最大、运输最繁忙的通航河流。长江干线航道上的沉船不仅仅有中山舰，还有历史上由于各种原因形成的众多沉船，这些沉船不可避免地影响船舶通航安全和航运发展。因此，国家和沿江各省（市、区）多次组织力量疏浚长江航道，并对部分历史沉船沉物进行打捞清障，以提高长江干线航道的通航能力，减少长江干线航道船舶航行风险。从 20 世纪 50 年代起，长江沿岸城市一些打捞队为了清理航道，同时获取经济效益，对长江水域的沉船进行了探摸和打捞。"大跃进"时期，在"以钢为纲"方针指引下，长江沿线城市打捞队甚至掀起了打捞沉船的高潮，各打捞单位都承担了高指标打捞沉船的任务，一直持续到"文化大革命"前夕 [3]。而从目前所了解的情况看，各打捞单位所制定的历史沉船打捞方案均是破坏性的商业打捞，不符合文物保护要求。据了解，江苏省靖江打捞队和长江航道局打捞队曾分别于 1966 年和 1985 年制定过打捞计划。他们选择的打捞方案是：用硝化甘油胶质炸药在水下爆破，对舰体进行解体打捞。因此，中山舰沉在江底并不安全，随时面临因疏浚航道而被打捞清障及因私人打捞而被破坏的风险。

一代名舰中山舰在中国近现代史上具有极其重要的历史价值。中山舰在 1913～1938 年服役期间，先后经历了护法运动、孙中山广州蒙难、中山舰事件、武汉保卫战等重大历史事件。中山舰不仅记载着孙中山先生历经磨难、矢志救国的坎坷历程，记载着孙中山先生作为中国民主革命的先行者的丰功伟绩，同时也体现了中华民族不畏强暴、抗击侵略、英勇献身的伟大爱国主义精神，凝聚了一段中国近现代历史的中山舰是海内外炎黄子孙心中的一座丰碑。

将中山舰打捞出水，修复保护和陈列展示，运用它对广大人民群众进行爱国主义教育、中国近现代革命历史传统教育，对于激发广大人民群众的爱国热情、促进祖国的和平统一有着重要意义。

中山舰作为一代名舰，在国内外有着广泛影响，将其打捞出水并陈列展示，进行旅游开发，有利于促进国内外交流，团结海内外华人华侨支援我国的现代化建设。同时，也可以更好地推动中山舰文物所在地的旅游开发和经济发展。

中山舰作为重要的历史文物，不论是舰体本身还是舰上的其他文物，都能提供重要、具体的历史文化信息，有利于人们更全面、深入地了解当时的历史，对推动相关历史研究具有重要的学术价值。

因此，打捞中山舰是一项具有政治意义和深远历史影响的工程。为了更好地保护中山舰，发挥其爱国主义教育作用，必须尽快打捞中山舰。

---

[3]　周崇发：《风雨中山舰》，海天出版社，2013 年，第 43 页。

中山舰作为一代名舰，自 20 世纪 80 年代以来受到社会的广泛关注，湖北、江苏、广东三省都希望将其打捞出水，在各自省会城市展出，以缅怀孙中山先生和革命先烈，进行爱国主义教育。

1986 年 5 月，湖北省在辛亥革命武昌起义纪念馆举办"孙中山先生生平事迹（图片）展"，前来参观的有关领导和文物专家建议将沉没在长江金口水域的中山舰打捞出来，供世人瞻仰。这一建议因新闻媒体的报道而在社会上引起了强烈的反响。1986 年 6 月，江苏省文化厅致函湖北省文化厅，表达了由江苏省负责打捞中山舰的想法。湖北省文化厅认为，中山舰沉没在湖北省境内，湖北省有责任与义务对该文物进行考古发掘与保护，因此中山舰应由湖北省文化厅负责打捞。湖北省文化厅于 1986 年 8 月 29 日向湖北省政府呈报了《关于申请打捞重要革命文物中山舰的报告》。报告陈述了由湖北省负责打捞中山舰的几点主要理由：

① 武昌是孙中山先生领导的辛亥革命首义之地；

② 中山舰是在武汉保卫战中喋血金口的；

③ 第一次国共合作时期于 1926 年发生的中山舰事件中的重要人物、时任中山舰舰长李之龙是湖北沔阳人；

④ 大革命后期国民政府曾定都武汉；

⑤ 中山舰沉没在长江武汉段，根据《中华人民共和国文物保护法》第一章总则第八条"地方各级人民政府负责本行政区域内的文物保护"的相关规定，湖北省有责任与义务保护好本行政区域内的文物。

湖北省副省长梁淑芬看过报告后，做出了"由湖北省文化厅提出打捞和修复的经费预算，以及筹集经费的渠道，然后再报省政府审定"的批示。

江苏省则一直希望获得中山舰打捞权。1988 年 1 月 28 日，江苏省文化厅、江苏省旅游局向国家文物局呈报了《关于打捞中山舰的请示报告》。报告提出由江苏省自筹资金组织打捞中山舰，运往南京陈列，供国内外游人参观，进行爱国主义教育。其理由是南京是孙中山先生于 1912 年就任中华民国临时大总统的地方，孙中山先生的陵墓也在这里。1988 年 2 月 26 日，国家文物局将江苏省的报告转交给湖北省文化厅。湖北省文化厅于 1988 年 3 月 7 日向国家文物局呈报了《关于打捞中山舰有关问题意见的报告》，明确表示不同意江苏省打捞，重申由湖北省打捞中山舰的立场和理由，3 月 23 日又向国家文物局呈报了《湖北省文化厅关于要求打捞中山舰的报告》，陈述了打捞中山舰的紧迫性和必要性，以及湖北省政府领导希望湖北省打捞中山舰的意见，恳请国家文物局批准由湖北省打捞中山舰并派遣水下考古研究人员来湖北省指导探测工作。

国家文物局就打捞中山舰征求湖北省文化厅意见后，经慎重研究，于 1988 年 3 月 25 日正式以〔1988〕文物字第 162 号文批复江苏省文化厅："中山舰是我国重要水下文物之一，具有重要的政治和历史价值，必须采取慎重和科学的方法进行发掘；中山舰现存于湖北境内长江水下，湖北省政府及文物部门明确表示已经制定出打捞方案，待论证后报我局审批。鉴于以上情况，此事可由湖北省筹备、申请，报

第三节　由湖北省实施打捞中山舰

我局批准后方可施行。"至此，国家文物局已明确了中山舰的打捞权归于湖北省。中山舰打捞筹备工作在上级有关部门的支持下，在社会各界、海内外友人的关注下，逐渐展开。1988年5月，湖北省邀请中国人民解放军三八六一八部队深潜探摸所赴长江金口水域开展探摸，确定了中山舰沉没的方位。但因经费不足等诸多原因，此后几年，湖北打捞计划迟迟没有开展。经济实力雄厚的广东趁机提出打捞中山舰的设想，并做了大量的争取工作。1993年5月，广东省召开第七次党代会，广州代表团提出由广东筹措一笔资金将中山舰接回"娘家"置于黄埔军校展出，作为建设岭南文化的重要内容之一。这一提议引起与会代表的共鸣。1994年2月，广州市人民政府向湖北省人民政府发出了《关于鄂穗两地携手联合打捞"中山舰"的函》。3月，来自广东的13名全国政协委员向全国政协八届二次会议提交了《关于由广州市负责将"中山舰"打捞运回广州黄埔陈列》的提案。6月，广东省人民政府致函湖北省人民政府，建议由广东、湖北两省共同打捞中山舰并将其运回广州黄埔港陈列。7月，广东省人民政府向国务院呈报了《关于要求由广东湖北两省共同打捞中山舰并将其运回广州黄埔陈列问题的请示》。面对广东的竞争，湖北省委、省政府高度重视，1994年5月，湖北省人民政府向国务院呈报了《关于恳请批准打捞"中山舰"的请示》，强调中山舰沉没在湖北省境内，打捞、修复、保护、陈列中山舰是湖北省义不容辞的责任，湖北省已为打捞中山舰做好了准备工作，打捞的条件已成熟，并恳请国务院批准由湖北省继续完成中山舰的打捞、修复、保护、陈列工作。9月，湖北省委书记关广富主持召开常委会，强调打捞中山舰的重大意义，明确打捞、修缮、陈列中山舰是湖北省义不容辞的责任，要下决心把这项工作做好，并成立了由湖北省省长贾志杰任组长的湖北省打捞、修缮、陈列、保护中山舰工作领导小组，加强领导。在湖北省委、省政府的正确领导下，湖北省继续精心组织实施打捞前期各项筹备工作。湖北省筹备工作得到国务院有关领导和国家文物局的充分肯定。1995年9月，湖北省人民政府向国务院呈报了《关于在今年长江枯水季节打捞中山舰的请示》，11月，国家文物局以〔1995〕文物文字第935号文批复，同意由湖北省打捞中山舰。至此，湖北、江苏、广东中山舰打捞权之争尘埃落定。三省争取中山舰打捞权和争建中山舰爱国主义教育基地，充分地体现了人民对孙中山先生的崇敬和对抗日英烈的缅怀。

　　湖北省在实施中山舰打捞、保护等工作中，党中央、国务院高度重视，国务院专门批准湖北省成立中山舰专项基金，时任中共中央政治局委员、国务委员李铁映和全国政协副主席何鲁丽亲自到场见证了中山舰打捞出水的历史性一刻。国家文物局自始至终都加强对中山舰打捞、保护等工作的指导。湖北省委、省政府加强对中山舰打捞、保护等工作的领导，成立了湖北省打捞、修缮、陈列、保护中山舰工作领导小组，主要领导多次主持召开相关会议，专题研究中山舰打捞、保护等工作，精心组织实施。湖北省从筹备打捞中山舰到中山舰博物馆和爱国主义教育基地建成对外开放，分省、市两个阶段组织实施。1999年5月以前，湖北省政府负责组织实施中山舰打捞申报，打捞前的调查、探查，中山舰打捞、修复方案的制定及整体打捞出水设想、文物的清理与保护计划、爱国主义教育基地的选址等工作。1999年5月，湖北省政府将中山舰整体移交武汉市政府后，武汉市政府成立了武汉市修缮、保护、陈列中山舰工作领导小组，主要负责组织实施中山舰修复、迁移，中山舰博物馆和爱国主义教育基地建设、陈列、保护等工作，同时，湖北省文化厅、湖北省文物局加强对文物保护和陈列展示工作的业务指导。湖北省在组织实施中山舰打捞、修复、保护等工作中，认真贯彻落实《中华人民共和国文物保护法》，注重依靠文物保护、历史、考古、船舶设计制造、打捞等各领域的专家，周密论证，广泛听取专家意见，保证了打捞和整个文物保护工作的科学性。

中山舰的打捞、保护等工作也得到社会各界的广泛关注和积极支持。中国第一历史档案馆、中国人民解放军海军司令部资料室、南京博物院等积极地向湖北省提供历史资料。解放军三八六一八部队和解放军三七二〇六部队潜水作业队积极地承担中山舰前期探摸工作，确定了中山舰的准确沉没地点。长江水利委员会、中国船舶工业总公司第七〇一研究所、重庆长江救助打捞公司、湖北船厂等开展科研攻关，圆满地完成了中山舰打捞、保护等有关工作任务。海内外同胞踊跃捐款，共捐款2377万元，为中山舰的打捞和保护等提供了资金资助。

从筹备打捞中山舰到中山舰博物馆、爱国主义教育基地建成对外开放，20多年来，从政府到民间，从国内到海外，无数关心支持中山舰保护工作的单位和个人付出了大量汗水和心血，使沉没江底59年的中山舰如今有尊严地展现在世人面前。

第二章

打捞中山舰

中山舰沉没于长江金口水域（图2-1、图2-2）。金口以金水河入长江口得名，古称涂口。金口位于今武汉市江夏区，距离武汉市中心城区27千米，地处长江中游南岸、武汉经济技术开发区东部，南与嘉鱼县毗邻，北与洪山区接壤，西与汉南区、武汉经济技术开发区隔江相望。地处长江中游之要冲，其赤矶山与纱帽山、槐山与大军山，上下夹江相峙，扼锁大江，形成军事上易守难攻的天然屏障，乃历代兵家必争之地。附近江面宽约1000米，六七月进入汛期后江面宽1200多米。中山舰沉没地点正在距离金口2.5千米的龙床矶附近，与大军山隔江相望。

金口地区属中亚热带向北亚热带过渡的湿润季风气候，春季天气多变，雨量集中，梅雨明显；盛夏时天气晴朗炎热，多干旱风；秋季气温下降较快，晴多雨少；冬季寒冷少雨，常有大雪。长年平均气温为15.8 ~ 17℃，极端最低气温为−18.1℃，极端最高气温为41.3℃。本区降水量大，年平均降水量在1000 ~ 1450毫米。雨量集中在4 ~ 10月，占全年总降雨量的84% ~ 88%，日雨量大于50毫米（暴雨）的天数平均每年有4天左右，日雨量大于10毫米的天数平均每年有40天左右。梅雨期雨水较多，造成洪涝。区域内地表水系发育、湖泊众多，地下水位相应较高。

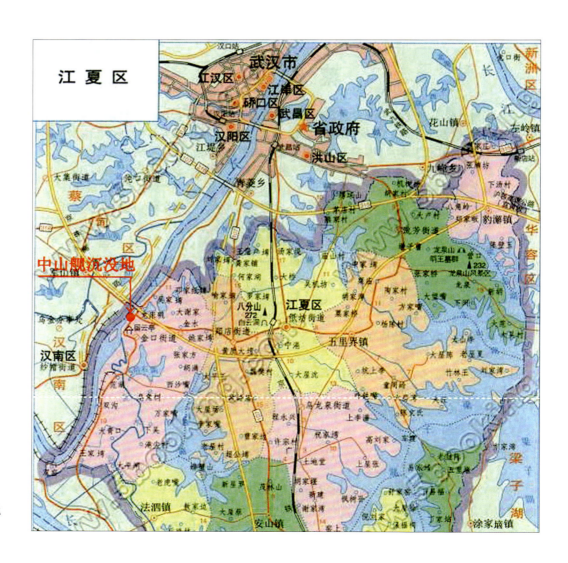

图2-1　中山舰沉没地地理位置示意图

图 2-2　龙床矶及附近水域

该地区具有明显的季风气候特征，年平均风速为 1.9 米 / 秒，以 7 月份平均风速最大，为 2.3 米 / 秒，各风向下最大风速为 29.6 米 / 秒。

龙床矶附近区域总体地貌属南高北低的剥蚀构造丘陵与垄岗平原区。此区域内，大军山为最高点，海拔 196.7 米，其山顶基岩裸露。山麓为残积层，由含碎石的黏性土组成，构成长江三级阶地，标高 40 ～ 60 米。垄岗平原地带则由冲洪积形成的黏性土组成，构成长江二级阶地，标高 23 ～ 40 米。两岸为高约 8 米的人工堤防，堤顶标高 29 ～ 30 米，河床断面呈"U"形。近长江两岸平坦农田地带由冲洪积形成的黏性土和沙性土组成，构成长江一级阶地及河漫滩，标高 20 ～ 24 米。

从水道条件来看，长江中游金口水道上起杨灯头与煤炭洲水道衔接，下迄大军山与沌口水道相连，全长 15 千米。该水道在中游航道里程 29.5 ～ 33 千米处河心有一江心洲（铁板洲）将该水道分为左、右两汊，洲滩中部长年出露于水面。金口水道主航道基本按照深槽走向布置，从上至下布置为：繁矶至铁板洲洲头段为由左岸向右岸过渡的过河航道，铁板洲右汊内金鸡窝以上为沿右岸布置的沿岸航道，金鸡窝以下至龙床矶段航道偏向河心，龙床矶至吴家湾段为分心偏右岸布置的河心航道。其中在中游航道里程 26 ～ 28.5 千米处为军山长江大桥桥区航道。

龙床矶地处金口水道河流主航线靠近南岸的位置，江底较为平坦，最低点标高 −5.43 米。地层基本结构为第四系松散层和泥灰岩。覆盖层自上而下分为淤泥、粉细砂层、细砾石砂层、泥灰岩等。松散层厚约 20 米，水中覆盖层为洪水时冲积沉淀的淤泥或砂层，厚度与江水流速及河道有关，江中心局部无覆盖层。在当地冬季实地勘察过程中，测得最大水深为 25 米，最大流速为 3 米 / 秒，水位日变化幅度为 0.5 米。勘察期内平均风速为 2.5 米 / 秒。根据所采集的水体样本，龙床矶附近水域平均水温为 15.7℃，平均 pH 值为 8.47，水体偏碱性。

第二节

打捞前的调查与初步探查

　　1986年8月，湖北省文化厅开始着手中山舰打捞的前期调查工作，调查的首要任务则是确定沉船是否为中山舰及中山舰沉船的具体位置。参加筹备打捞中山舰的工作人员多次前往金口古镇，寻访当地于1938年10月24日目睹过中山舰喋血金口的老人，并对走访人员的讲述——进行记录。由于事隔40多年，访问对象的记忆也不尽一致，只能确定中山舰当年沉戈江底的范围在大军山及龙床矶这一段300米的水域内，至于这段水域到底有多少条沉船却不清楚。在走访相关人员的同时，工作人员也查阅了诸多的历史文献资料。在1980年出版的《武汉春秋》第1期中，刊载有廖方楠所撰《中山舰血战金口目击记》一文，文中提到当时金口血战时有中山舰和江陵舰，这2艘军舰被日机相继炸沉。而时任海军司令陈绍宽在《海军抗战记事》一书中，则记录了当年同日与日机作战的有中山、勇胜、楚同、楚谦、湖隼舰，只有中山舰在战斗中被日机炸沉，并未提及江陵舰。同样，中山舰幸存者、枪炮长魏振基的回忆手稿也未提及江陵舰。从文献的可信度来看，陈绍宽和魏振基的记述更为可靠。经核实，魏振基将回忆内容写在几张稿纸上交中山舰博物馆收藏（图2-3）。

　　1986年11月，文物工作人员走访了长江航道局武汉分局打捞队，从队长戴开俊处了解到，早在1966年4月5日，江苏省靖江打捞队潜水员卫宝发曾在金口水域探摸到中山舰沉没的确切位置，并于4月15日撰写了《勘测中山舰记录》，绘制了几张沉船水域图。随后不久，长江航道局武汉分局打捞队也在该水域进行了数次探摸，撰写了调查记录并绘制了测绘图。尽管这份记录报告和图纸已过去了20年，但这些资料无疑是湖北省打捞中山舰筹备小组得到的最翔实可靠的有关中山舰沉没位置的档案资料。

　　1988年3月26日，湖北省文化厅向中国人民解放军三八六一八部队司令部提交了《关于请求打捞中山舰的函》，希望得到海军方面的打捞探测帮助。海军方面积极给予支持，并派三八六一八部队深潜探摸所副所长张火烟等人前往武汉洽谈具

图2-3　魏振基提供手稿

体事宜，于4月20日与湖北方面的代表辛亥革命武昌起义纪念馆签订了《中山舰整体打捞现场探摸协议》，确定5月初对金口水域疑似中山舰沉船进行水下探摸，时间暂定10天，探摸中所获取的实物和资料全部交给湖北省文物部门。

　　1988年5月1日，张火烟副所长带领应大丰、殷晓宝、何增顺、赵军建、车跃进5名潜水员和其他保障人员共12人到达武汉。5月3日选派潜水员应大丰、殷晓宝在当地渔民引导下从金口水域下潜探摸，未找到疑似中山舰沉船。5月4日，在当地渔民的指引下，潜水员应大丰在离3号军用码头500米处的右前方江中心再次下水，终于探摸到了沉船。此次探摸从1988年5月3日至5月7日，由三八六一八部队深潜探摸所副所长张火烟带队，为期5天，确定了中山舰沉没方位，从舰上打捞出启动变阻器（图2-4）、120毫米空弹头、钢索、栏杆架和钢板等散落物品，并于5月11日向湖北省文化厅提交了《中山舰探摸工程结果报告》。报告记录了沉舰位置、沉舰在水中的状态、沉舰外廓尺寸、各舱室状况、江底底质情况等数据，以及打捞出的炮弹头、启动变阻器和舷窗等物品。由于此次探摸是轻潜作业，潜水员每次在水下只能工作1小时，再加上对中山舰舰体特征等资料准备不够充分，因此，虽然探摸发现船体多处地方与中山舰历史照片相似，但终究未能获取最直观的物证来证明沉船即为中山舰。湖北省文化厅请中国人民解放军海军工程学院材料力学实验室对金属残物进行了强度检测，出具了《中山舰钢板强度检验结果》。检验结果显示：金属残物的最大拉力为830千克，所能承受的平均拉力值为711kg/cm。随后，湖北省文化厅又把打捞起来的金属残物送往武昌造船厂中心实验室进行了金相分析，中心实验室出具《中山舰金相试验报告》。报告显示：钢板组织为细小的铁素体＋珠光体，晶粒度为7～8级；铁素体和珠光体呈带状分布，带状组织级别为3.5级，为低碳钢。以上三份报告的结果显示，沉船虽然在江底50年，船体亦多处破损，但沉船的主龙骨结构并未损坏，船体金属的锈蚀程度也没有所预

图2-4　潜水员打捞出的启动变阻器

[1988年5月7日，海军潜水员（从左至右）应大丰、车跃进、殷晓宝，正在托起刚出水的中山舰上的启动变阻器，剥去上面的小贝壳，进行辨认时的情景]

想的那么严重。

此后一段时间，湖北省因资金筹措困难，中山舰打捞工作曾一度陷入困境，进展缓慢。1993 年 11 月 15 日，湖北省政府向海军司令部呈报了《关于恳请海军帮助打捞中山舰的函》。1994 年 1 月 26 日，海军司令部派作战部、航海保证部代表和湖北省文化厅代表于北京在海军司令部作战部进行了商谈。海军代表认为前一次的探摸没能确定沉船的身份和沉船的整体结构及强度，必须进行第二次水下探摸勘测，然后再请专家论证成功打捞的可靠性。1994 年 3 月 2 日，海军司令部航海保证部和北海舰队防救大队的负责人一行 7 人来到武汉金口进行实地考察，并与湖北省文化厅签订《探摸"中山舰"协议书》。协议主要内容有：确定沉船准确位置；尽最大努力获取能够确认中山舰的物证；获取沉船相关参数；探摸工程结束后提供沉船调查报告。

1994 年 3 月 25 日，中国人民解放军三七二〇六部队潜水作业队一行 25 人在队长周文刚大校的带领下驻扎金口，对疑似中山舰沉船进行第二次探测。3 月 29 日上午，作业队找到沉船，成功地将定位船固定在沉船上方水面。此次探摸作业的主要任务是获取能够确认沉船为中山舰的物证。此前，时任辛亥革命武昌起义纪念馆副馆长梁华平同志在湖北省图书馆查找到 1925 年 3 月 31 日和 4 月 14 日的 2 份《广州民国日报》（图 2-5、图 2-6）。从这 2 份时报中得知，1925 年 3 月 12 日孙中山先生在北京逝世后，桂军总部顾问雷在汉曾致电国民党中央执行委员会，建议将"永丰军舰改名中山军舰"。而 4 月 14 日发行的《广州民国日报》上则刊载了《永丰军舰改名中山军舰开幕典礼之盛况》的新闻。新闻中写道："……全舰高悬万国旗，舰首油涂青天白日党旗一面，以铜片刻'中山'二字在舰尾'永丰'原位……"因此，潜水员需探摸舰尾处有无"中山"二字的铜牌，便可知沉船是否为中山舰。

1994 年 4 月 3 日下午，潜水作业队副队长安树余根据文物部门提供的资料，在舰尾处摸到了镶嵌的铜牌，依笔画确认为"中山"二字。由于江水下的能见度为零，为稳妥起见，潜水作业队队长周文刚大校又派潜水员李树成下水再次探摸验证，确

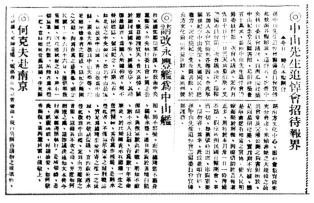

图 2-5　1925 年 3 月 31 日，《广州民国日报》上刊载的雷在汉的提议

图 2-6　1925 年 4 月 14 日，《广州民国日报》上刊载《永丰军舰改名中山军舰》的新闻

认是"中山"二字无疑。至此，沉船的身份得到了正式确认。4 月 7 日，第二次探摸圆满结束。此次探摸作业为期 14 天，下潜 45 人次，计 48 小时，探摸得到了一些有关沉船的数据，特别是沉船的身份得到了确认。

1994 年 4 月 15 日，潜水作业队根据先前与湖北省文化厅签订的协议，依据探摸勘测的数据，完成了《中山舰沉船调查报告》，并绘制了《中山舰沉船方位图》《中山舰沉座江底示意图》，详细地记录了中山舰主尺度、在水底的状态、破损程度、淤泥分布情况及江底底质特征等详细的资料。基本完成了既定的探摸作业目标，特别是沉船身份的确认。

根据湖北省打捞中山舰工作人员的走访调查，结合 1966 年 4 月 15 日江苏省靖江打捞队的《勘测中山舰记录》及测绘图、1988 年 5 月 11 日三八六一八部队的《中山舰探摸工程结果报告》及 1994 年 4 月 15 日三七二〇六部队潜水作业队的《中山舰沉船调查报告》《中山舰沉船方位图》《中山舰沉座江底示意图》分析，沉船的基本情况得到确定：中山舰沉没于金口大军山跨江电缆塔下游 500 余米处的副航道江底，距北岸 580 余米，距南岸 320 余米（图 2-7）；舰尾顶流向上游的铁板洲，舰首向下游的武昌，顺江呈 45°，舰体呈 85°角，以左舷侧卧河床上（图 2-8）；河床为礁石，淤沙不多，洪水期水流较急，枯、中水期水流较缓。舰体龙骨完好，甲板、舷板等金属锈蚀程度不大。周围无其他大的障碍物，有利于中山舰将来的扶正及整体打捞工作。

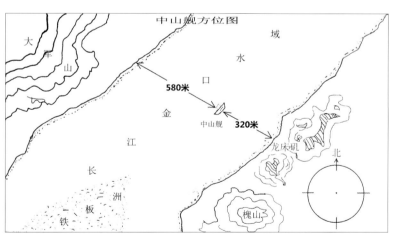

图 2-7　中山舰沉船方位图

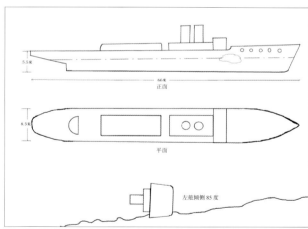

图 2-8　中山舰沉座江底示意图

　　中山舰打捞是一项特殊、复杂的工作，湖北省委、省政府多次召开专题会议研究该项工作。1994年9月2日，中共湖北省委书记关广富主持召开常委会，听取湖北省文化厅关于筹备中山舰打捞等工作进展情况与下一步工作意见的汇报，并对有关问题进行了研究。会议决定：打捞、修缮、保护、陈列中山舰是湖北省义不容辞的光荣职责；打捞中山舰利在当代，功在千秋，海内外爱国人士颇为关心，湖北一定要下决心把这项工作做好；打捞工作必须做到万无一失，对历史负责；中山舰的修缮、保护方案和陈列、展览方案要请有关专家进一步论证；中山舰出水后，要精心保护，按原貌进行修缮，选择最佳基地兴建陈列馆；成立湖北省打捞、修缮、陈列、保护中山舰工作领导小组，湖北省省长贾志杰任组长，回良玉、李大强、王重农、韩南鹏同志，民革湖北省委主委沈克昌及中国人民解放军湖北省军区、武汉市政府的一位主要负责同志任副组长，湖北省直有关单位和海军方面负责同志任领导小组成员。1996年7月5日，湖北省委召开常委会，对进一步做好打捞、保护中山舰工作提出重要意见，决定在湖北省打捞、修缮、陈列、保护中山舰工作领导小组下设办公室，由湖北省政府分管秘书长任主任。办公室下设秘书处、财务处、工程处、募集处、开发处，分别负责中山舰打捞、修复、选址、规划、资金筹集、综合开发等工作。参加领导小组的湖北省直有关部门领导按业务分工负责有关处的工作。

　　湖北省文化厅具体负责组织制定中山舰打捞方案及其论证工作。1995年1月10日至11日，湖北省文化厅在武昌召开中山舰打捞方案可行性专家论证会，出席会议的有打捞、造船、文物等领域22个单位的29名专家。专家们在听取了三七二〇六部队潜水作业队的沉船探摸报告后，对三七二〇六部队、重庆长江救助打捞公司、武汉长江航道救助打捞局和华中航运集团水下工程公司等单位提出的多种打捞方法进行了对比分析。现对几种打捞方法进行简要介绍。

　　一是分段打捞法。分段打捞法即采取水下切割解体打捞，分2～3个枯水期（3～4年）完成。但这种打捞方法用时长，且不符合文物保护的要求。中山舰是我国近现代史上有重要地位的革命文物，根据文物保护基本原则，采用分段打捞法打捞中山舰是不适宜的。

　　二是浮筒打捞法。浮筒打捞法即在打捞工程中利用打捞浮筒的浮力抬举（浮）沉船的方法。具体实施方法为，在头年的枯水季节由潜水员潜入江底，在舰体两侧系好浮筒后充气使舰体浮起来，再将舰体绞上江滩进行清理和修补，等到第二年涨水时节再把中山舰拖到船厂进行修复。我国在20世纪50年代中期开始采用此种打捞方法，并逐步在沉船打捞工程中推广运用，积累了一定的经验。但这种打捞方法用时过长，在内河沉船施工作业中，打捞受力点少，受力面积小，且在浮筒充气抬浮时，浮筒在流水作业中不能妥善归位，摆动幅度大，随时会对舰体形成撞击、挤压。中山舰经历战争和人为重创，在江底侧卧57年之久，舰体强度恐难以满足整体抬浮的要求。因此，浮筒打捞法不适合中山舰的整体打捞。

　　三是浮吊打捞法。浮吊打捞法即在沉船上系2根钢缆，再用起重吨位较大的浮吊船舶上的龙门吊将沉船整体吊起来。目前这种龙门吊可一次吊起2500吨的载重，用来吊中山舰绰绰有余，但因南京长江大桥的高度限制，上海的龙门吊无法到达武汉水域。而且这种方法受力点太少，对被打捞的沉船的船体强度要求高，否则钢缆会把舰体切断。

四是封舱抽水法。封舱抽水法即清除沉船舱室的泥沙后，放入气囊并封闭船舱舱室，向里充气，使舰体增加自身浮力，从而使沉舰浮出水面。但中山舰是受重创沉没的，且后来又多次遭人为切割损坏，舰体舷窗、入孔、门道、电线导缆孔、破口破洞甚多，各舱室又太小，难以达到封闭充气浮船的目的。

五是抬撬打捞法。抬撬打捞法：用一对抬驳或多组抬驳分布于沉船上方两边，采取水底穿套千斤（即钢缆），并按沉船重力分布，沿沉船纵向布钢缆，再用复滑车组（数组）与抬船（驳）千斤和卷扬机连接，卷扬机安置在两边抬驳上，待各钢缆布置妥当后，启动卷扬机，徐徐收绞复滑车和钢缆，将沉船抬绞出水。抬撬打捞法可视沉船自重、积沙、船体强度等情况布置钢缆数量，以满足沉船强度要求。抬撬打捞能在流水环境中作业，是一种常用的传统打捞法，此种打捞法在以往实际作业中也积累有大量的经验，可使沉船一次性整体打捞出水，很适合打捞船体强度较差的沉船。

与会专家对分段打捞法、浮筒打捞法、浮吊打捞法、封舱抽水法、抬撬打捞法方案进行了深入的研究和认真的讨论，最终形成以下一致意见。

其一，考虑到中山舰是我国近现代史上有重要地位的革命文物，根据文物保护基本原则，应采取整体打捞。结合探摸情况，分析对比几种打捞方案后，认为采用双驳抬撬打捞法在技术上是可行的，能使舰体在打捞过程中受力较均匀，对保护文物有利。

其二，中山舰的打捞不同于一般沉船打捞，为达到中山舰整体安全出水的目的，在技术方面认为：一是在技术上要进一步深入调查，搜集必要的资料，包括船舶原始图纸，要进一步探摸，要针对船体受损情况采取切实有效的固强措施；二是施工单位应制定出打捞技术设计、施工组织设计，包括必要的计算；三是要按照河床土质针对左舷底的情况研究穿千斤的作业。在上述工作基础上，施工单位应制定出打捞技术设计、施工组织设计。

其三，建议湖北省将中山舰的打捞与出水后的保护、陈列结合在一起考虑，同步制定可行的保护措施与陈列方案。

1995年2月15日，湖北省文化厅向湖北省人民政府报告了专家认证会的结果，建议采用双驳抬撬打捞法对中山舰实施整体打捞。具体打捞施工单位待重庆长江救助打捞公司和华中航运集团水下工程公司投标后，经专家们评标优选，再报湖北省政府审批。由于华中航运集团水下工程公司最后放弃竞标，因此正式打捞工作由重庆长江救助打捞公司承担。

重庆长江救助打捞公司为科学地制定打捞实施方案，于1995年3月15日至23日对中山舰进行了第三次水下探摸（图2-9）。第三次探摸由重庆长江救助打捞公司李光辉带队，并邀请了中国历史博物馆水下考古研究室张威主任带领水下考古人

图 2-9　对中山舰进行第
三次探摸

员对沉舰局部进行了水下拍摄。此次探摸历时 9 天，下潜 42 人次，水下作业 60 小时。此次探摸成功地在水下拍摄到"中山"铭牌的照片，进一步确认了沉船身份。重庆长江救助打捞公司根据这次探摸所得数据编制了《中山舰勘测报告》，并以此为重要依据制定出了《"中山舰"整体打捞工程施工方案》。

　　1995 年 7 月，湖北省文化厅将重庆长江救助打捞公司制定的《"中山舰"整体打捞工程施工方案》和中山舰保护课题组制定的《中山舰打捞后修复保护方案》一并呈报国家文物局。国家文物局于 8 月 29 日至 30 日在北京召开有历史、文物、考古方面的专家参加的中山舰打捞、修复保护方案可行性专家论证会，专家组组长为中国文物研究所研究员黄景略。专家对《"中山舰"整体打捞工程施工方案》《中山舰打捞后修复保护方案》的可行性进行了为期 2 天的认证，形成了以下论证意见。

　　其一，重庆长江救助打捞公司制定的《"中山舰"整体打捞工程施工方案》是可行的。在打捞中，应严格掌握好清沙、补漏、均匀用力、平衡抬撬等关键环节，排除一切险情，安全施工，确保中山舰安全出水。施工中要特别注意文物安全，建议组织文物保护专家、水下考古专家进行现场指导，并做好科学记录。

　　其二，现代科学技术是可以保护好中山舰的。中山舰保护课题组制定的《中山舰打捞后修复保护方案》提出的除锈、缓蚀、封护、加固等技术措施的思路是合理可取的。建议从现在起就加强前期研究，以便在中山舰出水后及时地制定具体的修复保护实施方案。

　　其三，为了使中山舰得到切实的保护，打捞与保护不可分割，所需经费应及时到位。

　　专家组最终通过了中山舰打捞、修复保护方案。1995 年 9 月 13 日，湖北省人民政府向国务院呈报《关于在今年长江枯水季节打捞中山舰的请示》。1995 年 11 月 23 日，国家文物局以〔1995〕文物文字第 935 号《关于同意打捞"中山"舰的批复》，同意湖北省人民政府呈报的中山舰整体打捞和修复保护方案，并明确实施打捞和修复保护等具体工作由湖北省文化厅会同中国历史博物馆水下考古研究室等单位组织协调；同意由湖北省在自筹打捞、修复保护和陈列展览等项资金的基础上，适当地争取海内外有关方面的赞助。

1995 年 11 月，在国家文物局批复同意湖北省人民政府呈报的中山舰整体打捞和修复保护方案后，湖北省打捞、修缮、陈列、保护中山舰工作领导小组即着手进行打捞中山舰的筹备工作，并于 1996 年 1 月 28 日在武汉召开由多个省市部门和新闻单位参加的打捞保护中山舰座谈会，会议宣布打捞中山舰的时间定在孙中山先生诞辰 130 周年纪念日，即 1996 年 11 月 12 日，委托重庆长江救助打捞公司承担打捞中山舰工程。

重庆长江救助打捞公司承担打捞中山舰工程后，为了保证打捞成功，认真地组织开展中山舰打捞的前期工程。1996 年 1 月 15 日至 2 月 1 日，重庆长江救助打捞公司派出作业船和潜水员，再次进驻长江金口沉船水域，对中山舰进行第四次探测（图 2-10），重点对中山舰舰体结构、舰体破损情况、淤沙程度等进行勘测、探摸，清除舰体外部障碍（如渔网等杂物），搜寻散落在舰体四周附近的文物及炮弹等，为下半年全面开展中山舰整体打捞工程创造良好的条件。此次探测用时 18 天，潜水作业 85 人次、126 小时，打捞出测向仪、炮弹、铜桶、铁锅等文物 107 件，绘制了《中山舰残存示意图》（图 2-11）。进一步仔细勘查了舰体结构、舱室分布、淤泥情况及破损状态，得到了一些更为具体的重要参数。如：沉舰距武汉市 27 千米，距长江南岸约 300 米，距离水面 20 米。沉舰在水下呈舰尾顶流、舰首朝向东北、舰体与水流夹角 15°、向左舷倾斜 80° 的姿势。舰首有 16 ~ 18 米的长度与河床

图 2-10　对中山舰进行第四次探摸

第四节　正式打捞前的探查工作

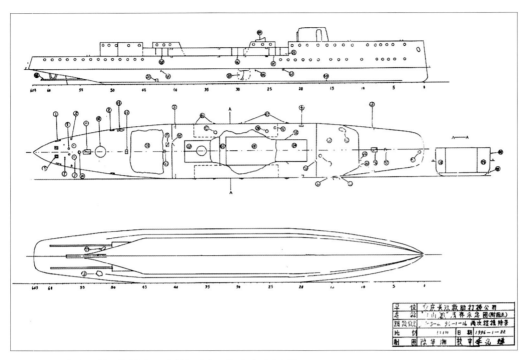

图 2-11　重庆长江救助打捞公司绘制的《中山舰残存示意图》

间距 0.8 米，舰尾有 13 ~ 15 米的长度与河床间距 0.6 米，舰体中部有 33 米的长度均与河床岩石接触，并有 1 ~ 3 米的淤泥。舰首指挥台已经全部消失，甲板上有 3 平方米破洞，舰体中部的后锅炉舱被人为割除，留有 3.8 米 ×6.8 米的孔洞，左舷甲板有 4 平方米被炸裂变形。舰尾顶部右侧有 2 平方米的破洞，左舷有 1.8 平方米的裂洞。整舰共有舱室约 45 个，舰首淤泥约 600 平方米，中部淤泥约 740 平方米，舰尾淤泥约 420 平方米，累计淤泥 1820 平方米左右。这些数据为全面开展打捞施工工作奠定了坚实的基础。

　　1996 年 7 月 18 日，湖北省文化厅与重庆长江救助打捞公司正式签订了《中山舰整体打捞工程承包合同》，总承包金额为 500 万元。合同规定打捞工程期限 100 天。即自 1996 年 11 月 8 日开工，至 1997 年 2 月 15 日竣工验收。甲方任命湖北省文化厅文物处处长周崇发为驻施工现场代表，乙方任命重庆长江救助打捞公司党委书记陈华湘为驻施工现场代表，以履行合同规定的责任和义务。合同明确了工程质量要求，即：为确保中山舰安全出水，乙方应按照专家论证通过的《"中山舰"整体打捞工程施工方案》开展施工作业；对舰体中部破洞应采取加固措施，应用 5 根长 12 米 18a 槽钢或 18 工字钢制成支撑架并固定于中山舰中部；起吊中山舰应用 6 寸千斤，并不得少于 18 根；为确保文物安全，在吸沙管出口处应当安置过滤网，以防止文物流失；乙方应当仔细收集散存在舰体四周的文物，不得损坏文物。散件文物出水，乙方现场代表应当通知甲方现场代表到场监督，乙方代表应当将散件出水文物登记并交甲方现场代表签收；乙方应确保中山舰整体出水，不折断，不严重变形，不受重大损坏。

1996 年 11 月 12 日，湖北省打捞中山舰开工仪式在金口沉舰水域的南岸江堤上隆重举行（图 2-12），湖北省副省长韩南鹏宣布打捞中山舰工程正式开工。

整体打捞中山舰工程是一项风险高、难度大、时间长、任务重的系统工程。为确保打捞工程顺利实施，湖北省文化厅选派管理人员和文博专业技术人员进驻金口打捞现场（图 2-13），与重庆长江救助打捞公司进行各方面的协调，监督该公司在施工过程中严格履行《中山舰整体打捞工程承包合同》，遵循《中华人民共和国文物保护法》所规定的"不改变文物原状"的要求，在打捞过程中保持沉舰不变形、不扭曲、不断裂，实现整体打捞出水。同时安排专业技术人员做好打捞过程中的文字记录、绘图、摄像等工作，防止出水文物丢失和损坏，对出水的易变形、易破损的文物及时进行抢救性保护。中国历史博物馆水下考古研究室主任张威带领专业人员徐海斌、孙健、李斌等人负责水下摄影工作。

中山舰打捞工程的实施主要分为四个阶段：抛锚定位、排障打沙、攻穿千斤、抬舰阶梯移位。

一、抛锚定位

所谓"抛锚定位"主要就是把多艘驳船固定在沉舰上方，形成一个打捞作业平台，确定打捞施工现场范围（图 2-14）。

1996 年 11 月 8 日，重庆长江救助打捞公司的工程船只开始陆续抵达施工现场。由于入冬以来长江中上游阴雨天气持续数日，长江金口水域江水陡涨且居高不下，水深达到 28 米，创 20 年来的同期最高纪录，并刮起 5 ~ 7 级大风，江浪高达 1 米，水流速度达到每秒 2 米。11 月 12 日，金口水深回落到 27 米，水位达到 7.36 米，水流速度为每秒 1.8 米，而往年同期为每秒 0.8 ~ 1 米。至 11 月 22 日，水位更是高达 9.8 米，比常年同期水位高出 6 米。恶劣的气候条件给驳船抛锚定位、潜水员下潜作业带来极大的困难。重庆长江救助打捞公司只好采取轻潜湿式方式下水作业。从 11 月 12 日至 24 日，经 31 人次接力强行下水、连续作业 367 分钟，用 13 天的时间完成了穿套 Φ24 厘米定位缆 4 根、稳舰过底 Φ37 钢缆 2 根的水下作业。两艘

图 2-12　打捞中山舰开工仪式

图 2-13　打捞中山舰现场

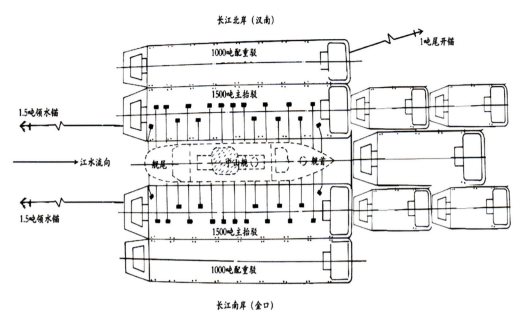

图 2-14　打捞现场布置示意图

1500 吨的主抬驳分别抛 1.5 吨领水锚和 1 吨尾开锚，外挡抬驳抛 2.5 吨领水内开锚，完成了中山舰的抛锚定位工作，把中山舰与打捞现场的船舶牢牢地连接在一起，形成打捞平台，完成了第一阶段的进场定位工作。

二、排障打沙

排障打沙即清除舰体周围的障碍物和淤积在各舱室内的泥沙及松动的大型舰载设施、家具等物品（图 2-15、图 2-16）。

中山舰沉没江底 50 多年，舰体内的积沙经勘测估算有 2000 吨左右。要想实现舰体整体打捞不变形、不断裂，必须将中山舰体内的积沙清除到最少限度，以减轻舰体重量，这是决定整体打捞是否能够成功的关键。重庆长江救助打捞公司根据前期的探摸勘测情况把中山舰划分为舰首、舰中、舰尾三段，上下共计 7 个清沙区（图 2-17），组织 3 支潜水队同时进行。潜水员根据舱口、破口的大小，分别用 Φ152 厘米的橡胶软管吸沙管和 Φ250 钢质吸沙管进行除沙作业，先表面、后舱内，先一般舱室、后重点舱室。同时用高压水枪清扫各舱室死角处，尽量除尽舱室内的积沙，力争将中山舰的总重量减至 1000 吨以下。从 1996 年 11 月 25 日至 1997 年 1 月 5 日，3 支潜水队日夜奋战 42 天，排出舰首泥沙 448、中部泥沙 474、舰尾泥沙 279 立方米。

在排沙作业过程中，由于没有中山舰的原始图纸资料，加上舱室结构复杂，通道、舱口狭小，舰体倾斜 80°，使潜水员空间意识差，加之积沙板结坚硬及战争创伤和人为破坏等原因，船体极易割破或缠绕输氧设备，给潜水员带来极大的困难和危险。重庆长江救助打捞公司的 1 名潜水员的手掌被铁钉刺穿，1 名潜水员的手指

图 2-15　抽沙作业

图 2-16　排障作业

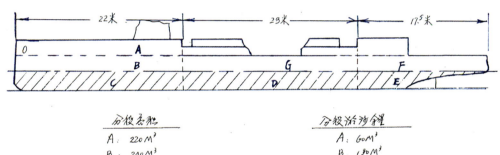

分段容积
A：220 M³
B：240 M³
C：180 M³
D：480 M³
E：120 M³
F：220 M³
G：404 M³

分段游沙余量
A：60 M³
B：180 M³
C：180 M³
D：80 M³
E：60 M³
F：50 M³
G：可降余

图 2-17　重庆长江救助打捞公司绘制的沉舰容积、积沙余量示意图

甲被刮掉，16 件潜水服被尖铁角割破，最终排障清沙任务比计划延后 15 天完成。

三、攻穿千斤

攻穿千斤，就是对沉船的大小、破损状况、强度结构、重力分布进行分析和论证，采用多根钢缆以一定间距从沉船底部穿过，套在水面抬驳的卷扬机上，形成一个网兜把沉船兜住（图 2-18、图 2-19）。

由于中山舰经过战争创伤，中部的锅炉又被人为地破坏拆除，整个舰体的强度受到极大影响，必须最大限度地在中山舰底部密布钢缆以加大受力点的密度，同时又要避免因钢缆过于密集而影响操作。根据仔细测算，依中山舰第一次清沙后的重量，确定每间隔 3 米左右布置 1 根钢缆，总共需布置 20 根。因中山舰的舰首和舰尾均未接触江底河床，故穿套钢缆比较顺利。舰尾，从 1996 年 12 月 29 日至 1997

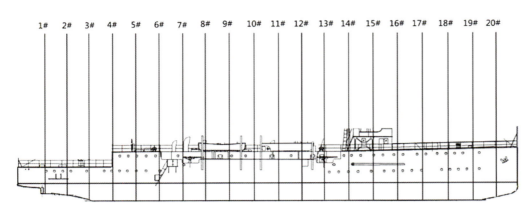

图 2-18　千斤布置示意图

图 2-19　潜水员下水穿套千斤

年 1 月 2 日晚，用 5 天时间，完成了 Φ48 的 1 号、2 号、3 号钢缆，Φ72 的 4 号、5 号钢缆，共 5 根钢缆的穿套工作。舰首从 1997 年 1 月 5 日至 7 日，用 3 天的时间，完成了 Φ48 的 20 号、19 号、18 号钢缆，Φ72 的 17 号、16 号、15 号钢缆，共 6 根钢缆的穿套工作。而舰体中部因有 33 米长的部位搁卧在河床板石上，紧贴河床，且河床高低不平，使得穿套工作遇到了很大的困难，必须将舰体抬绞起来才能完成中部 9 根钢缆的穿套工作。而如果网兜未完成便抬绞舰体，会增大整个舰体断裂的风险。经过潜水员反复探摸舰体情况和科学计算，重庆长江救助打捞公司决定先收紧舰尾的 5 根钢缆，然后抬撬舰首，使舰体中部与河床之间露出间隙，再穿套剩余的钢缆。1997 年 1 月 8 日，重庆长江救助打捞公司用卷扬机收紧已布好的

11 根钢缆至其全部受力，然后开始对舰首第一次抬绞，并将 Φ48 的 14 号钢缆顺利地从舰底穿过。至 1997 年 1 月 13 日，经过 6 天的艰苦努力，潜水员终于完成了中段的 Φ48 的 7 根钢缆、Φ72 的 2 根钢缆共计 9 根钢缆的穿套工作。至此，从 1996 年 12 月 29 日至 1997 年 1 月 13 日，历时 16 天，总抬绞 9 次，进绞 21 分钟，顺利地完成了 20 根钢缆的穿套作业任务。一个巨大的水下钢网已牢牢地兜住中山舰。

四、抬舰阶梯移位

抬舰阶梯移位就是用钢缆网把整个舰体兜住后，逐渐收紧钢缆，采取单边抬绞、整体抬绞、边抬边绞的交替作业方式，逐步把舰体扶正，并使舰体抬离河床20 ~ 30 厘米的间距，再整体向水流缓慢的南岸移动，以降低工程风险（图 2-20）。

按照打捞常规，攻穿千斤作业完成后，应将中山舰在原水域进行扶正，然后抬绞出水，再移到岸边的安全水域。然而，由于长江水位和水流速度比往年要高呂很多，且虽然庞大的打捞现场没有占用航道，但在湍急的江面上仍有很多不确定因素，故重庆长江救助打捞公司采取了一种新的阶梯移位法，即一边抬绞，一边扶正，一边将舰体移向南岸安全水域，将三个作业过程结合起来连贯进行。1997 年 1 月 14 日，中山舰第一次整体试抬成功，舰体离开河床，悬浮在江水中。到 1 月 18 日，经过 5 天 6 次抬绞移位，打捞船队兜着悬在水中的中山舰向下游移动 250 米，向南岸横移 220 米。最终到达距南岸水线约 80 米、水深 12 米、河床为沙质的理想的安全水域。

1997 年 1 月 19 日上午中山舰被抬绞到离水面 2 米的高度，下午，中山舰舰首左舷栏杆露出水面 10 厘米。沉睡江底 59 年的中山舰第一次露出水面重见天日。经

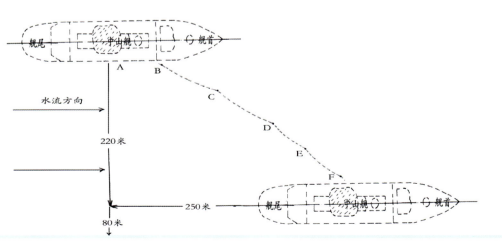

图 2-20　抬舰阶梯移位示意图

图 2-21　"中山"二字全部露出水面

图 2-22　出水后的中山舰全景

计算，此时的中山舰在水中的重量约为 1118 吨，随着舰体不断露出水面，打捞的重量随之也会不断增加，为了确保安全，重庆长江救助打捞公司决定用 6 天的时间继续清理舱室余沙、封舱堵漏、减轻重量等一系列工作。

　　1997 年 1 月 28 日上午，湖北省政府在打捞现场举行了隆重的中山舰出水仪式，国务委员李铁映宣布"中山舰整体打捞圆满成功"。此时的中山舰右舷一部分露出水面，但整体仍向左侧倾斜。原因是中山舰左舷的风筒顶住了驳船，无法继续扶正舰体。2 月 5 日，经过采取切割、前舱封舱等措施进行处理，舰首右舷第二层舷窗和舰尾平台露出水面，此时舰体倾斜 10° 左右。2 月 16 日上午，舰尾抬升约 50 厘米，两侧镶嵌的铜铭牌之"中山"二字全部露出水面（图 2-21）。

　　1997 年 2 月 19 日，经过第二次清沙 200 立方米后，中山舰舰首已出水 3.6 米，舰尾出水 1 米，总重量减至 926 吨左右，已达到整体拖带进厂的要求（图 2-22）。按照打捞方案，中山舰整体打捞出水后，需运至长江下游 25 千米外的湖北船厂进行修复。重庆长江救助打捞公司用长江 02018 和长江 0805 两艘拖轮推动，4 艘驳船兜着中山舰驶向湖北船厂（图 2-23），于当天安全抵达，并停泊在湖北船厂滑道水域。根据湖北省文化厅与重庆长江救助打捞公司签订的合同，重庆长江救助打捞公司已完成合同所规定的工作内容，剩下的中山舰起坡移至船台和今后的中山舰修复工作则由湖北船厂接手完成。至此，整体打捞中山舰工程实现了打捞中山舰不断裂、不扭曲、不变形、原貌原样整体打捞出水，取得了圆满成功。

重庆长江救助打捞公司将中山舰舰体送至起坡滑道水域后，湖北船厂负责组织实施中山舰起坡移至船台和修复工作。1997年2月20日，中山舰在滑道车上落墩，舰体随滑道车上升约半米，两艘抬驳和一艘配重驳解缆撤出原位，中山舰随滑道车上升至正常吃水线。2月21日，另外两艘抬驳和一艘配重驳解缆撤离，此时的中山舰已完全脱离依托，落位于湖北船厂起水滑道的大车上。2月22日，湖北船厂根据审定的起坡方案和要求启动了滑道车，将中山舰吃水深度抬升至1.4米，厂方工作人员在检查时发现尾部底舱堆放有大量的弹药。为了保障工作人员的生命安全和舰体安全，湖北船厂组织了一个18人的敢死队，开始将底舱的弹药转移至江滩划定的禁区（图2-24），由武警看守。经海军工程学院专家鉴定，这批弹药有大口径实弹339枚、空弹头7枚、小口径炮弹和枪弹40箱，共有4种类型、7种口径、19个品种。2月27日，滑道车用于支撑中山舰着力点的小轮滑车全部露出水面，但由于四组小轮滑车发生位移，没有起到支撑作用，致使第三号平衡梁严重弯曲。为了减轻舰体重量，湖北船厂在没有通知文物部门的情况下，大量清理舱室内的物品，把家具、杂物、器具等搬到岸边，破坏了舱室内物品的原有状态。文物工作人员也抓紧时间清理舱室内文物。3月4日，沉重的中山舰把大滑车上的8根平衡梁中的6根相继压断，大滑车动弹不得，且舰体向江水一侧微倾。湖北船厂一面用钢缆将中山舰舰体与大滑车捆绑在一起，一面向主管部门武汉市交通运输委员会汇报险情，请求技术支援。武汉市交通运输委员会立即召开专门会议，决定成立由武汉市航务管理处、安全保卫处和华中航运集团水下工程公司组成的专班负责中山舰的安全起坡工作。3月12日，抢险专班进入船厂。经水下探摸调查发现，原因是在中山舰落墩脱离抬驳时，湖北船厂在抬驳解缆抽出钢缆时，钢缆带动了应起均衡支撑作用的小滑车，导致小滑车发生位移，使大滑车平衡梁没有均匀受力，最终引起多根平衡梁被压断，从而压断后的平衡梁又卡住大滑车轮子。针对这种情况，抢险专班制定

图2-23　驳船兜着中山舰运往湖北船厂

图2-24　转移至江滩的炮弹

图 2-25 大滑车上的中山舰

方案，组织实施抢修排险。由于承载中山舰的大滑车还处于水中的斜坡滑道上，其底部空间狭小，增加了施工难度。华中航运集团水下工程公司的潜水员们克服困难，经过几天的抢修排险，完成了断裂的平衡梁的更换工作。3月20日，承载中山舰的大滑车沿斜坡轨道运行88米后进入平地轨道（图2-25），中山舰由平地轨道进入船厂一号船棚，停在船厂修复车间的船台中（图2-26），至此，中山舰起坡移至船台工作结束。

从1996年11月12日打捞工程开工至1997年2月19日中山舰运抵湖北船厂滑道水域，中山舰整体打捞工程历时100天，重庆长江救助打捞公司共投入各类工程船舶10艘，各工种工作人员100余人，潜水总人次达578人次，水下作业时间超过1158小时，清除舱内淤泥1400立方米。

重庆长江救助打捞公司和文物考古工作者圆满地完成了中山舰整体打捞工程，开创了我国水下文物考古发掘的先河，共同创造了我国首例整体打捞大型水下文物舰船的奇迹。

图2-26 中山舰停在船厂修复车间的船台中

第三章

舰体的修复与保护

第一节　中山舰出水后的状况

由于系被日军炸沉，且卧于江底达几十年之久，中山舰被打捞出水时，面目全非，千疮百孔，舰身高度锈蚀，整个舰体呈现橙黄色。中山舰运抵湖北船厂后，1997年2月20日，第七〇一研究所中山舰修复技术工作组立即组织工程技术人员对中山舰进行现场勘验，全面了解受损情况。工程技术人员对中山舰出水后的原貌、船体结构、尺寸、材质、破损情况及各舱室的布置、装饰、舰载设备设施的配置等逐项进行测量、记录、录像、拍照，获取了修复设计工作所需的大量原始资料。此次勘测于1997年3月31日结束，用时40天，主要是评估中山舰的受损程度，以供专家确定中山舰的修复原则。经过勘测，中山舰受损情况具体如下。

（1）战争创伤。中山舰在金口与日机战斗时，曾被日机投下的炸弹击中，留下了5处弹洞。

① 舰体中部右舷水线附近有较大的破口1处，受损区的外板大面积变形内凹（受损范围约9米×3米），估计为炸弹近距离爆炸造成的，系中山舰船体破损进水的主要部位（图3-1）。

② 艉楼甲板上的驾驶舱等上层建筑全部受损，只留有舱壁遗痕。驾驶舱右边的甲板上有炸弹弹洞1个，弹洞尺寸约为2.5米×2.3米（图3-2），估计此处中弹是造成指挥台倒塌和舰长萨师俊受伤的原因。炸弹导致艉楼起火燃烧，木质甲板上还留下了大火烧过的痕迹。

③ 尾部舰底外板有较小破口2处，受损面积各约3米（图3-3），尾轴和轴架均断裂，估计此处受损是造成中山舰操作失灵的原因。附近有中山舰的弹药舱，所幸没有引发舱内弹药爆炸。

④ 尾部上层建筑的左后角有中弹痕迹，顶板破裂，外壁板破裂外翻（图3-4）。

（2）中山舰沉没江底后，因舰体左舷接触江底礁石及长期承受重压，导致舰体中部左舷水线附近有20多米长的外板内凹变形区，受损面积约54平方米；尾部左舷也有类似变形区，受损面积约8平方米（图3-5）。

（3）舰上设施受损情况。舱面上的前后烟囱、4只救生艇、1座探照灯和各种

图3-1　舰体右舷弹孔

图3-2　驾驶舱右侧弹孔

图 3-3　舰尾弹孔　　　　　　　　　　图 3-4　舰尾左下舷弹孔

图 3-5　舰尾左舷大面积内凹变形　　　　　　　　图 3-6　舰面上的舷梯、艇架、吊艇杆等无一完好

火炮全部遗失，主桅杆仅剩约 1.5 米的残根。舷梯、艇架、吊艇杆、栏杆及通风风斗等设施受损严重，无一完好（图 3-6）。锚泊和系泊设施基本保存，但是锚和大部分锚链已遗失。舷窗基本保存，舵板保存完好，螺旋桨遗失（图 3-7），主甲板左舷尚有一台消防泵保存完好。

后锅炉舱中的大部分设备遗失（图 3-8、图 3-9），前锅炉舱、机舱、舵机舱、绞盘间和无线电报房中的设备基本保存，下甲板升火舱中还有一台消防泵也保存完好。钢制斜梯和舱门、舱盖少量遗失，木质斜梯和木门大部分受损。其他舱室中的

图 3-7　螺旋桨遗失

图 3-8　后锅炉舱被拆除

图 3-9　舾楼被拆光

图 3-10　自然腐蚀呈蜂窝状

设施和物品也保存较好，其中木制家具多已散架。

　　舱内各种管系基本保存，但部分风管锈蚀严重，难以继续保存。舱内的木制封面受损严重，难以保存。

　　舰上高射机枪及火炮几乎全部遗失，仅剩大炮 1 门。

　　（4）腐蚀情况。船体舱室木质结构和各类机械设备都存在着不同程度的腐蚀现象。其中，大部分板厚较薄的舱壁腐蚀严重，尤其是上层建筑舱壁。外板上的破损腐蚀较为严重（图 3-10）。相对而言，各类设备的腐蚀情况尚可，拆卸除锈保养后可复原。

　　（5）舰体外板、上层建筑壁板及船体内的甲板和舱壁，其破裂和扭曲变形的部位较多（图 3-11）。此外，由于船体为全铆接结构，船体上出现多处铆钉松动和脱落的现象（图 3-12）。

　　勘验结果表明，中山舰的主船体部分虽多处破损，但整体保存完整，具备修复条件。

图 3-11　舵龙骨变形

图 3-12　铆钉松动和脱落

中山舰的修复工作，属于珍贵文物修复范畴，必须严格遵守"不改变文物原状的原则"进行，以达到"整旧如旧、恢复原貌"的效果。中山舰的修复设计工作，必须在全面准确地了解和掌握中山舰原状原貌资料的基础上进行。虽然湖北省文化厅组织专业技术人员查阅了大量的历史档案资料和走访了健在的中山舰老人，获得了部分资料，但有关中山舰的原始建造图纸和技术资料却一直未找到，包括通过外交途径向日本有关方面联系也未获得。为了满足中山舰的修复设计和修复施工需要，同时也为了给中山舰这件珍贵的出水文物一个科学的鉴定，必须对中山舰的现状进行勘测。

1998 年 3 月 19 日，湖北省文物局组织第七〇一研究所与湖北船厂成立了测定小组，对中山舰进行勘测。主要测定三个项目：一是舰体型线实测；二是舰体材料化学成分和力学性能测定及材料焊接、铆钉工艺认可试验；三是舰体外板厚度测定。由于舰体破损严重，故增加了测定工作的难度。5 月中旬，测定小组完成了中山舰型线的总体实测；6 月 10 日，完成舰体材料化学成分分析试验；7 月 6 日，完成舰体材料力学性能试验；7 月 20 日，完成舰体板厚测试；10 月 28 日，最后完成舰体材料焊接工艺认可试验。

通过与历史资料记载的主要数据对比分析，确定了中山舰的主要数据如下。

1. 船型

中山舰为长艏楼、圆艉船型，属钢制铆接沿海型炮舰。动力为蒸汽动力、双机双桨推进、单舵操作。线型特征为尖头尖尾，艏、艉柱直立，平行中体极短、圆艉过渡，艉部升角为 1°～2°，总体上看，为 19 世纪战舰向 20 世纪战舰过渡时期的船型。

2. 中山舰主尺度

根据实测数据与史料记载的主尺度数据进行比较分析，确定中山舰的主尺度如下。

舰体总长：65.99 米。

垂线间长：62.48 米。

最大宽度：8.99 米。

型深：4.65 米。

设计吃水：2.44 米。

设计排水量：780 吨。

3. 舰体结构总体布局

中山舰由上至下设有艏楼甲板、上甲板和下甲板共 3 层甲板，均为 5 厘米柚木板纵向铺设。船舱设 9 道主横隔壁。全舰共计设置 94 个舱室，其中工作舱室 12 个、生活舱室 35 个、各类储藏舱室 47 个。士兵住舱和部分军士住室布置在前部上、下

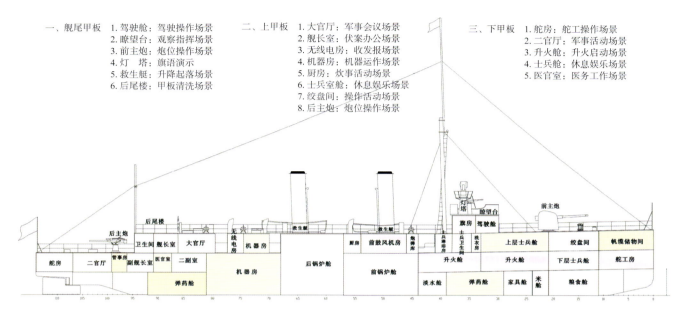

一、舰尾甲板　1. 驾驶舱：驾驶操作场景　　二、上甲板　1. 大官厅：军事会议场景　　三、下甲板　1. 舵房：舵工操作场景
　　　　　　　2. 瞭望台：观察指挥场景　　　　　　　　2. 舰长室：伏案办公场景　　　　　　　2. 二官厅：军事活动场景
　　　　　　　3. 前主炮：炮位操作场景　　　　　　　　3. 无线电房：收发报场景　　　　　　　3. 升火舱：升火启动场景
　　　　　　　4. 灯　塔：旗语演示　　　　　　　　　　4. 机器房：机器运作场景　　　　　　　4. 士兵舱：休息娱乐场景
　　　　　　　5. 救生艇：升降起落场景　　　　　　　　5. 厨房：炊事活动场景　　　　　　　　5. 医官室：医务工作场景
　　　　　　　6. 后尾楼：甲板清洗场景　　　　　　　　6. 士兵室：休息娱乐场景
　　　　　　　　　　　　　　　　　　　　　　　　　　7. 绞盘间：操作活动场景
　　　　　　　　　　　　　　　　　　　　　　　　　　8. 后主炮：炮位操作场景

图 3-13　中山舰舰体基本结构及日常场景示意图

甲板，舰长及军官住室布置在尾部上、下甲板。中部主要为动力舱段。露天甲板布置主、副炮 8 门，救生艇 4 只，烟囱 2 座，主桅和副桅各 1 根，大型探照灯 1 座。两舷分别布置舷梯和系舷杆各 1 副（图 3-13）。

4. 各舱室的分布情况

艏楼甲板上是驾驶舱，驾驶舱后面是旗房。上甲板层前段和下甲板层前段分别是军士、士兵舱及绞盘间。舰体中段为前后锅炉舱、机舱、煤舱、值班室、电报房、厨房等工作舱室。尾楼的上、下甲板层主要是舰长室、大官厅、二官厅和生活用房，最尾端是舵机房。下甲板以下的底舱均是各间贮藏室。

5. 其他勘验情况

包括船体连接形式、船舶装置、动力系统、通风消防系统、船舶电气、通信武备等。

经过 4 个月的勘测，第七〇一研究所工程设计人员绘制了主船体修复图纸，上层建筑、次隔壁、舱面及舱内设施图纸，火炮、尾轴和螺旋桨复原设计图纸等共计 90 余份。在此基础上，初步确定了要修复保护的重点舱室和部位如下。

（1）舰长室、大官厅、二官厅、电讯室及士兵舱。这些舱室是将来要对外展示的主要地方，不仅要求按原样修复，还要求有复原陈列，特别是当年孙中山先生战斗和生活过的地方。

（2）恢复舰面甲板上被拆毁的部分，包括艏楼、舰桥、烟囱、大炮、前后桅杆、旗杆、吊艇杆、螺旋桨及螺旋桨转轴支架等，以保持舰体外观上的完整性。由于受到湖北船厂船台高度的限制，前后桅杆和烟囱待中山舰离开船台后再安装。

（3）被拆卸走的后锅炉暂不复原，但要对破洞的外部进行处理，与前锅炉房的外观保持一致。

（4）保留艏楼右后侧和右舷中部"F"形弹洞，以控诉日本侵略者的罪行。弹洞要在内侧进行加固、封闭，以使舰体不致进水。

（5）对其他三个弹洞进行封闭处理。

（6）对一些不影响参观展示的舱室和配备设施暂不修复。

第七〇一研究所的专家们还建议建造一艘浮船坞，将舰体装载于其中，便于中山舰将来的运输、保护、维修和安全。

中山舰正式打捞之前，湖北省文化厅已组织制定中山舰保护修复方案。湖北省文化厅成立了由中国文物保护技术协会和湖北省博物馆组成的中山舰保护课题组，对中山舰出水后如何保护的问题进行研究。湖北省文化厅还与第七〇一研究所签订《中山舰勘察与修复设计合同》，请他们在中山舰出水后进行勘测并制定修复设计计划。第七〇一研究所成立了由副所长吴念任组长的中山舰修复技术工作组，舰船设计专家李建球任顾问，汪景超、李国安、杜国和、唐士森、卢军等专家任组员。国家文物局、湖北省文化厅组织专家对中山舰修复方案进行了多次论证。

1995 年 2 月 22 日至 23 日，湖北省文化厅组织召开有全国文物保护专家和造船、修船专家参加的中山舰打捞修复保护方案论证会。专家们讨论了中山舰打捞后修复保护方案的方针任务和科技思路等问题，一致认为：中山舰的修复保护应以中山舰命名时期的原貌为主要依据；中山舰的保护工作，采取清洗去锈、缓蚀保护、表面封护等综合治理的技术路线，目标明确，具体可行；在中山舰打捞出水前，应及早做好各项前期研究及准备工作。1995 年 8 月 29 日至 30 日，国家文物局组织有中国文物研究所、中国历史博物馆、故宫博物院、北京大学等单位的 15 名专家参加的论证会，对中山舰打捞、修复方案进行可行性论证。专家们认为，现代科学技术是可以保护好中山舰的，中山舰保护课题组制定的《中山舰打捞后修复保护方案》提出的除锈、缓蚀、加固等技术措施的思路是合理可取的，并建议从现在起就加强前期研究，以便在中山舰出水后及时制定具体的修复保护实施方案。

1996 年 12 月 17 日，湖北省文化厅组织有湖北省打捞保护中山舰专家组组长、第七〇一研究所高级工程师李建球等 5 位专家参加的中山舰修复工程专家论证会，专家们实地考察了武昌造船厂和湖北船厂，并对湖北船厂、武昌造船厂、中国港湾建筑公司二航局船厂提交的中山舰修复方案进行充分讨论和科学论证。专家们认为，三家船厂都具备修复能力，综合比较来看，以选定湖北船厂为宜；从有利于文物安全保护的角度看，中山舰出水后应立即进厂修复，而不能在金口江边修复，并提出修复工作程序；中山舰的陈列方式直接影响修复方案的确定，建议湖北省委、省政府广泛征求意见，在中山舰出水后，及时拿出倾向性陈列方式，以便确定修复方案。

1997 年 1 月中山舰打捞出水后，海内外各界人士十分关注中山舰的修复工作，提出了多种建议方案与设想，归纳起来有五种意见：一是恢复到 1913 年中山舰交付时的原貌；二是恢复到 1925 年以孙中山先生之名命名中山舰时的原貌；三是恢复到 1938 年参加武汉保卫战被炸沉时的原貌；四是不仅修复其外貌，而且恢复中山舰的首航能力；五是保持中山舰出水时的原貌。这些方案各有其长处和理由，都倾注了提案者对中山舰的深厚感情和心血。

湖北省文物局积极回应社会关切，为做好修复工作，优选最佳方案，并根据湖北省人民政府领导同志的意见，于 1997 年 4 月 8 日至 9 日在武昌组织召开了中山舰修复保护方案专家论证会。来自全国的文物保护，博物馆，历史学，考古学和舰船设计、制造、维修及舰船史等方面的 36 位知名专家参加会议，会议由中国历史博物馆馆长俞伟超先生主持。专家们实地考察了中山舰的现状，听取了第七〇一研究所关于《中山舰修复保护方案可行性论证报告》，就中山舰的修复保护问题进行了论证，取得了一致意见并形成了纪要。具体如下。

（1）中山舰是国家的珍贵文物，在海内外有重大影响，修复保护中山舰必须遵循《中华人民共和国文物保护法》关于"不改变文物原状"的原则。

（2）中山舰既是见证孙中山先生丰功伟绩的代表性遗物，又是抗日战争时期武汉保卫战的历史见证。因此，修复中山舰，应该依据科学资料，尽量按照原材料、原工艺恢复20世纪20年代中山舰的原貌，在不影响船体强度的前提下，适当保留1938年金口血战时的弹痕。鉴于目前船体结构严重破损，若保持现状，既不能从船厂运往展地，更不利于长期保护，加上20世纪60年代的人为破坏，若按现状展示，将冲淡中山舰的历史意义。

（3）从中山舰展示效果和长期保护角度看，水上优于陆地。因此，修复后的中山舰应具备自浮能力，在水上展示。

（4）鉴于出水后船体加速腐蚀，应尽快落实应急保护措施。

（5）第七〇一研究所初步制定的《中山舰修复保护方案》基本可行，建议对船体、设备残缺部分作进一步考证。

第七〇一研究所根据专家们提出的修改意见，进一步完善了《中山舰修复保护方案》。1997年4月25日，湖北省人民政府向国务院呈报了《关于中山舰修复方案的请示》，国家文物局于6月26日给湖北省人民政府发来《关于中山舰修复方案的复函》，原则上同意湖北省人民政府提出的中山舰修复方案，同时要求中山舰的保护应保持其出水时的基本原貌，并采取必要的措施使其得到妥善保护，以便最大限度地发挥其在爱国主义教育和革命历史传统教育中的作用。湖北省文物局根据国家文物局复函要求和湖北省政府领导同志的批示精神，委托第七〇一研究所制定了《中山舰修复设计总体方案》，并于1997年10月8日正式向国家文物局呈报了《中山舰修复设计方案》。11月24日，国家文物局向湖北省文物局下发《关于〈中山舰修复设计方案〉的批复》，原则上同意湖北省文物局呈报的修复设计方案，并要求湖北省人民政府根据这一方案尽快地组织制定中山舰具体的修复设计方案并报国家文物局会同有关方面审批。湖北省文物局根据国家文物局的批复精神，请第七〇一研究所承担中山舰修复设计工作，并于1998年3月10日与第七〇一研究所签订了《中山舰修复设计合同》，并向该所提交了《中山舰修复设计技术要求》及相关资料。同时，湖北省文物局还与该所共同研究有关中山舰修复方面的具体问题。第七〇一研究所采取边研究、边勘验实船、边设计的方法，经过4个月的努力，于7月完成了中山舰的修复设计工作，其中绘制中山舰主船体修复图纸和中山舰上层建筑、舱面及舱内设施图纸，以及火炮、尾轴、螺旋桨复原设计图纸共90余份。湖北省文物局还委托第七〇一研究所了制定了《中山舰专用浮船坞方案》和造价预算。1998年8月10日至11日，湖北省文物局在武昌召开中山舰修复设计专家审查会。在鄂的文物、博物馆、历史及修造船等方面的14位专家和湖北省打捞、修缮、陈列、保护中山舰工作领导小组办公室、湖北省文化厅、湖北省文物局有关领导参加会议。与会专家听取了第七〇一研究所关于中山舰修复设计情况的汇报，实地考察了中山舰现状，审查了第七〇一研究所提供的中山舰修复设计图纸文件，并进行了认真的讨论。会议形成了《中山舰修复设计审核意见》。1999 年 1 月 27 日，湖北省文物局向国家文物局呈报《关于报请审定〈中山舰修复设计〉的请示》，报送附件有《中山舰修复设计审核意见》《中山舰修复设计说明书》《中山舰修复设计总布置图》《中山舰勘验报告》《中山舰专用浮船坞方案》。7 月 6 日，国家文物局批准了《中山舰修复设计》和《中山舰保护方案》。

第四节

中山舰修复保护工程的实施

　　1999 年 5 月 7 日，湖北省人民政府办公厅下发文件，决定将中山舰移交至武汉市人民政府，由武汉市人民政府继续组织实施中山舰修复、保护及陈列工作，湖北省文物局负责业务指导工作。1999 年 6 月 2 日，武汉市人民政府成立了由分管副市长任组长的武汉市修缮、保护、陈列中山舰工作领导小组，具体负责中山舰修复保护及陈列工作。为加强中山舰修复保护的现场组织、领导和协调工作，武汉市修缮、保护、陈列中山舰工作领导小组成立了以武汉市文物管理办公室为主的中山舰修复保护工程管理部，成员包括武汉南华高速船舶工程有限公司[1]、湖北省博物馆、第七〇一研究所、湖北省水运监理公司，管理部下设专家组、技术组、施工组、文物组、保护组、配建组、监理组、保卫组。1999 年 11 月 12 日，武汉市人民政府在湖北船厂举行中山舰修复保护工程开工仪式（图 3-14），中山舰修复保护工程正式开工。

　　中山舰修复工程以国家文物局审批的《中山舰修复设计》为技术基础，以专家组讨论形成的《中山舰修复设计审核意见》、湖北省文物局制定的《中山舰修复设计技术要求》和由湖北省文物局、第七〇一研究所、武汉南华高速船舶工程有限公司、湖北船厂共同参加的历次中山舰现场工作会议纪要为具体标准进行。由于中山舰原舰技术资料极其缺乏且无相应的规范和标准可遵循，因此，修复工作的主要依据是修复设计说明书和技术图样及舰上残留的有限的实物，部分参照了我国 20 世纪 50 年代或 60 年代的船舶标准。而新设计的电气管系保舰系统则按现行行业标准执行。为了满足文物保护的特殊要求，在保证安全的前提下，施工过程中采取了一

图 3-14　中山舰修复保护工程开工仪式

[1]　湖北船厂后并入武汉南华高速船舶工程有限公司。

些非常规的工艺方法。

中山舰修复保护工程的工作内容主要包括中山舰舰体修复、舱室和舰载设施的仿制复原、舰体除锈与涂装保护三大项目。

一、中山舰舰体修复

中山舰舰体的修复严格遵照国家文物局批复的《中山舰修复方案》提出的"修旧如旧，不改变文物原状，凡属能保留的构件一律保留，严重损伤的部位适当加固，在不影响舰体强度的前提下，保留侵华日机轰炸时留下的部分弹洞"的修复原则进行。因此，在修复工程中，能保留的一定保留，能修复的绝不更换。

对损伤较小的主机舱、舵机舱、锅炉舱、铰链舱、锚链舱等舱室进行修复。这一类舱室都在甲板层以下，多为工作间，有机器和机械存在。如主机舱内有蒸汽机、发电机组、变频机、蒸汽舵机、冷凝器、循环水泵、压力水柜、分配阀箱、油柜、长脚虎钳、热水柜、干湿空气泵等设备。对这类舱室的修复复原，首先是由施工单位对要修复的机器设备挂上标签，由文物组进行文字和照片记录。然后，对机器设备进行修复和保护。对影响舱壁修复的物件则整体拆卸后移出舱室进行修复，修复完毕后将器件安装到原位；而对不影响舱室修复的物件，则在原地修复保护。

中山舰前甲板、主甲板、艏楼甲板、尾楼甲板均为厚5厘米的柚木板，经几十年的江水冲刷，已凹凸不平，残缺不全，面目全非，有些地方厚度不足1厘米。由于木板下的钢板有的腐蚀严重，需要更换，有的木板与钢板之间充满泥沙，需要清洗，因此从安全和保护的角度出发，须将440多平方米木甲板全部拆除更换。为了让观众今后可以看到1925年时木甲板的原貌和1997年出水时木甲板的原样，在驾驶舱右侧的弹洞和周围保留约20平方米的原木甲板。

主要修复项目如下（图3-15）。

（1）舰体部分

① 舰体外板更换262平方米，为全舰外部总面积的22%；

② 旧铆钉修复4.09万颗，新增铆钉4.1万颗；

③ 甲板、舱壁更换490平方米，修复297平方米；

④ 肋骨、横梁更换123根，修复152根。

（2）舾装件部分

① 仿制钢质门26扇、修复12扇，仿制木质门20扇；

② 修复舷窗100个，新增舷窗10个、方窗7个；

③ 修复和仿制各种梯子18部、栏杆246米；

④ 修复和仿制舱口盖、窗盖、孔盖共计63套；

⑤ 仿制舱室通风管道45米、修复20米，仿制烟斗式通风头34件、鹅颈式通风头8件。

（3）轮机、管道系统部分

图 3-15　技术人员对中山舰舰体进行修复

① 修复主、辅机等设备共 20 台（套），各种泵组 10 台（套）；

② 修复全部锚机和舵机；

③ 修复各种阀件 14 件；

④ 修复前锅炉，已进行清理、防腐处理；

⑤ 增加了消防管道和舱底的排水管、疏沙管系。

（4）电器部分

① 对原线路、接线盒的电路进行了清理，复原了部分外观；

② 按今后陈列尺寸及设计要求，新增了辅助机械动力拖动系统、信号系统、火警系统、照明彩灯及广播系统。

二、舱室和舰载设施的仿制复原

舱室的仿制复原对象主要集中在上甲板层和艏楼驾驶舱。如：驾驶舱、舰长室、大官厅、无线电报房、电讯官室、上层士兵舱等。这类舱室因炸弹损毁和后来的人为破坏，基本上面目全非。其中艏楼在出水时已不存在，无线电报房仅存 1 台破损的发报机部件。由于这些舱室是今后的展示区，故必须做好复制、复原工作。

为了尽量恢复其历史原貌，工作人员主要采取了以下办法。第一，有完整实物的，按现有实物进行仿制，如舰长室的桌子、床、吊柜，电讯官室的高低床，士兵舱的座坑、吊床等。第二，有遗留残痕的须比照出水时的照片和实测资料进行设计，经技术组会议认可后再进行复原，如舰长室、大官厅、电讯官室、士兵舱、驾驶舱等舱室的围壁和天花板装饰，食具房的木柜，舰长室的大理石茶几等（前期经现场考证、记录、拍摄、测绘，抢救出一批珍贵资料，所以在复原和仿制舱室的工作中有了大量可靠的参考依据）。第三，既无实物又无遗留残痕的，则以当年幸存者回忆为基础，经科学考证推理后制定方案，专家认可后实施，如舰长室、电讯室家具的颜色等（图3-16、图3-17）。

舰载设施的仿制复原对象主要是螺旋桨、舰载火炮、驾驶舱内的设备、救生艇、烟囱、桅杆等设施。这些舰载设施在正式打捞出水之前已经损毁或丢失，而这些设施又影响整个舰体外观的完整性，因此必须进行仿制并复原。

舰载火炮的仿制复原工作委托的是中国设计、研制舰炮的摇篮——位于郑州的中国船舶重工集团公司第七一三研究所。根据资料记载：中山舰上原配备8门火炮，即前主炮（阿式十生的五炮）1门，后主炮（阿式七生的五炮）1门，舷炮（阿式三磅炮）4门，望台炮（马式一磅炮）2门。抗日战争爆发后，中山舰上的2门主炮被拆卸至陆地要塞，抵挡日军舰艇溯江而上，其他几门火炮在出水时也荡然无存。因此，火炮仿制是修复中山舰工作中一项难度大而又重要的一环。

由于没有实物，第七一三研究所组织经验丰富的老专家们进行攻关。攻关人员翻阅了大量有关的期刊资料，查阅了网上的有关信息，实测了同时代的旧舰炮，依据中山舰的历史照片，运用丰富的专业知识，经过科学的反推计算，设计出8门炮的图纸。为慎重起见，设计人员携图纸赴昆明、福州采访中山舰幸存者张嵩龄、董

图 3-16　修复后的舱室　　　　　　　　　　　　图 3-17　修复后的驾驶舱

图 3-18　修复后的火炮

图 3-19　修复后的舢板

树仁、邱奕殿等人，在得到幸存者的认可后，才签订技术规格书。现今安装在中山舰上的 8 门仿制火炮，形制、式样都与同时代的舰炮相似，前后主炮还恢复了炮座、炮管的转动功能（图 3-18）。

中山舰上原有钢制机动救生船 1 艘、木制救生船 3 艘。1938 年 10 月 24 日中山舰被炸沉之时，这些救生船已作救生之用。这次仿制也对其进行了调查和考证工作。首先，从舰上吊索痕迹可以确定救生船为 4 艘。根据舰船的一般配备规律，由修复设计单位第七〇一研究所确定为 1 艘钢制机动汽艇和 3 艘木制救生船。然后，施工单位依据历史照片并参照同时代的救生船资料，设计出图纸。最后，经总设计师和文物工作者认可后，进行仿制。现悬挂在两舷的 4 艘救生艇与艇架吻合度较好，其线型、式样也接近同时代的船艇，其大小适中，与舰体十分协调（图 3-19）。

三、舰体除锈与涂装保护

舰体除锈与涂装保护项目分两步进行。

首先，实施全船除锈防腐工程。中山舰打捞出水后，为减缓中山舰舰体的锈蚀速度，湖北省文化厅委托湖北船厂对中山舰实施全船除锈防腐工程。早在 1995 年 3

月，湖北省文化厅就组织中山舰保护课题组研究制定了《中山舰出水后应急保护措施》，并在同年8月国家文物局召开的中山舰打捞、修复保护方案可行性专家论证会上论证通过。此后，中山舰保护课题组就此方案的实施进行了2年多的科学实验，并且研制了专用防腐蚀涂料。1997年中山舰打捞出水并进入船台后，湖北船厂根据中山舰保护课题组制定的《中山舰出水后应急保护措施》，结合本厂技术设备的情况，制定了《中山舰全船除锈防腐应急工程施工方案》。中山舰除锈防腐应急工程自1997年5月16日开始实施。该工程的工艺流程是：① 舱内木质构件完整拆除，清舰排污；② 喷砂除锈；③ 涂装防锈涂料。主要采取的技术方法是：对出水后无明显锈蚀现象的钢铁构件及时清洗、涂刷水玻璃；对出水后有明显锈蚀现象的钢铁构件及时除锈（喷砂或用其他人工方法），然后涂刷水玻璃系列药剂。9月5日，除锈防腐工程基本完工（图3-20），湖北省文物局请相关专家进行了第一次验收。11月6日，舰体应急工程全部完工，湖北省文物局又进行了第二次验收。经专家鉴定，工程质量符合要求，达到减缓舰体锈蚀速度的目标。

其次，进行正式除锈和涂装保护项目。该项目于2001年进行，其目的是解决今后相当长一段时间（至少50年内）舰体的防腐蚀问题。这次的除锈涂装工程主要由湖北省博物馆、武汉现代工业技术研究院、中国科学院武汉岩土力学研究所三个单位共同负责实施。除锈和涂装同步配合进行，先进行基体表面处理，然后马上对处理过的部位进行涂装施工。

基体表面处理是指在进行涂装前，除去基体表面附着物或生成的异物，以提高基体表面与涂层的附着力，这是防腐工程的第一步。涂层防护效果达到与否，不仅与涂装的种类、工艺等因素有关，涂装前的表面处理工作也至关重要。如果前期处理达不到要求，将会影响涂层与基体的结合力，达不到防锈效果。不同表面处理方法的应用应从腐蚀环境、要求、经济价格等各方面综合考虑，要做到既实用又经济合理。

中山舰沉没时间太久，内外腐蚀严重，部分已出现腐蚀穿孔。对腐蚀较轻的舰

图3-20　工人正在除锈

体参照国标 GB8923—88 进行评定，其锈蚀等级已达到 D 级。因此，须采用喷砂除锈。这种方法可除去表面的污垢、锈层，清洁表面。根据文物修复原则，修复防腐工作应尽量不伤害舰体。喷砂除锈时应严格控制施工压力、喷射时间、喷射角度、喷距及磨料的形状、粒径等级等，达国标 GB8923—88Sa2.5 级。喷砂除锈的部位用 ZS-1 为底漆。

由于舰体结构复杂，部分舱室无法喷砂除锈。不能喷砂除锈的部位，经研究后采用人工除锈，要求达到 St3 级以上，并对基体进行磷化处理，采用 XL-80 新型超低温快速"四合一"磷化剂，以 ZS-5 为底漆。

对全舰外板的处理。采取喷砂除锈，按外保护喷砂除锈涂装体系（C）涂装。

对舰体内、外壁及下甲板以上所有舱室（不含备用煤舱，第 1 ~ 4 煤舱，二层锅炉舱及轮机工作房）的处理。采用喷砂除锈，基层表面达到 GB8923—88Sa2.5 级，粗糙度为 50 ~ 70 微米。对腐蚀严重的区域，调低喷砂压力，采取低压多次喷砂以减少对舰体的损害。按内保护喷砂除锈涂装体系（B）涂装。

对甲板以下所有舱室和备用煤舱、第 1 ~ 4 煤舱、二层锅炉舱及轮机工作房的处理。因施工条件限制无法喷砂除锈，须采用动力工具除锈，基层表面达到 GB8923—88 中的 St3 级。对此类舱室，先在基层表面用 XL-80 新型超低温快速"四合一"磷化剂进行磷化处理，然后按内保护手工除锈涂装体系（A）涂装。

对机械、管系及铜质构件处理。对机械采用动力工具除锈，外壳及非运动构件内壁按内保护手工除锈涂装体系（A）涂装；对运动构件内壁进行手工除锈后经 XL-80 磷化剂磷化，并涂特种防锈黄油。

对管道内壁尽量疏通、除锈，然后用 XL-80 磷化剂磷化，并涂特种带锈防锈漆。对管道外壁采用动力工具除锈，按内保护手工除锈涂装体系（A）涂装。

对舰内铜质构件，进行手工除锈后再涂装清漆。

在实施保护方案中，如何在功能相近的涂料品种中选定合适的底、面配套品种，怎样保证设计、施工、使用等方面的经济效益和社会效益，是中山舰防腐保护工作的重点。为了完成好这一重要研究课题，文物部门组织了专门的研究小组，开展中山舰保护专用涂料的研究工作。在对传统防腐涂料和改性树脂防腐涂料防腐性能研究比较的基础上，经研究开发、实验、测试（挂板试验、现场试验）和现场应用等过程的检验，最终筛选出 ZS-1、ZS-2、ZS-3、ZS-4、ZS-5 这几种涂料，分别用于舰艇的内、外保护。

ZS-1 属无机富锌涂料，它在异静电性、耐候性、耐热性、耐溶剂性、防锈性等方面都优于常用的有机富锌涂料。富锌涂料是钢铁防腐的重要组成部分，是利用锌粉颗粒之间、底材钢板与锌粉之间都保持金属的直接接触，形成一层致密的络合物结构，提高了导电性和附着力。同时，如果水分侵入涂层，会形成一个由锌粉与底材钢板组成的电池，锌比钢铁活泼，所以电流由锌向钢铁流动，钢铁受到了阴极保护，从而阻止钢铁的腐蚀。我们对常规无机富锌涂料进行了改进，选择高摩尔比硅酸钾为基料，通过向溶液中添加改性树脂，提高其摩尔比，不仅增强了附着力，还使其与锌粉更易混合，且固化时间大为缩短，减少了单层涂装的时间。

ZS-2、ZS-3、ZS-5 三种涂料成膜物质为互穿网络（IPN）聚合物。互穿网络（IPN）聚合物是两种或多种交联聚合物相互贯穿而形成的交织网络聚合物，具有非常优异的防腐性能。它不仅具有改性树脂的优点，更由于其结构上的特征而具有优异的耐腐蚀性，能够凸显出构成网络结构的各树脂的优点。因此，我们选择互穿网络（IPN）聚合物的研究开发作为中山舰专用涂料研究的基础，进行多种组合、配比的研究，并采用计算机辅助设计系统——CAD 技术进行数理统计、多元线性归一和多目标规划，实现了配方的最优化设计。在互穿网络（IPN）聚合物基础上，分别研发了 ZS-2、ZS-3、ZS-5 三种涂料。

ZS-4 为有机氟改性丙烯酸酯聚氨酯涂料。中山舰外保护面漆的性能特别是耐老化性能的要求较高，含氟涂料以其优异的耐候性能成为首选。但是含氟涂料存在着光泽度不理想、涂膜不丰满、价格高等不足之处。而丙烯酸酯及聚氨酯涂料却能有效地弥补它的缺点。因此，选用丙烯酸嵌段氨酯对含氟聚合物进行部分改性。

经研究确定：

① 以 ZS-1 或 ZS-5 为底漆，ZS-2 为中间漆，ZS-3 或 ZS-4 为面漆的组合有良好的配合性；

② ZS-5 可以在人工除锈达到 St3 级以上时应用，并与其他涂料有良好的配合性。

最终在工程实施过程中，依据国家有关标准及中山舰保护的特殊要求，经过研究和实验论证，确定了如下涂装体系。

A：内保护手工除锈涂装体系

涂料名称	道数
XL-8"四合一"磷化剂	1
ZS-5	1
ZS-2	1
ZS-3	2

B：内保护喷砂除锈涂装体系

涂料名称	道数
ZS-1	2
ZS-2	1
ZS-3	2

C：外保护喷砂除锈涂装体系

涂料名称	道数
ZS-1	2
ZS-2	1
ZS-4	2

四、其他特殊处理

在整个修复工程实施过程中，工程管理部门严格遵守"不改变文物原状，修旧如旧"的原则，能不更换的绝不更换。如当年中山舰侧卧江底的左舷外壳有 300 多平方米的钢板已经严重变形，为了保留原有材质，尽量减少更换的钢板，管理部修复小组指导、带领工人们抡起 18 磅重的大锤，一点儿一点儿地把 300 多平方米、厚 1.5 厘米的钢板慢慢敲打成形。又如，舰体有大量铆钉结构的舱壁需要修复，而这是一项现代舰船早已不复使用的纯手工传统技术，已经失传，湖北船厂便请来大桥工程局的专家支援。还有重新铺设的舰面木甲板需要进行捻缝操作，管理部门也是到处寻找民间工匠，采取传统工艺完成的。

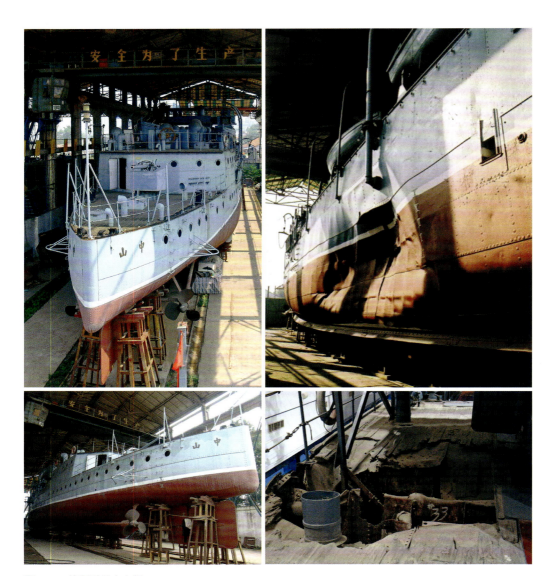

图 3-21　修复后的中山舰

图 3-22　中山舰修复保护工程验收工作会

　　2001 年 8 月，中山舰舰体修复保护工程基本竣工（图 3-21）。按照国家文物局关于中山舰修复保护工程验收问题的意见，湖北省人民政府于 2001 年 9 月 20 日至 22 日组织历史、文物、舰船、化工等方面的专家在武昌召开中山舰修复保护工程验收工作会（图 3-22）。专家们在实地检查修复后的中山舰、认真审核验收材料的基础上，经过讨论，形成了验收意见，认为中山舰修复、保护和文物复原工作，较好地贯彻了《中华人民共和国文物保护法》的规定，符合"保护为主，抢救第一"的文物保护工作方针和文物保护修复的原则，符合国家文物局对中山舰修复、保护方案的批复要求，同意中山舰保护工程通过验收。国家文物局充分肯定中山舰修复保护工作，认为中山舰修复保护工作符合文物保护原则，是正确的、科学的、周密的，总体上是成功的。

第五节　修复后的舰体迁移工程

作为国内最大的可移动珍贵文物，中山舰修复完工后，须建立纪念馆将其妥善安置陈列起来，以便更好地保护和利用。2004 年 8 月，武汉市委、市政府决定将中山舰陈列于其蒙难地——武汉市江夏区金口，在离中山舰沉没地 1 千米的金鸡湖边建设中山舰博物馆和中山舰保护、展示、教育基地。为确保中山舰的安全，舰体的陈列方式也由水上流动展示改为陆地固定展示。2007 年 12 月，中山舰博物馆舰体陈列厅钢结构工程完工。按照"舰馆合一"的建馆方式及中山舰博物馆建设施工计划，必须在 2008 年 5 月长江汛期前将中山舰由其修复地武昌区迁往其陈列地江夏区金口。

中山舰迁移工程是一项复杂的系统工程。自 2005 年开始，武汉市就启动了中山舰迁移工程的前期筹备和策划工作。2005 年 4 月，武汉市修缮、保护、陈列中山舰工作领导小组成立考察组先后实地考察了济南昌林气囊容器厂、青岛鲁航气囊厂和青岛中兴气囊厂三家专业厂家，获取了第一手资料。2007 年 12 月，武汉市成立了中山舰迁移工作领导专班，在武汉市修缮、保护、陈列中山舰工作领导小组的领导下，具体组织策划中山舰迁移相关工作。湖北省、武汉市有关部门和机构多次组织专家对中山舰迁移方案进行论证。2008 年 1 月 17 日，武汉市修缮、保护、陈列中山舰工作领导小组在武汉主持召开了中山舰舰体迁移方案专家评审会。参加会议的有水利、文物、造船、舰船设计、港务及航道方面的 9 位专家，分别对重庆长江轮船公司和济南昌林气囊容器厂编制的方案进行了评审。与会专家一致认为重庆长江轮船公司制定的"整体托架载舰，浮坞托带，气囊牵引"的方案"安全性强，具有可行性"。2008 年 2 月 22 日，湖北省文物局主持召开了中山舰迁移方案专家论证会。参加会议的有水利、航道、文物及运输方面的 7 位专家。与会专家认为，重庆长江轮船公司制定的"整体托架载舰，浮坞托带，气囊牵引"的方案总体可行，同时提出了若干条修改完善的意见。2008 年 3 月 19 日，湖北省文物局与武汉市文化局有关负责人专程赴北京向国家文物局汇报中山舰移舰工作，国家文物局有关领导和部门负责人听取了汇报，充分肯定了武汉市对中山舰迁移所做的准备工作，认为采用"整体托架载舰、浮坞拖带、气囊牵引"方案安全、可行。2008 年 4 月 1 日，武汉市修缮、保护、陈列中山舰工作领导小组组织专家对重庆长江轮船公司和济南昌林气囊容器厂提出的迁移方案进行比较论证。专家们一致建议采用重庆长江轮船公司制定的"整体托架载舰、浮坞拖带、气囊牵引"的迁舰方案。武汉市修缮、保护、陈列中山舰工作领导小组最终研究决定，确定重庆长江轮船公司为中山舰迁移工程的总承包单位，与场地建设方武汉地产集团共同组织实施中山舰迁移工程。而曾经亲自指挥打捞中山舰的来自重庆长江救助打捞公司的李光辉则再次指挥中山舰的迁移工作。

为确保中山舰在迁移过程中的绝对安全，重庆长江轮船公司根据专家们提出的中山舰尚存在舰身强度不确定、重心高度不确定和水密性不确定"三大未知因素"，做了充分的准备工作，如下。

（1）定制舰体托架：根据舰体尺寸，制作长 75、宽 12、高 0.75 米，重 200 吨的承载舰体专用托架。将中山舰固定在托架之上，不仅可以加强运输途中的平衡性和稳定性，而且以后还可作为陈列平台保护、展示中山舰，起到一举多得的作用。

（2）租借浮船坞：利用中国长江航运集团有限公司的长 80 米、宽 26 米、浮力 1200 吨的长江中游最大的一艘浮船坞，将中山舰连同整个托架装载其中。随后，借助拖轮顶推浮船坞将中山舰经水路运至金口。此举可避免外力对中山舰的直接冲撞，起到一定的文物保护作用。

（3）订购气囊牵引：准备 20 条超大型特制气囊（每条长 15、直径 1.2、厚 6 厘米，充气后可承受 200 吨压力），在中山舰抵达金口后，将气囊垫放在该舰专用托架之下。随后，在 8 台卷扬机的接力作业下，利用钢缆将中山舰直接牵引上岸并平稳运送进博物馆。

2008 年 4 月 29 日，武汉市修缮、保护、陈列中山舰工作领导小组在武汉召开中山舰迁移工程部署会，会议明确：中山舰迁舰工程必须按一定的法律法规程序进行，要把文物安全放在第一位，确保万无一失。

中山舰迁移前期各项准备工作就绪后，迁移工程如期实施。重庆长江轮船公司具体组织实施中山舰整体迁移工程。迁移工程由"陆地—水面—陆地"三个环节组成。迁移工程程序：采用中山舰由船台下排，中山舰进浮坞坐墩，拖轮顶推浮船坞进行水上运输，浮船坞抵岸靠泊接路，卷扬机牵引，气囊滚动中山舰尾部上岸，中山舰上岸运至"人"字形调向区，调向后中山舰首部由气囊滚动运行至最高点，中山舰调向平地运行跨越长江堤坝和公路，进入博物馆区内不断微调导向，在气囊的滚动下最后直入中山舰博物馆内就位。2008 年 5 月 14 日上午，武汉市在武汉南华高速船舶工程有限公司举行了"中山舰迁移工程英烈祭祀活动"。祭祀活动结束后，重庆长江轮船公司利用卷扬机牵引中山舰离开船台，沿着轨道移动至船厂江边既定区域落位（图 3-23），为进入浮船坞做准备。5 月 15 日，武汉市在武汉南华高速船舶工程有限公司举行中山舰迁移工程下水仪式（图 3-24）。仪式结束后，中山舰沿着滑道移动至长江，随后在两艘拖轮的牵引下顺利进入浮船坞，坐落于浮船

图 3-23　中山舰顺利地在船厂江边既定区域落位以备进入船坞　　　　图 3-24　中山舰迁移工程下水仪式

图 3-25　用气囊法陆地运输中山舰

坞中的船体托架之上。浮船坞在拖轮的顶推下开始向金口方向行驶，于5月16日上午抵达金口临时码头。下午，将超大型特制气囊垫放在中山舰专用托架之下。随后，在8台卷扬机的接力作业下，利用钢缆将中山舰直接牵引上岸并穿越长江大堤（图3-25、图3-26），5月25日，中山舰被平稳、安全地运送至中山舰博物馆陈列大厅（图3-27）。至此，中山舰迁移工程工作圆满结束。

图3-26　中山舰顺利穿越长江大堤

图3-27　中山舰落位于中山舰博物馆陈列大厅

第四章

文物的发掘清理与保护

图 4-1　探摸阶段打捞出水的部分文物

第一节

文物的发掘清理

从 1988 年 5 月湖北省文化厅组织南海舰队调查探摸中山舰到 2001 年 12 月中山舰修复工程全部完工，文物的发掘清理过程前后跨度长达 14 年，共发掘清理文物 5340 件（套）。根据工程进度的不同，中山舰文物的发掘清理大致分为四个阶段，即：前期调查探摸阶段、打捞工程实施阶段、中山舰起坡阶段、中山舰修复工程阶段。

一、前期调查探摸阶段

这一阶段从 1988 年 5 月 3 日至 1996 年 1 月 21 日。主要是调查阶段的四次探摸，打捞出的文物及时交文物部门登记、保管（图 4-1）。

第一次探摸是在 1988 年 5 月 3 日至 5 月 7 日，由三八六一八部队深潜探摸所副所长张火烟带队。此次探摸确定了中山舰沉没方位，并从舰上打捞出一个启动变阻器、120 毫米空弹头、钢索、栏杆架和钢板等散落物品。

第二次探摸是在 1994 年 3 月 28 日至 4 月 7 日，由三七二〇六部队某部潜水作业队队长周文刚带队。此次探摸找到了镶嵌在舰尾部的"中山"二字铜牌，确定了沉船的身份、沉没状况、主要尺寸、主要破损部位及淤泥分布、水文地质，并打捞出水一些钢板等零散物品。

第三次探摸是在 1995 年 3 月 15 日至 23 日，由重庆长江救助打捞公司李光辉带队，并邀请了中国历史博物馆水下考古研究室张威主任带领水下考古人员对沉舰局部进行了水下拍摄。

第四次探摸在 1996 年 1 月 15 日至 2 月 1 日，仍由重庆长江救助打捞公司李光辉带队。此次探摸主要是为正式打捞中山舰做准备，清除沉舰周围杂物。共打捞出测向仪、炮弹、铁锅等 107 件物品，除几枚炮弹因安全原因现场销毁外，其余的文物被运回湖北省博物馆保存。

二、打捞工程实施阶段

　　这一阶段从 1996 年 11 月 12 日打捞工程开工至 1997 年 2 月 19 日中山舰移交给湖北船厂止。这个阶段也是发掘、清理文物最多的阶段。湖北省文物局高度重视打捞阶段文物保护工作，选派文物保护方面的管理人员和专业技术人员进驻打捞现场，负责协调、督促重庆长江救助打捞公司遵照合同施工，并向重庆长江救助打捞公司人员发放《中华人民共和国文物保护法》手册，增强打捞人员的文物保护意识，切实保护好中山舰上的出水文物；做好打捞过程的文字记录、绘图、拍摄工作；对出水的文物及时做清理保护、登记造册等工作。

　　清障排沙阶段文物清理。由于舰上文物都掩埋在舱室的泥沙之中，特别是一些小件和易损文物会在冲沙、抽沙过程中流失和破损，故文物保护人员在每个出水口都安放了过滤网，以避免文物流失和破损。对舱室内的大件设备设施等物品，潜水员则系上绳索用吊杆吊起来。先后从中舱出水牙刷、炉齿、开关、垫圈、仪表针、瓷杯残片、火钩、铁桶、英国造耐火砖、炮膛通条、木床、舱门、木板、钢板、铁质水箱等；从后锅炉舱出水锅炉残件、钢板、铸铁块、铁盖、铁瓢、青花瓷碗等；从后舱二官厅舱室出水手枪、木椅、磨边玻璃、铜质接线柱、电插座、围棋子、有文字瓷片、书本、报纸、2 支断象牙筷、刺刀、多支汉阳造步枪；从副舰长室出水 1 块有 "中山军舰" 铭文的长方形铜牌等。其中几支步枪的枪托上有国民党党徽和海军铁锚的火漆印，下边还漆有 "革命军为主义而战　不怕死　不爱钱" 等北伐时期黄埔军校的口号（图 4-2）。

图 4-2　清障排沙阶段出水的部分文物

穿套千斤阶段文物清理。由于工程船上没有住宿的地方，文物工作人员只能住在岸边的军队营房，因此，有些出水文物在出水后暂由重庆长江救助打捞公司代为保管，事后再移交给文物保护工作人员。1996年12月28日，重庆长江救助打捞公司举行了首次文物交接仪式（图4-3），向文物保护人员移交773件文物。其中有印章、刺刀、子弹、电筒、脸盆、啤酒瓶、茶杯、花瓶、圆规、怀表、铜币等。

抬舰阶梯移位阶段文物清理。此阶段，出水文物出水后仍暂由重庆长江救助打捞公司代为保管。重庆长江救助打捞公司打捞出一批文物并分批移交给文物保护部门。1997年1月20日举行第二次文物交接仪式，移交瓷罗汉、小瓷人、铜奖章、铜灯罩、铜构件、水阀、铁佩剑、驳壳枪、砚台等文物共150件。2月6日，举行了第三次文物交接仪式，移交"中山"铭文铜茶桶、单筒望远镜、瓷工夫茶杯、瓷碗、瓷酒杯、铜军号、各种餐具等236件。此后，随着中山舰逐渐被扶正及二层舱室露出水面，文物保护专业技术人员开始进入中山舰舱室进行文物抢救发掘和清理工作（图4-4），并对各舱室进行拍摄，保留第一手复原依据。这一阶段清理出了一大批珍贵文物，如中山舰舰长萨师俊的私人石刻印章、手枪、铁佩剑及望远镜、有"永丰"标志图案的铜茶壶、铜咖啡壶及瓷西餐餐具、中山舰的党、政关防印信、中山舰电报稿纸及作战地图（航线图）等。发掘位置基本都在大官厅（舰长室）、二官厅、书记官舱、无线电报房和厨房等部位。

三、中山舰起坡阶段

这一阶段从1997年2月20日至3月20日，以中山舰安全进入修复车间船台为止。这个时期由于中山舰逐渐上升离开水面，所发掘的文物主要是在甲板层以下的各舱

图4-3　文物交接现场　　　　　　　图4-4　工作人员正在抢救发掘和清理文物

图 4-5　起坡阶段出水的部分文物

室。同时，也由于中山舰起坡遇险，船厂为了减轻舰体重量，日夜清除舱内的淤泥、煤炭、设施和舱内结构物，文物保护工作人员无法跟进，各舱室设施受损较为严重。

1997 年 2 月 21 日中山舰脱离抬驳依托，独立在起水滑道大车之上后，文物保护工作人员即上舰进行清理工作。船厂工人在检查时发现尾部底舱堆放着大量弹药，船厂及时组织人员将弹药转移至江滩划定的禁区，由武警看守。3 月 3 日，文物保护工作人员在二官厅活动室的淤泥中发现了珍贵文物孙中山铜质胸像 1 尊和有汪精卫题记的"精神如见"匾牌 1 件。3 月 20 日中山舰安全地落位到船厂一号船棚内。这期间，文物保护工作人员从舰上发掘清理各类文物 1000 余件，其中较为珍贵的有："永丰"舰银质餐具、铜质油壶、"永丰炮舰"搪瓷茶杯、"中山军舰"木质印章、"海军中山舰"铜质徽章、"宿字鱼雷艇"铜质徽章、"教诲有方"银质纪念牌和海军专用铁质佩剑等（图 4-5）。

1997 年 3 月 21 日，文物保护工作人员完成现场的清理工作，撤回至湖北省博物馆。3 月 24 日至 27 日，文物保护工作人员开始对存放在湖北省博物馆库房中的中山舰出水文物进行清理、分类。3 月 31 日至 4 月 25 日，文物保护工作人员开始对中山舰出水文物进行登记、编号和造册，共登记各类文物 3281 件（套），其中玉石类 30 件，陶瓷类 610 件，玻璃类 240 件，公章、纪念章类 50 件，钱币类 620 件，

图4-6　修复阶段清理出的部分文物

搪瓷类380件，灯具类180件，铜器类690件，生活用品及船上用品481件。另外还有一批文物如纸质物品类等尚未登记、编号和造册。

四、中山舰修复工程阶段

这一阶段从1999年11月12日修复保护工程开工至2001年12月23日修复保护工程竣工。

一是在对中山舰进行清舱除锈时，船厂工人陆续发现散落在淤泥中、夹缝中的一些零散文物，其中不乏珍贵物品，如1912年该舰在长崎造船所造的"永丰"舰标牌、当年电讯官使用过的钢笔，还有如救生艇专用船浆、几支冲锋枪，清末民初的钱币、砚台、匕首、衣架等。对发现的文物，文物保护工作人员及时接收登记。

二是在中山舰修复施工过程中，文物部门及施工单位在对中山舰相关舱室进行重点或局部修复复原的同时，出于文物安全和整体展示效果的考虑，更换了部分舱室内严重损毁的设施及船体构件，如盖板、舷窗、水箱、滑轮、浮标、风筒等。同时，对若干自成一体、无法重组和恢复原貌的机械及动力设备，如鼓风机、蓄电池、压力器、空气泵、千斤顶等，由文物保护工作人员逐一清理、拣选出来。文物的散布地点主要集中于锅炉舱、储物舱、锚链舱、士兵舱等部位。对拆卸下来不复位的大量文物部件，文物保护工作人员均抓紧时间认真做记录、绘图、登记建档、入库等工作，并绘制几幅大的挂图（即中山舰的平面、立面图），将每天的文物部件、机械等的拆卸、移动情况及时标图，以便全面地把握工作进展情况。同时，文物保护工作人员对已拆换的部位和修复过的地方均做了修复档案，共做修复档案94份，对修复的尺寸和方位等均有详细的记载。文物保护工作人员还对全舰108个舱室进行了测量绘图。中山舰上下共4层，有108个大小不一的舱室和众多设备，全部测绘图按每一个平面四个立面计算（辅补图除外），共绘测绘图500余张，且每张图都对其结构和保存现状等方面进行了详细的说明与记载。这些图文并茂的原始资料成为中山舰档案资料的主体，其对今后中山舰的修复、陈列、研究等具有宝贵的借鉴作用。在中山舰修复施工过程中，从舰上各舱室拆卸入库的文物共计400余件（图4-6）。

中山舰出水的文物经后期清理，总量多达 5340 件（套）。这批出水文物的质地主要是木、纸、铁、铜、瓷、玻璃及由它们组合而成的复合品。这批文物在江水中浸泡近 60 年，均受到江水和泥沙不同程度的侵蚀及战争和人为的损坏。针对不同质地的文物，中山舰保护课题组采取了不同的保护方法。

一、木质文物

中山舰出水的木质文物较多，如印章、器械、家具等。这些文物经过江水的长期浸泡后，木质变得疏松，含水量较大。在试图对残片进行自然脱水时，残片均出现收缩、变形、开裂的情况。根据木质的不同，采取以下保护方法。

1. 乙二醛脱水法

首先，从水中取出木器，将其仔细清洗干净，然后晾干。其次，将器物浸泡在含某种催化剂的乙二醛水溶液中，器物漂浮在液面上。每隔数日搅动浸泡液以加速渗透速率。再次，待器物全部沉入溶液后，取出器物并用蒸馏水冲洗表面。最后，晾干、称重，进行干燥脱水，直至器物达到衡重。该方法曾获文化部科技进步一等奖、国家科技进步三等奖。

2. PEG ＋二甲基尿酸法

该方法是对现有 PEG 方法的改进，经实验检测，效果理想。

首先，将器物从水中取出清洗干净，浸泡于二甲基尿酸溶液中数日。其次，取出器物，将其浸泡于 10%PEG4000 溶液中，并加入一定配比、作为防腐剂的硼砂和硼酸。再次，视器物大小，每周或每半月将 PEG4000 的浓度增加 10%。当PEG4000 不再溶解时，采取升温至 60℃并恒温的方法来提高其浓度，促进渗透。最后，取出器物，用甲苯除去表面蜡状物。

二、纸质文物

出水的纸质文物主要是收发电报稿、地图和书籍等。由于这些纸质品在江水中浸泡了近 60 年，出水时呈饱水状，且与泥沙等物质粘连包裹固结在一起，人工极难揭取，且自然干燥后会起皱。中山舰保护课题组通过冷冻法、溶剂法、蒸汽法、水浸法等方法的大量试验对比，探索出一套比较适合揭取这些纸张的方法——"加温流动水浮力浸泡揭取法"。基本过程如下：

① 将文物浸泡在水中，并小心地清除污染物；

② 取出，用真空冷冻干燥脱水；

③ 小心地揭取；

④ 对单面有字的纸张采取传统工艺装裱，对双面有字的纸张采用丝网加固处理。

图 4-7　纸质文物修复工作照

其主要操作方法为：把浸泡纸张的水加热，让一些在冷水中的不溶物在热水中溶解掉，借助水的浮力减小纸张的损伤，利用水在流动时所产生的冲刷力将粘连物带走一部分，在这两种力量的作用下，可以把纸张中的绝大多数固结物带走，从而使得固结的纸张呈松散状，再用自制的竹片小心揭页，揭页时把竹片轻而慢地插进两页纸张之间，轻轻地抖动竹片，借助水的涌动力量使竹片向前挺进，这样就很容易地将纸张逐页分开。把揭好的纸张在水中展平后与塑料薄膜贴紧，把住塑料薄膜的一头，慢慢地从水中提起，平摊在台面或桌面上，晾干后纸张与塑料薄膜自然分离（图 4-7）。

纸张分离出来后，需要进行加固。对于单面文字纸张采用衬裱法，即采用书画装裱技术，对纸张裱糊一层复背进行加固。对于双面文字纸张，则选择一种分子量为 1000、具有较高弹性的胶乳树脂材料按一定比例喷涂到纸张上，它不仅能在纸张表面形成一层保护膜，还能渗透进纸张纤维内部，使纸张的酥脆问题得到了极大的改善，经过加固的纸张甚至可以任意折叠。

三、金属文物

金属文物主要为铜质和铁质器物，多是武器装备、器械设备及一些生活用品，受弱酸性江水的长期浸泡，均出现不同程度的腐蚀。

1. 对于铜器的保护方法

1）清洗。除去表面的灰尘、泥土等附着物，并用蒸馏水浸泡。

2）采用 CAN 系列复合剂除锈。

3）用蒸馏水清洗，并用丙酮干燥。

4）对除锈后的器物采用气相法进行表面封护。

5）对局部有破损的器物进行修复，然后进行封护。

2. 对于铁器的保护方法

对较大构件（多为随舰设备、构件），采取如下方法。

1）喷砂除锈，除去器物表面的氧化层。

2）用高压空气吹尽灰尘，并用丙酮清洁表面。

3）进行磷化、钝化处理。

4）视情况分别涂刷特种黄油或无色氟树脂。

对小型构件和器物，采取如下方法。

1）脱盐处理。

2）电化学除锈。

3）蒸馏水清洗。

4）磷化、钝化处理。

5）纳米二氧化钛封护。

四、瓷器文物

瓷器多为生活用具、陈设摆件，破损较为严重。修复方法和程序如下（图4-8）。

（1）清洗：除去器物表面污物。对于瓷器的清洗需要根据其表面沉积物的不

图4-8　瓷器文物修复工作照

图 4-9　保留的部分弹药

　　这批弹药出水后，被临时存放在湖北船厂仓库内，距中山舰船体车间、工厂油库和居民区很近，极不安全。1997 年 4 月，中国人民解放军总参谋部组织专家对上述弹药进行了专门的技术鉴定。专家们判定：中山舰"弹药的炸药质量完好，爆炸威力没有降低"。按军事部门有关规定，这批弹药"属于危险程度最高的危险品弹药，应及时就地销毁"。但考虑到这批弹药和中山舰一样是历史的重要见证物，具有很高的文物价值，不便全部销毁，为此，专家组成员在进行弹药技术鉴定的同时，提出了拆解中山舰弹药的初步意见。由于弹药的拆解工作是一项专业技术性很强、危险程度极高的工作，故当时无法进行及时处理，只好将这批炮弹、枪弹全部转运至武汉市江夏区人民武装部的弹药库中代为保管。

　　2002 年 3 月，海军工程大学兵器工程系提交了"采取水切割拆解处理技术，对中山舰出水弹药进行处理"的《军队科研项目申报书》。4 月，湖北省文物局同意海军工程大学的上述处理意见。随后，向国家文物局上报了《关于对中山舰出水弹药进行安全技术处理的紧急请示》。8 月，国家文物局就中山舰出水弹药安全技术处理问题做出批复：原则上同意湖北省文物局关于中山舰出水弹药的处理意见。同时要求湖北省文物局和参与单位"在确保安全的前提下，最大限度地对出水弹药进行技术处理，将销毁弹药的数目减少到最低程度，尽可能多地保留这批珍贵文物"。

　　2003 年 5 月 30 日，湖北省文物局在召开"中山舰出水弹药处理专家论证会"后，向国家文物局上报《关于对中山舰出水弹药进行分类处理的请示》，并得到国家文物局认可，即：可拆除的尽量拆除，不能拆除的采用爆破处理。

　　2003 年 12 月 16 日，海军工程大学范志和教授、辛亥革命武昌起义纪念馆梁华平馆长和武汉爆破公司罗启军书记，对武汉市江夏区人民武装部库房代存的全部弹药（大中口径 312 枚、小口径 788 枚）进行了最后的技术检查与分类鉴定，将其中无引信、无炸药、无隐患的弹药全部拣选出来供博物馆作为文物标本收藏，最终保留了 2 个品种、8 种型号的炮弹共 49 枚，以及包括汉阳造枪弹在内的步枪、手枪子弹近万枚（图 4-9），其余弹药分别于 2003 年 12 月 17 日和 2004 年 9 月 13 日被全部销毁。

中山舰出水文物数量多、类型丰富，不仅有民族工业手工及机械制造的工业产品，也有国外制造的工业产品，涉及日本、英国、美国、德国、瑞士、法国、瑞典、加拿大。这些文物对我们研究清末民国时期的政治、军事、制造业等有着重要的科研价值。

一、出水文物分类

根据文物的不同性质和特征，将中山舰舰体以外的出水文物分为以下四类。

1. 铭牌标志

中山舰曾参与中国近代史上多项重大事件，许多风云人物如孙中山、胡汉民、伍朝枢、廖仲恺、蒋介石等都曾莅临此舰开展活动，并遗留下许多珍贵的历史文物。其中"中山军舰"标牌、"精神如见"银质匾牌、中山舰末任舰长萨师俊石刻印章，以及海军各种证章和国民政府授予海军有功之士的各种勋章等，都是极其珍贵的文物。这些文物见证并述说了不同时期的历史事件和故事。主要有以下 3 种。

（1）证章、奖章、纪念章。如中山军舰证章、宿字雷艇证章和宝鼎勋章、陆海空军勋章及海军第一届运动会纪念章等。

（2）公章、私章、休闲章。如中山军舰党、政关防印信及随舰官兵私人印章、休闲章等。

（3）匾牌、标牌、记事牌。如"精神如见"匾牌、"教诲有方"匾牌、"中山军舰"标牌、中山舰值班名录牌及日用品发放登记牌等。

2. 舰载设施

中山舰是日本三菱长崎造船所为外国制造的第一艘钢木结构的火炮舰。其舰载设施复杂多样、性能先进。根据出水文物的特征可知舰载设施大致包括以下 8 种。

（1）航海设施。如舵云盘、水浮标、观察镜等。

（2）动力设施。如鼓风机、蓄电池、热力交换器等。

（3）机械设施。如压力器、压力机、起重葫芦等。

（4）通信设施。如发报机键盘、信号灯、军号等。

（5）供水设施。如水箱、水泵、过滤器等。

（6）照明设施。如壁灯、吊灯、座灯等。

（7）维修设施。如台钳、铁砧、千斤顶等。

（8）消防设施。如消防泵、太平斧、水枪头等。

3. 武器装备

中山舰作为一艘战舰，配有 8 门火炮，在护法运动、平定陈炯明事件中立下战功。1937 年江阴海战后，中山舰上的 2 门主炮被拆卸下来用于长江要塞的岸防。此时的中山舰实际上只担任巡逻及运输任务，直至武汉会战中被日机炸沉江底。中山舰出水有各式炮弹、枪支弹药、佩剑等武器装备，包括了汉阳兵工厂制造的子弹箱、广东兵工厂生产的重机枪及刻有北伐军誓言的步枪，体现了中山舰短暂却非凡的航程。主要有以下 3 类。

（1）枪炮类。如火炮、重机枪、轻机枪、步枪、冲锋枪、驳壳枪等。

（2）弹药类。如各种类型、口径的炮弹、子弹等。

（3）刀剑类。如海军指挥刀、佩剑、步枪刺刀等。

4. 日常用品

中山舰出水文物中较多的是海军官兵日常生活及娱乐用品。这些用品中不仅有西方现代产品如电风扇，也有中国传统器具如铜火锅、铜茶壶。此外，中国民族工业史上许多著名品牌也在中山舰上有所发现，譬如"国光"牌口琴和汉口造汽水瓶。一些用品，从铭文和图案上推断，应是更名前的永丰舰时期（1912 年 6 月至 1925 年 4 月）的物品。其中"永丰"铭文铜茶壶、铜咖啡壶及印有"汉口豫成绸缎尼绒局敬赠"的搪瓷脸盆均被鉴定为国家一级文物，反映了海军中西合璧的时尚品位和休闲风貌。主要有以下 8 类。

（1）茶具、酒具。如酒壶、茶杯、果盘等。

（2）炊具、餐具。如火锅、炭炉、碗筷等。

（3）文化用品。如钢笔、砚台、墨盒等。

（4）娱乐用品。如围棋、象棋、麻将等。

（5）生活用品。如手表、手电筒、电风扇、取暖器、自行车等。

（6）洗漱用品。如脸盆、口杯、牙刷等。

（7）陈列用品。如花瓶、瓷像、石雕等。

（8）木质用品。如门窗、桌椅、书柜等。

二、文物来源研究

中山舰不仅是中国近代海军现存的唯一的一艘有着近百年历史的世纪名舰，而且是日本三菱长崎造船所对外出口的第一艘炮舰。因此，中山舰出水文物的来源十分广泛。

从历史资料记载来看，当年永丰舰竣工下水时，其舰载设施完备，不仅配置精良而且来源广泛，如机器舱的钢制锅炉来自英国，无线电报房的发射机来自美国，舰上的阿氏火炮、马氏火炮分别来自德国和法国，而舰船的"心脏"——发动机则来自日本本土。从出水文物来看，随中山舰出水最多的便是官兵们大量使用的日常用品。它们当中既有记录西方国家现代工业发展进程的产品，如自行车、缝纫机、电风扇、照相机、取暖器、电熨斗等；也有反映中国传统历史文化特色的器物，如铜火锅、铜烘笼、铜温酒壶、水烟枪、铜鞋拔等。

随中山舰出水的文物中有来自世界各地的生活用品。经初步清理、记录在案的舶来品有 50 余件（套），分别来自英国、美国、德国、法国、日本、加拿大、瑞典、瑞士这 8 个国家，如：法国的军号，瑞士的手表，美国的烤箱，瑞典的喷灯，英国的西餐餐具，加拿大的平底锅，德国西门子（SIEMENS）的台式电扇，德国福伦达照相机，日本的日光观察镜及松本（MATSUMOTO）的消毒箱、过滤器等。

随舰出水文物中，还发现了许多民国时期民族工业的品牌产品，如"国光牌"口琴、"虎头牌"手电筒、"双钱牌"胶鞋、"光华牌"香烟、"益利牌"汽水、"立鹤牌"搪瓷脸盆和中国台湾生产的"飞马牌"长筒胶鞋等。更令人惊叹和叫绝的是当年中山舰打捞出水时居然发现 2 瓶原封未动、滴水未漏的饮料。一瓶是汉口赞育汽水厂生产的汽水，另一瓶是无名厂家出品的"无敌牌"橘子汁。至今仍能在汉口洞庭街寻访到赞育药房的历史痕迹。

在中山舰上还发现少数来自抗日战争时期中国海军的其他舰艇的生活物品。如："海筹舱面"搪瓷缸（来自清末四大巡洋舰之一的海筹号）、"平海"搪瓷脸盆（来自国产的第一艘轻型巡洋舰平海号）、"德胜"搪瓷杯（来自 1861 年从英国进口的德胜号炮舰）。经考证，以上器物应是在 1937 年的江阴海战、1938 年的岳阳整编后，由上述舰船官兵带至中山舰上的日常生活用品。

这些随舰出水的文物中，虽然不少器物仅铭刻公司（厂家）的缩写字母或商标图案，造成进一步识别和判断的困难，但是对于已经识别的文物，依然可以通过分析其来源和流通情况来研究当时的中西经济文化交流与商品贸易流通体系，揭示民族工业发展的状况，还原当时民众的生活情形。

一、出水文物的鉴定

中山舰出水文物的整理是逐步完成的，为了加强对中山舰出水文物的保护和管理，武汉市文化局、中山舰博物馆先后四次组织文物鉴定专家对出水文物进行鉴定定级。

2002年8月26日至29日，武汉市文化局专门邀请国家文物局近现代一级文物确认专家组来武汉对中山舰博物馆部分随舰出水文物进行鉴定（图4-8）。由于当时中山舰博物馆仍在筹备阶段，没有固定的场所，也没有文物库房，只能暂时借用武汉革命博物馆库房。此时文物的清理工作还没有结束，因此专家组只挑选了一部分出水文物进行鉴定。最后经专家组鉴定，确认珍贵文物共计107件（套），其中一级文物43件（套），二级文物22件（套），三级文物42件（套）。在此次鉴定会上，由于专家们对中山舰舰体属于可移动文物还是不可移动文物存有争议，因此没有对舰体给予文物级别（图4-10）。

2004年8月28日，湖北省文物出境鉴定组专家在武汉进行文物鉴定，还在筹备中的中山舰博物馆拿出少量清理过的出水文物进行鉴定，最后专家组确认一级文物8件（套），二级文物2件（套）。

2011年中山舰博物馆正式对外开放后，出水文物也由武汉革命博物馆转移至中山舰博物馆新藏品库房内，保管部工作人员对藏品进行了全面的清理工作。2012年11月22日至25日，中山舰博物馆邀请了湖北省文物出境鉴定组专家对中山舰出水文物进行了第三次文物鉴定（图4-11）。经专家组鉴定，新增一级文物9件（套）、二级文物62件（套）、三级文物1528件（套）。

2013年12月3日，中山舰博物馆邀请湖北省文物鉴定组专家对尚未鉴定的出水文物和馆藏社会征集文物进行鉴定。此次鉴定为三级以上的文物有676套704件，其中，中山舰出水文物633件（主要是湖北省文物修复保护中心2013年8月移交的电报稿纸），以及中山舰博物馆自建馆以来征集的社会流散文物43套71件，其中二级文物2件（套）。

截至2014年11月，中山舰出水文物中被确定为珍贵文物的共计2349件（套）（不含社会征集文物），其中一级文物60件（套），二级文物86件（套），三级

图4-10　2002年中山舰出水文物鉴定会

图4-11　2012年中山舰出水文物鉴定会

文物 2203 件（套）（表 4-2）。

表 4-2　中山舰出水珍贵文物数量一览表（不含社会征集文物）

鉴定时间	鉴定机构	一级	二级	三级	小计
2002.8.26～29	国家文物局近现代一级文物确认专家组（沈庆林、赵永芬、阮家新、万冈、肖贵洞、夏传鑫）	43	22	42	107
2004.8.28	湖北省文物出境鉴定组（刘彦、张少山、孙启康）	8	2	0	10
2012.11.22～25	湖北省文物出境鉴定组（刘彦、张少山、张洪珍）	9	62	1528	1599
2013.12.3	湖北省文物出境鉴定组（刘彦、张少山、张洪珍）	0	0	633	633
合计		60	86	2203	2349

二、出水文物的保管

中山舰博物馆严格按照《博物馆藏品管理办法》的相关规范和要求，对中山舰出水文物全部按照其质地和级别进行了分类、分柜保存。一级藏品全部定做囊匣存放，部分易损二、三级藏品也定做囊匣存放，不能做囊匣的珍贵文物全部设有专柜，小件物品入抽屉柜存，大件物品根据上轻下重的原则入立柜存放，纸质品等易生霉菌的物品全部存放在 4 个恒温恒湿柜中。在保管装备、装具配置方面，除配有文物抽屉柜、立柜和文物货架外，库房还安装有大门风淋系统、空调通风系统、温度湿度表、除湿机及恒温恒湿柜等，以保证库房的温度与湿度和个别文物的存放小环境。在安全方面，库房装配门禁系统、24 小时监控摄像头、烟雾报警系统、喷淋系统和手持灭火器等设备，确保库房的安全。

第五节　部分重点文物简介

中山舰出水文物数量之多、范围之广、价值之高，在中国近现代沉船（舰）打捞史上极为罕见。中山舰出水文物中被确定为珍贵文物者达 2349 件（套）。现对部分重点文物介绍如下。

一、铭牌标志

（一）证章、奖章、纪念章

1　"海军中山军舰" 37 号铜质证章

证章整体为铜质，带有佩戴杆及链。正面中央为国民党党徽（白色）和铁锚组成的图案，图案外围有楷书阳文铭文"海军中山军舰"六字，文字间以三颗五角星，且外围饰一圈弦纹。其他部位为铜质素面。背面由国民党党旗和青天白日旗交置，双旗上方有楷书阳文"证章"二字，下方有编号"№ 37"。此证章应为中山舰上官兵所佩戴。

2 "海军中山军舰" 33 号铜质证章

证章直径 3.1、通高 6.8 厘米，呈八角圆形，带佩戴杆及链。正面中部由蓝白相间的国民党党徽等图案组成。背面铭"海军中山军舰证章"八字阳文楷体，编号"33"。此证章与 37 号证章分别在大官厅和二官厅发现，为不同时期中山舰上官兵所佩戴。

3 "中山军舰" 3 号铜质证章

证章直径 3、通高 4.5 厘米，呈圆形，带佩戴杆及链。正面中央有白色锚链组成的图案，底色为红铜素面。背面中部横排铭楷体"中山军舰"四字，下方为编号"3"。

4 海军舰队司令部职员铜质证章

此证章呈盾形。正面上部分为蓝白相间的青天白日图案，下部分主体图案是一铁锚，并衬以象征海水的蓝色背景纹样。证章顶端有一圆孔，连接有铜链和佩戴杆。证章背面上方有一横排拱形文字"海军舰队司令部"和竖排文字"职员证章"，共十一字阳文楷体。背面下方有"№ 568"编号字样。

5 国民革命军海军第一舰队总司令部铜质普通证章

证章呈四边形，四边内收呈四弧形。正面整体底色为靛蓝色，四周为锚链图案装饰。正面上方有一国民党党徽图案，徽的下方有"国民革命军海军第一舰队总司令部"楷书字样。背面铸有"普通证 8 号"字样。

1927 年 10 月，国民革命军总司令部所辖的海军处改组为海军舰队司令部（潘文治为舰队司令），将广东所有舰艇改编为海防、江防、运输 3 个舰队。中山、飞鹰、广金、民生、自由、舞凤这 6 舰隶属海防舰队。1929 年 4 月，国民政府统一全国海军编制，将广东海军舰队司令部改编为第四舰队司令部（陈策为舰队司令）。1931 年 5 月，广州国民政府成立后，又将第四舰队司令部改编为海军第一舰队总司令部（又称海军总司令部，仍以陈策为总司令）。

6　陆海空军银质奖章

证章整体呈圆形，银质。正面从中向外由梅花、几何图案、五角星、花环等组成。上方有佩戴环。背面铸有"陆海空军奖章"字样及编号"2549"。

陆海空军奖章于 1929 年 8 月由中华民国国民政府颁行，为陆海空军通用最高奖章。该奖章分甲、乙两种。每种又分一、二等。奖章中心是中华民国国花梅花，代表国家，国花周围环以"万"字纹，表示流芳百世，下方衬以五星表示光明，象征荣获此章者有使国家光明灿烂、绵绵不息之意。奖章出自中山舰舰长室，推测应为萨师俊舰长生前所有。

7　"宿字雷艇"盾形铜证章

该证章来自宿字号鱼雷艇。证章整体呈上宽下窄之盾形。正面上方有横排楷书阳文"宿字雷艇"四字，下方为白色锚链图案，但图案白漆已有局部脱落。背面有"№ 5"字样，配有佩戴链，品相尚好，仅图案之白漆局部脱落。

宿字号鱼雷艇，是 1895 年清政府从德国进口的 8 艘鱼雷快艇中的一艘，排水量 90 吨。它是中国近代海军中"资格最老"的一艘鱼雷快艇。1928 年至 1932 年期间，该艇在国民政府海军"鱼雷游击队"服役。1933 年 4 月停止使用。1937 年 8 月，它与德胜号炮舰一起在江阴航道自行沉江。

8　六等宝鼎银质勋章

勋章正面中央是宝鼎图案。背面有"宝鼎勋章"隶书铭文，以及"六等""印银局""17"等字样。

宝鼎勋章为中华民国国民政府时期勋章。勋章中心为我国古代传国之宝——宝鼎，四周为表示光芒万丈的纹样。象征荣获此章者，卫国有功，被国家珍视如鼎，荣誉之光四射。1929 年 5 月，根据国民政府公布的《陆海空军勋章条例》颁行，分一至九等，一、二、三等大绶，四、五等领绶，六、七等襟绶附勋表，八、九等襟绶。

9 "领袖肖像"铜章

此铜章为蒋介石"领袖肖像",应是在 1937 年底
至 1938 年期间制作的,全国各地都有制作。这枚侧面"领
袖肖像"是汉口添兴银号的产品。据相关专家说,这枚
汉口制作的"领袖肖像"比较珍贵,目前仅见 1 枚。

1937 年 7 月抗日战争全面爆发,9 月 17 日国民党
中央常务委员会决定,由军事委员会委员长行使陆、海、
空军最高统帅之权,并授权军部委员会对党、政实行统
一指挥。蒋介石委员长在革命军中有绝对指挥权。

10 "SWIMMING"游泳铜质纪念章

该纪念章为铜质,纪念章上半部分呈方形且有一方
形挂孔,下半部分为海浪波涛纹样的弧形。证章的中上
部铸有一游泳运动员入水瞬间的英姿,中间有一横排英
文铭文"SWIMMING"。

11 "二十四年双十节海军第一届全军运 动会"铜质纪念章

纪念章正面为浮雕的军舰和数名军人形象,衬以海
浪背景,外围饰以链形图案。上方附有方形挂孔。证章
背面为四行隶书:"二十四年双十节海军第一届全军运
动会纪念章"。

1935 年 10 月 10 日至 16 日,中华民国海军在福州
马江举行了海军第一届联合运动大会。由马尾要塞司令
李世甲先期筹备。海军部部长陈绍宽为会长,下设主任、
总干事、股长等。海军部及全军各舰艇、机关共 36 个单
位 1000 余人参赛。竞赛项目分为田径、游泳、水球、足球、
篮球、排球和网球等。

（二）公章、私章、休闲章

1　国民党党部中山舰区分部委员会木刻印章

该木刻印章印面为正方形，文字刻工极其精细、规整，字体清晰可辨。印文为阳文篆书体，其内容为"中国国民党国民革命军海军特别党部第七舰队区党部中山舰区分部委员会印"。印文四周留有宽边。

2　"海军特务队"木刻印章

印章呈长方体，印面竖刻楷体"海军特务队"五个字。印章整体较完整，表面呈褐黑色。

1938 年 1 月，由于中国海军在江阴海战中丧失了半数以上的战斗力量，海军部被撤销，新成立了以陈绍宽为总司令的海军总司令部，并撤到汉口至岳阳办公。同时，把江阴阻击战后海军残存的舰艇重编为第一和第二两个舰队。此时，数以千计的海军官兵从前线撤退下来，他们聚集在岳阳，亟待收容和管理。因此，在同年 2 月，海军总司令部特地成立了海军特务队这一临时应变机构，由中山舰舰长萨师俊兼任队长。中山舰随海军特务队先后驻扎在岳阳和湘潭，专门负责江阴海战后海军部队流散人员的收容、安置工作。海军特务队将收容的伤残军人分批转移到相关休养所进行治疗和休养，将余下的官兵编队加以训练，然后陆续补充到海军各舰艇和炮队，继续参加对日作战。海军特务队印章上的"特务"所指的是特别任务，并不是我们通常所认为的"间谍""特务"这一概念。

3　"中山军舰无线电处"木刻印章

该印章木质较硬，印身已有裂痕。印面为长方形，中部略有缺损，印面文字有一定的磨损，但字迹清晰，整体品相尚好。其铭文为"中山军舰无线电处"，应为中山舰收发电报时所用印章。

4　"路透电第　号"木章

印面为长方形，横排两行"路透电第　号"五字，楷书，阳文。第二行"第　号"之间为空白，以便使用时按号填写，四周有边框，除上排三字中部略有缺损外，其余部分保存完好。

5　"萨师俊印"石印章

萨师俊（1895～1938年），福建闽侯（今福州）人，烟台海军学校第8期学生。历任江贞、建安号炮舰副舰长，公胜号炮艇艇长，青天号测量舰、仁胜号和楚秦号炮舰舰长等职。

此枚印章为白色芙蓉石料随形章，石质温润，通体透明。印章上部呈斜坡状，坡面雕有云纹，印面阳刻篆体"萨师俊印"四字。萨师俊是中山舰最后一任舰长，武汉会战时，在金口激战中牺牲。后被国民政府追授上校军衔，为抗战期间国民政府海军殉国的最高将领。

6 张嵩龄石印

这枚石印为张嵩龄名章，绿色石料，翠绿中杂有黑褐色点，手感沉重。印面为"张嵩龄印"四字篆体。

张嵩龄（1911～2003年），时任中山舰电讯收发少尉官，是中山舰幸存者之一，生前居住在云南昆明。在中山舰打捞出水后，老人曾亲临现场，抚今追昔，感慨万千。他老泪纵横地说："想不到我这辈子还能再看到中山舰。"张嵩龄于2003年去世，享年92岁。

7 "前身定是明人""未能一定寡过"鸡血石书画印章一对

这对印章为鸡血石质，印首均巧雕卧狮一只，保存完好。一枚印文为"前身定是明人"，白文篆体，笔道较粗，显雍容洒脱。另一枚印文为"未能一定寡过"，朱文篆体，笔道道劲隽永。前者意指自身保有明人戚继光卫国抗倭的反侵略精神，定与外敌势不两立；后者则是自我宽慰，告诫自己"并不能一定不犯错误"，这是一种豁达超脱的精神。此印章于中山舰打捞出水时在舰长室发现。

在中山舰打捞出水后进行文物清理时，在士兵舱中发现一套雕刻工具。中有雕刻刀三把，均为铁质，长条形，一端有锋利的刀口，雕刻刀原装在一支圆管状铜质套筒之中。从印纹的水准可以得知中山舰上有业余的篆刻高手。

（三）匾牌、标牌、记事牌

1　汪精卫题记"精神如见"银质纪念牌

　　这块匾牌是 1934 年 4 月时任国民政府行政院院长的汪精卫在海军部长陈绍宽的陪同下乘坐中山舰时所题。匾牌工艺非常精致。整体略呈长方形，四边为圆角，左右及下部边饰呈波浪形，上方边饰为浮雕蝙蝠纹。木质衬板上镶嵌隆起的银质面板，板上除横刻有"精神如见"外，还竖刻楷书八行："十一年六月十六日广州变作大总统孙公誓师讨逆以永丰舰为座舰凡五十余日事后锡名为中山舰以存纪念二十三年四月偕海军陈部长同乘此舰追怀前迹谨识数语以励将士汪兆铭。"其寥寥数语，概述了永丰舰更名为"中山舰"的历史缘由及中山舰所立下的历史功勋。

2　中山舰甲班学员赠秉正"教诲有方"银质纪念牌

　　纪念牌平面略呈长方形，由木质衬板镶嵌银板组成。银板上有模印花卉装饰。中间刻有隶书体"教诲有方"四字；右题"秉正先生临别纪念"，左侧款识为"中山舰甲班学员全体敬赠"。整体品相完好，艺术性较强，有较高的工艺制作水平。据考证，此匾牌为在中山舰上实习的海军学校学员赠送给教官的纪念品。

3　日本"长崎三菱造船所"椭圆形铜标牌

　　标牌为黄铜质地，椭圆形。周边有四个供安装用的小孔。正面除有一排英文外，还铸有"长崎三菱造船所""JUNE 1912""明治四十五年六月制造"等日文汉字数行，字体清晰可辨。

　　此标牌为中山舰出厂身份证。中山舰原名"永丰舰"，1910 年由清政府向日本三菱长崎造船所订购。1912 年建成下水。1913 年 1 月加入北洋政府海军第一舰队。1922 年 6 月，孙中山先生广州蒙难期间登临该舰指挥平叛斗争长达 54 天。1925 年 3 月，孙中山先生逝世后，为纪念先生，将永丰舰易名为"中山舰"。

4　"中山军舰"长方形铜牌

　　铜牌长 17.6、宽 5.2 厘米。正面阴刻隶书"中山军舰"四字。周边有两道阴刻线纹饰。背面附有一块与铜牌大小一样、形状相同的薄铜片，使用铆钉连接。

5　"中山军舰"铜质标牌

标牌呈长方形，长18、宽7厘米，上方有装配用的孔及纽，正面中部有阴刻楷体"中山军舰"四字。字内涂以黑漆。四周装饰一道阴线。背面中央是铁锚变形的"中山"字样和国民党党徽组合成的图案。

6　"中山"圆铜牌

标牌正面浮雕楷书"中山"二字。中部略呈弧状隆起。四周有四个用于固定的小圆孔，周边压印绳纹装饰。

据中山舰幸存者、现居中国台湾的陈鸣铮将军回忆，此标牌是安装在中山舰舰板上的。

二、舰载设施

（一）航海设施

1　中山舰尾舵盘

尾舵盘由柚木制成，整体榫卯结合，凡结合部位均有铜皮或铜条外包加固。整体保存较完整。舵盘是在1999年修复中山舰时工作人员在舰尾舱内发现的。根据资料查证，全舰应有3个舵盘，现仅存此舵盘。

2　日本产观察镜（铜＋玻璃）

观察镜上有"干燥孔""38""日本光"和"NIKKO"等铭文。其产地应是日本的本州岛。

使用观察镜时，只需向上探出一个小小的镜头就能对敌情一目了然，既达到了侦查的目的，又最大限度地保障了士兵的生命安全。

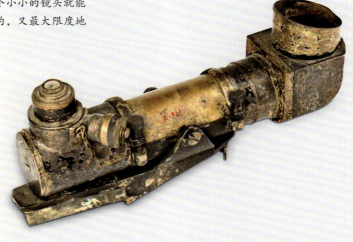

3　铜质缆绳发射器

发射器形状好似一把手枪。在枪身上部有一个电气装置。

发射器的主要用途是舰船在大风浪天气中靠岸时，先把细的引绳发射至岸上，岸上的人员用引绳把粗的缆绳拉过去，再配合舰船上的人员一起将舰船停泊稳固。发射器的有效射程为 30 ~ 40 米。

4　单筒望远镜（铜＋玻璃）

此单筒望远镜由英国制造，两端原配有镜片，较小的一端设有调整装置，并有一圈英文铭文"TURN THIS TO CHANGE POWER"。其特点是便于携带，但在使用时需保持双手、头部与眼睛在同一直线上。

5　双筒军用望远镜（铜＋玻璃）

此双筒望远镜由德国制造，镜架上覆盖皮革。其构造是将两个相同或者镜像对称的望远镜平稳地架设在一起，用于观察远处的影像。双筒镜的优点是让使用者获得更清晰的图像。

6　铜质调速盘

　　调速盘呈圆盘状，中心有指针。圆盘正面分为数个区域，各区域刻有"缓进""半进""候令""半退"等有关速度的指令语。

7　铜质测速器

　　测速器是用于测量舰船所航行的里程。其主体呈圆锥体，尖端有小孔。圆柱上焊有 4 片大小相同、距离相等的翼片。当舰船行驶时，测速器因水流而旋转，其旋转次数被传送至相连的仪器以计算航程。

8　铜质六分仪

　　六分仪呈扇状，是航行测量工具，用于测量某一时刻太阳或其他天体与海平线的夹角，并通过计算得知船舶所在的位置。其特点是轻便，但阴雨天不能使用。

9　舢板铁锚

　　锚宽50、高68厘米，铁质，为中山舰舢板上使用，整体呈黑色，锚的顶端有一连接杆，但无铁链。

10　铜质航海制图仪

　　制图仪宽12.5、高11.8厘米，中间有一可旋转圆盘，圆盘上有代表方位的字母和刻度，圆中心为一小块玻璃。此航海制图仪为英国伦敦制造。

（二）动力、机械设施

1　铁质长嘴油壶

油壶主要是用以盛装润滑油，为机器部件加注润滑剂。中山舰上出水文物中有10多个长嘴油壶。

2　谦信洋行泵气炉

此泵气炉为谦信洋行所制造，铁质。使用时将煤油倒入容器内，再用炉身上的小手柄向容器内部加压，在容器内形成较大压强，便于燃料充分燃烧。此炉多用于军队和野外工作。

3 瑞典制铜质喷灯

此喷灯长 26、宽 22.3 厘米，大部分为铜质，手柄为铁质。根据器物上大量的英文铭文，可得知此物来自于瑞典的斯德哥尔摩。

喷灯常用黄铜制作，是利用汽油或煤油作燃料的一种工具。因喷出的火焰具有很高的温度，常用于加热烙铁、烘烤等，火焰温度可达 800 ~ 1000℃。使用原理是先在预热盆中倒入酒精，点燃后产生热量使灯座内的酒精气化并由灯管排出以被点燃，灯管上有升降开关以调节空气和酒精量。酒精在燃烧时发出喷气声，火焰呈微弱的淡蓝色。

4 铁质鼓风机

此鼓风机制造于 20 世纪初，上刻有铭文"April 15 1902"。为军舰常用动力装置，通过产生气流带动可以转动的叶轮将风送达舰内锅炉等，使锅炉能够正常通风、排气。

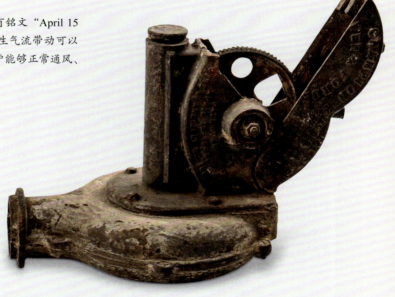

5　蓄电池

主要为舰载设备提供必要的应急用电及作为其他装置的备用电源，也可用作舰船通信等的工作电源。

6　铁质螺旋压力器

通过螺旋结构使一组以上的外螺栓与内螺栓在框架内旋转产生压力，使滑块产生上下成形扭矩。

（三）通信设施

1 法国制红铜军号

　　此军号产自法国巴黎，为红铜质地，品相完好，稍有锈蚀。号身靠近喇叭口部位刻有数行法文铭文。

　　拿破仑说过"军号是战争之魂"。凡是历经军旅洗礼、铁血的人，都懂得军号旋律的深刻含义。军号在军队里有着极高的权威，任何人只要听到军号，就知道自己该做什么了。军队能和普通的团体、人群区分开的一个重要的标志就是军号。军号指挥着整个部队的全部行为。在军营里，无须一一告诉你要做些什么，只要你能听懂军号，就不会掉队。

2 中山军舰电报稿

　　中山舰出水电报稿分为收报单（红色排头）和发报单（蓝色排头）两种，共计1000余份。已解译的电报内容涉及中山舰的日常巡防、编训情况、设备维护及与外国军舰的交往等。

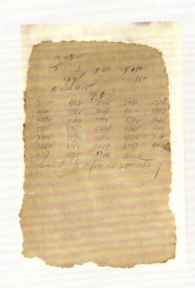

3　海军专用口哨

包括银质与铜质两种。银质口哨长 10、直径 2 厘米，貌似微小的萨克斯管，哨身两侧有锚链图案。铜质口哨长 13.5、直径 2 厘米，小端有一铜环，大端呈鸭嘴状。

中山舰上配备大小、形制不同的口哨，亦称为指令哨。各指令哨发出不同的哨声，用以指挥舰上 100 余名官兵的作息与战斗。

4　铁质无线电发报机键盘

中山舰上的无线电发报机部件。美国人摩尔斯于 1837 年发明电码，用"·"和"-"组成基本信息单位。通过无线电发报机键盘敲出摩尔斯电码，经无线电发射传送，再经接收器接收电码，便可以达到信息传递的目的。

5　铜质信号灯

此为中山舰上的蓝色球形信号灯，玻璃灯罩上镶嵌有"林国太郎制"。除此信号灯之外，还出水了若干日本长崎林国太郎制手提灯等其他灯具，构成了一个相对完整的灯具体系。

（四）供水设施

1　国民党党徽图案青花瓷过滤器

过滤器为直口，平底，带盖。在筒身上部两侧各有一提耳，器皿内有一白色瓷内胆，内胆内带有一枚滤棒。器皿内外均为白胎透明釉，筒身口沿处和底部分别饰一圈青花草纹纹饰。筒身正面装饰一组由国民党党徽和鲜花、水果图案组成的纹饰，筒身下方近筒底处设一个出水小圆孔，孔周围亦饰青花花瓣纹一周。器物整体造型工整，工艺制造及青花绘画均较精致。

2　黄釉瓷过滤器

器身为竖长方体，方口，平沿，平底。带方形盖，盖纽损坏。瓷胎正面中部有一双狮子等组成的外国纹样图案，图案上方为弧形排列的外文铭文，下方为一横排外文铭文。在下方的中间设有向外凸出2厘米左右的水孔，器皿内部为双层，并有一个用木质螺栓固定的圆饼形滤芯。根据过滤器和内部滤芯上的英文可知，这是产自英国巴特西一家工厂的硅酸盐活性炭过滤器。

3 木质淡水桶

此淡水桶与啤酒桶很相似，上下两端小，中间粗，且中部有一堵着木塞的流水孔。整桶扎有 6 根扁形铁箍，根据中山舰幸存者陈鸣铮回忆，这是放置在救生艇上的淡水桶。

4 手摇式铁质抽水泵

手摇式抽水泵，由摇杆及安装在角钢支架上的压水筒、卧式水箱等构成，压水筒内两头有两个活塞，通过摇杆带动活塞杆运动，将水通过卧式水箱压到高处。结构简单，造价低，输送的水压较高。

5 铜质卧式水箱

水箱一侧有水龙头，供日常用水和储水之用。也可以通过水泵来加压，达到输送淡水的目的。

（五）照明设施

1　舷窗

　　船舶上的舷窗通常是具有水密性的圆形窗，主要安装于甲板下的舱室。其结构为两层，内层为铜盖，外层中间为圆形玻璃，打开铜盖便可透光，也可观赏窗外景色，四周是铜座并有安装孔。

2　舰长室专用铜质座灯

　　此灯发现于舰长室，灯架为铜质，应为舰长室专用，其中灯架、灯泡及灯线均保存下来，是出水的众多灯具中保存较为完整的一件。

3　"狗头牌"铜质手电筒

手电筒整体保存较为完好，玻璃灯罩轻微破损，内部灯泡损坏，随同出水的此类手电筒还有多个，当为舰上官兵应急、巡逻时所用。

4　铜手提灯

灯整体呈长筒状，出烟处为曲形伞状。灯身上部有一细长提柄。灯身一侧设有灯头，灯头前端配有圆形玻璃罩。

在中山舰所有出水文物中能够自成一体、独树一帜、别具一格的器物就是灯具房（文物出水主体部位）出水的一批灯具。在 9 个品种、128 盏航海专用灯具中，基本完好的就有 42 盏（几乎占了全部灯具的 1/3）。上述灯具绝大多数产自日本，年份最早的为"明治四十五年"（1912 年）。

（六）消防、维修设施

1 英国制铜质消防水枪头

中山舰由日本制造，舰的主体构件由日本本国制造，而舰上武器装备、舰船设施大部分是由德国、英国制造。舰上消防水枪头由英国制造，有大、小多种型号，此水枪头为大型消防水枪头，构造与现今消防直流水枪头类似。

2 铁质红色螺旋千斤顶

螺旋千斤顶又称机械千斤顶，是手动起重工具之一，由人力通过螺旋副传动，螺杆或螺母套筒作为顶举件，靠螺纹自锁作用支持重物，构造简单。此次出水的螺旋千斤顶主体为红色，保存较为完整。

3　铁质台钳夹

台钳夹由活动钳身、固定钳身、底座、丝杆等部分组成。中山舰出水的台钳夹保存较为完整，仅有部分木质结构手柄等腐烂。

4　铁砧

铁砧是铁铸的砧板，常指捶金属用的垫座。铁砧在中国古代就有，古人打铁时常以其为垫，形状像粗木桩，高30～100厘米不等，部分民间铁匠奉道教太上老君为祖师，称铁砧为"太上老君的膝盖"，对之敬奉有加，不可拿铁砧开玩笑，也不可以在上面随便放东西。常见的铁砧是一整块铁，中山舰出水的铁砧下面是铁桩，上面是厚厚的铁，与传统铁砧有所不同。

三、武器装备

（一）枪炮类

1　民国十五年广东兵工厂机关枪厂制水冷式重机枪

枪身上部阴刻有"民国十五年广东兵工厂机关枪厂制"。枪身和三脚架都基本完整，仅缺失部分零部件。

广东兵工厂的前身是 1874 年 6 月由两广总督瑞麟奏请成立的广东机器局，主要制造枪炮火药和修造兵轮。工厂设于广州聚贤坊，是广州最早的机器局。1885 年 10 月，两广总督张之洞奏请，将省城内广东机器局和城外增步军火局合并为广东制造局。1912 年中华民国成立，各兵工厂、制造局统归陆军部军械局管辖。但事实上由各省地方督军控制，经费也由各省自行负担。广东制造局由此改称为"广东兵工厂"，属于广东都督龙济光的势力范围。

2　北伐革命军誓言铭文"七九式"步枪

该枪与张之洞创办的汉阳兵工厂生产的"七九式"步枪毫无二致，其特别之处在于：木质枪托上除了压印有国民党党徽、海军铁锚标志和镶嵌有一块"44"数字号金属牌外，还依稀可见几排文字："革命军为主义而战　不怕死　不爱钱"。这14个字虽然经过59年的江水浸泡、泥沙淘洗，却仍然散发着当年中山舰革命将士的英勇气息。据中山舰幸存者陈鸣铮等人回忆，此枪为中山舰仪仗队专用步枪，枪托上所刻文字应为北伐战争时期的北伐军誓言。推测此枪应为第一次国共合作时期北伐战争的产物，产地与同时出水的水冷式重机枪一样来自广东兵工厂。像这种具有浓烈时代气息的特制的海军专用枪械，在我国出水（土）文物中尚属首次发现。

3　法国产手提机关枪

该挺轻型机关枪是从法国进口的哈奇开斯机枪。哈奇开斯机枪是根据美国人本杰明·哈奇开斯的设计原理生产制造的。

哈奇开斯机枪原本在中国军队装备中数量较大，其性能也不错，但由于法国武器的子弹统统是用无烟火棉做发射药，而当时中国的无烟火棉产量小而且质量不稳定，所以该机枪的子弹基本全靠进口。而且当时这种机关枪在中国有多种不同发射口径、不同长度子弹的各种型号，各种型号机枪内部零件尺寸都不一样，不能互换，在战场上用起来非常麻烦。因此，到了抗日战争中期，哈奇开斯机枪基本上都被撤换了。

4　青岛铁工厂制 MP-18 伯格曼冲锋枪

　　在冲锋枪的弹匣处铭刻有："中华民国十五年青岛铁工厂制，口径七密里六三。"此枪是德国设计的 MP-18 伯克曼冲锋枪，由青岛铁工厂仿制，俗称"花机关枪"。花机关是国人对德式 MP-18 或 MP-28 及它们的仿制品的俗称，也根据音译称作"伯克曼""白格门"等。该枪诞生于一战后的德国，是世界上第一支实用冲锋枪，后来被多个国家仿制。

　　青岛铁工厂成立于 1926 年，为北洋政府官办工厂，位于石村路 1 号（现菏泽三路），是胶澳商埠时代的产物，主业是修理兵舰及枪械，兼造商船。年产机关枪 120 架。

5　火炮

　　火炮呈长圆筒形，为铜铁组合体，炮尾为铜质，炮为铁质。炮身整体较完好，但缺失炮架。炮身近尾部之一侧有法文铭文。此炮属于 1898 年法国造 37 厘米口径炮。

6　上海兵工厂造勃朗宁手枪

　　这只勃朗宁手枪推测为军官防身所用。此枪由上海兵工厂制造。上海兵工厂的前身是江南机器制造总局（简称"江南制造局"），为洋务运动时期李鸿章创办的企业。光绪三十一年（1905 年），清政府决定局坞分家，把船坞部分从制造局中划分出来，成立江南船坞；制造局的另一部分成为专门制造军火的兵工厂，辛亥革命后改称"上海制造局"。民国六年（1917 年）改称"上海兵工厂"。1932 年 9 月，上海兵工厂取消，它的机器设备先运往杭州，以后陆续内运。其中，枪弹厂、炸弹厂、制枪厂并入金陵兵工厂，制炮厂和龙华火药厂则并入汉阳兵工厂。

7　驳壳枪

　　此枪在中国又称"匣枪""盒子炮"。最早的驳壳枪是由德国毛瑟兵工厂的菲德勒三兄弟设计的，1895 年 12 月 11 日毛瑟兵工厂取得专利权并于次年正式生产，故驳壳枪的正式名称为"毛瑟军用手枪"。

（二）弹药类

1　"汉阳兵工厂"铭文木质子弹箱

在中山舰打捞及后期舱室清理和修复过程中，发现标有"汉阳兵工厂""沈阳兵工厂"字样的子弹箱20余箱，每箱都装有各式步枪、机枪、冲锋枪和手枪子弹500发。汉阳兵工厂是晚清洋务运动的代表人物张之洞（1837～1909年）赴任湖北后创办的军工制造企业，原名"湖北枪炮厂"，1904年改名为"湖北兵工厂"，1908年再更名为"汉阳兵工厂"。

2　各式炮弹

在中山舰打捞及后期舱室清理和修复过程中，陆续发现包括榴弹、穿甲弹、高炮弹和烟雾弹在内的各种规格、型号的炮弹1100余枚。其中，大中型口径（76～150毫米）炮弹300余枚、小口径（20～47毫米）炮弹近800枚。这些规格、型号不同的炮弹，有的与中山舰上的武器并不匹配。其原因是江阴海战后，中山舰除了执行水雷布置、巡逻江防外，也担任运送战时军用物资的任务，这些炮弹就是当时运送至长江沿岸海军炮队的军用品。

（三）刀剑类

1　海军专用佩剑

　　佩剑与一般指挥刀相似，手柄是铜，剑身是铁，剑鞘有木、皮和铜。带木鞘。因锈蚀致剑与鞘难以分离。木鞘尖端和尾端包铜。鞘口包铜装饰上有国民党党徽和锚链图案。

2　海军专用短剑

　　清末及民国海军将校军官们均佩戴象征传统的短剑，以剑上花纹区分其级别。手柄是铜，剑身是铁，剑鞘有木、皮和铜。剑身饰以党徽、海军徽和嘉禾图案。剑鞘左右为两个挂环，整体鎏金。

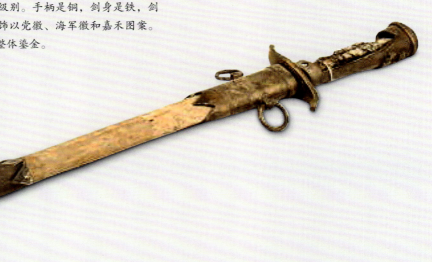

四、日常用品

（一）茶具、酒具

1　高足铜果盘

此对高足铜果盘，整体呈红铜色，由上部的盘与下部的高足焊接而成。上部敞口、弧腹，盘内中心刻有"永丰"字样和铁锚的组合图案。下部为喇叭形高圈足。

2 "永丰"铭文铜茶壶

　　瓜棱球腹龙柄铜茶壶为长颈、球腹。壶腹中间至足胫为瓜棱状，手柄为龙形，曲状长流。壶腹上半部分两侧各饰花卉纹样、"永丰"字样及锚链花纹组合而成的图案。

　　双龙柄瓜棱铜茶壶壶身由四瓣瓜棱形组成，左右两侧各置一龙形手柄，壶身两侧均装饰花卉、"永丰"字样与锚链组合的图案。

　　锚链图纹瓜棱铜茶壶壶身为矮桩四瓣瓜棱形，左右两侧置有龙形手柄和曲流，壶腹中部两侧饰"永丰"字样和锚链纹饰构成的圆形图案。

3 "永丰"铭文瓜棱直腹龙柄铜咖啡壶

壶身为四瓣瓜棱形。手柄为龙形，曲状长流。壶身两侧均装饰花卉、"永丰"字样与锚链组合而成的图案。

4 "孝春"铭文铜酒壶

此壶造型优美，长颈，弧腹，但无手柄。"S"形的铜饰将细长的曲流与壶颈连接，既美观又牢固。壶身多处因碰撞而有轻微变形，壶肩部有手刻"孝春"二字。

以"孝春"二字为线索，得知此壶应为中山舰轮机军士长黄孝春遗物。黄孝春为福建连江人，毕业于海军训练营，历任健康舰、中山舰轮机军士长等职。牺牲时年仅48岁。

5　铜温酒壶及木箱

铜温酒壶呈长筒形，溜肩，直腹，平底，方形曲流，小圆条铜质提梁2根。壶盖无存。壶之材质为黄铜。木箱为方形，木盖合页、款、扣等附件均为铜质。木箱表面呈黑色，原本为暗红色油漆，因年久包浆而形成褐黑色。木箱及铜壶均素面无纹。

6　"中山"铭文兽首双耳柄铜茶桶

此铜茶桶为直口、卷沿、平底。上方两侧设有兽首形提纽，桶身正面下方有两条出水龙头。全身为黄铜本色，正面中部有国民党党徽，徽内为锚链变形的"中山"字样。图案下方有一横排"民国二十五年二月"楷书铭文。此茶桶在中山舰士兵舱中发现。

7　玉杯及玉托盘

　　这套茶具共有小碗状的玉杯8只和片状圆形玉托盘2个，均为褐黄色玉质。玉杯及玉托盘小巧玲珑，制作精良。

　　中山舰上的官兵大部分来自福建。而福建人爱喝茶，福建工夫茶天下闻名。要喝工夫茶，必须要有一套玲珑精致的袖珍型茶具。

8　蓝色搪瓷杯及盘

　　搪瓷杯与搪瓷盘原本为五件套（一盘四杯），现存一盘三杯。盘为长方形，平底，直斜矮壁，盘内本应有"十"字交叉隔梁，但现仅存其残破痕迹，盘外侧为蓝色，内里为白色，盘外壁长边分别饰有"永丰"和"炮舰"共四字白色楷书铭文。三只圆形无柄小杯为平底，弧腹，卷口沿，内外搪瓷色与盘一致，杯外壁均有"永丰炮舰"四字白色楷书铭文。

9　"德胜20"搪瓷杯

"德胜"搪瓷杯来自"德胜"号军舰。卷口，直腹，平底，曲柄。杯内外施白色搪瓷釉，搪瓷杯外壁有铭文"德胜"和"20"蓝色字样。底部有铭文"华丰"。

德胜号原名避荒号，它是1862年清政府向英国购置的一艘浅水型炮舰，排水量900吨。1928年至1937年期间，该舰在国民政府海军第二舰队服役。它是当时中国海军舰艇中"年龄最长"的一艘军舰。1937年8月11日，该舰在江阴阻击战中与另外8艘军舰成为首批沉塞江底以阻塞日本海军军舰深入长江的中国海军舰队。

10　铜电热杯

电热杯直径13、高13厘米，杯身呈直腹圆筒状，直口，平底。铜质盖上有一小圆纽，杯正面设连接式横手柄（手柄无存），左侧上方设有出水口，右侧下方为电源连接处。

11　"海筹舱面"搪瓷缸

该搪瓷缸应来自海筹号军舰。搪瓷缸为上宽下窄斜直腹，敞口，平底，口沿部分是蓝色搪瓷。搪瓷缸内外皆为白色搪瓷，两侧靠近口沿处设有两腹耳，但两耳已脱落，脱落部位锈蚀严重。腹身铭有"海筹舱面"四个蓝色搪瓷字样。

海筹号军舰为1898年清政府向德国订购的一艘新型巡洋舰，排水量2900吨。与当时同期进口的海圻、海琛、海容并称为中国海军"四大巡洋舰"。在历史上该舰曾集体参加海军武昌起义和护国运动，为中国近代海军中"经历最广"的一艘军舰。1928年至1937年期间，该舰在国民政府海军第一舰队服役。1937年9月25日，为阻塞长江江阴通道，与上述三大巡洋舰同时自沉江底。

（二）炊具、餐具

1   "永丰"铭文西餐刀、叉

西餐刀为骨质手柄，刃部较宽，刀尖上部呈弧形，手柄与刀身连接处有一周银质装饰花纹，柄端有"永丰"字样与铁锚纹样的组合图案。

西餐叉为铜质，前端为四齿，手柄端有"永丰"二字与铁锚的组合图案。

2   "平海"银质汤匙

中山舰出水有一组精致的"平海"铭文的银质、铝质汤匙，是平海舰幸存官兵带至中山舰的。此件银质汤匙长21.6厘米，柄端扁平、微上翘，正面铭文"平海"二字篆体，背面中部有英文字母。

平海号军舰，为1937年江南造船所自行制造的一艘轻型巡洋舰，排水量2600吨。它与同期从日本进口的宁海号巡洋舰为同类型的姊妹舰，是中国抗日战争期间海军"装备最强"的一艘军舰。抗日战争时期，该舰在国民政府海军第一舰队服役，为该舰队的旗舰。1937年9月23日，在江阴海空大战中被敌机炸沉。1938年，日本将该舰打捞并拖回日本。1944年11月25日，在吕宋岛被美国海军飞机炸沉。

3   "中山"铭文双旗图案青花瓷碗

此碗为直腹，敞口，平底，圈足。碗口外沿饰两道一深一浅的青花弦纹，碗腹外壁为青天白日旗与国民党党旗图案，旗杆交叉处有"中山"二字。此碗为中山舰在江西定制的青花瓷碗。

4 "永丰"标牌铁质西餐调料架

调料架由多个圆环组成，便于放置调料瓶。竖杆上有"永丰"二字与铁锚组合成的图案标牌。中山舰出水文物中发现不同国家铭文的西餐用具，这些西餐用具是为接待外宾或高级官员而准备的。

5 铜火锅

此火锅为中国传统的火锅样式。圆腹，双耳，带盖。锅的中央为烟筒，烟筒四周可煮食物。

6　瑞典制搪瓷奶缸

　　奶缸为搪瓷质地，曲形花口，弧腹，平底，与一般牛奶杯形状相似。

7　美国制铁质电烤炉

　　此烤炉长18.8、宽6、高14.5厘米，主要用来烤面包，根据其英文名牌可知，烤炉来自于美国康涅狄格州。

（三）文化用品

1　海军学校运动会奖品铜笔架

笔架由2块铜板对接构成。一块铜板上有铭文"海军学校第三次运动会优胜纪念奖"，另一块上有铭文"中华民国二十二年秋海军部奖给"。2块铜板两边均有10个半圆形凹槽，以供搁笔之用。此笔架构思巧妙，极富创意，器件小巧，携带方便，制作亦十分精良。

2　黑色钢笔

此黑色钢笔为法国产品，至今保存完好。钢笔为时任中山舰电讯收发少尉官、中山舰幸存者之一张嵩龄随身配笔。

3　炮弹壳制笔筒

炮弹壳笔筒所使用的弹壳型号均为统一口径的炮弹壳，但长短不一，这是因为舰上官兵根据其艺术构思及铭文内容所需而截选。壳身刻字，寄托了作者的情思和志向，使得小小的弹壳笔筒既美观又实用。

4　方形赋诗铜墨盒

　　墨盒为铜质，盒盖上刻有楷书字体的诗一首："书法何人见墨精，右军池上竹风清。兴来得意无真草，满纸云烟笔下生。"

5　红釉瓷笔洗

　　洗口，鼓腹，圈足，内施白釉，外施紫红釉。胎质精细，手感沉重，器体小巧，工艺制作精良，为文房用品之一。

6　福伦达照相机

照相机机身损坏严重，其镜头处有"Voigtlander"的商标和规格的铭文。三脚架保存完好，3 个支架仍可伸缩。

福伦达（Voigtlander）是世界上历史最悠久的相机和镜头制造商之一，至今已拥有 200 多年的历史，曾是与卡尔蔡司和莱卡齐名的经典品牌。

1756 年，创始人 Johan Christoph Voigtlander 在奥地利的维也纳开创品牌，主要制造采矿用的罗盘等。1800 年，福伦达开始制造眼镜及测量仪器等，尤其是用于观赏戏剧的小型望远镜的成功研制令其闻名遐迩，在当时的欧洲，福伦达就是小型望远镜的代名词。1839 年世界上第一架照相机在法国被发明之后，翌年福伦达就开始制造并销售自己的相机产品，继而开发各种镜头，其产品受到世人青睐。1849 年，其孙将公司迁往德国 Braunschweig（布伦瑞克）。1999 年，因无法与廉价的日本相机竞争，被日本确善能（Cosina）收购。

7　寿山石花鸟纹笔插

笔插长 11.9、宽 3.3、高 7.2 厘米，正立面略呈长方形，前面为镂空高浮雕花鸟图案，后面为 5 个大小不等的插笔孔。工艺制作小巧玲珑，既有审美价值，又便于实用。

8 黄花岗纪念银币

黄花岗纪念银币正面为国民党党徽，中心有阳文"20"（币值），珠圈外书"中华民国十七年福建省造"和"每五枚当一圆"文字，背面为陵墓景图，上缘书"黄花岗纪念币"，碑上有阳文"七十二烈士"五字。1911年4月27日下午5点20分，黄兴亲率林觉民、方声洞、林文等130名人员组成的敢死队攻入两广总督衙门。由于走漏消息，清军事先有所准备，最后起义军因寡不敌众而败。黄兴化装脱险，林觉民、方声洞、林文等壮烈牺牲。起义失败后，同盟会会员潘达微冒杀身灭门的危险，收殓死难者遗骸72具，合葬于城郊红花岗（后改称黄花岗），史称"黄花岗七十二烈士"。民国建立后，于1918年由华侨捐资建成七十二烈士陵园，孙中山亲题"浩气长存"四字，镌于墓坊。福建造币厂为纪念黄花岗七十二烈士，于民国十七年、民国二十年、民国二十一年，先后三次发行了纪念银币，币值分"壹角"和"贰角"两种。

9 粉彩瓷印盒

印盒及盖均完好无损，但是盖面的粉彩绘画因半个多世纪的长江水浸泡而脱落变质。其胎质细密坚致，釉层细润，材质佳，硬盒底部有"洪宪年制"红色铭文款。

（四）娱乐用品

1 塑料麻将牌、木质乒乓球拍

2 玻璃围棋、塑料中国象棋

（五）生活用品

1　"汉口赞育"汽水

　　这是一瓶原装汽水，瓶的形制与当今汽水瓶相似，铁皮瓶盖，盖周围以蜡密封，瓶身有阳文"汉口赞育汽水厂"及小女孩头像商标图案，图案周围是英文装饰。瓶内汽水遗存在略高于整个瓶高的二分之一处，已呈可乐色。

　　汉口赞育汽水厂是武汉冷饮行业史中第一家采用机器制造汽水的冷饮厂，也是抗日战争胜利前武汉乃至湖北地区最大的两家机制汽水厂之一（另一家是英商开办的和利汽水厂）。汉口赞育汽水厂的前身是法国商人纳加利（Nagary）于1911年在汉口法租界海寿街（车站路附近）开办的一家小规模的、人工生产碳酸汽水的作坊。由于这种汽水是荷兰化学家普利斯特列在1768年将加压的二氧化碳直接溶入由糖、果汁、香料等配制的水中而发明创制的，因此，当时人们称之为"荷兰水"。1918年，这家人工生产汽水车间被英商开办的赞育药房收购，取名"汉口赞育汽水厂"，并加以扩建，重新添置机器设备，变手工制作为机器制作，成为汉口第一家机器制作汽水的冷饮厂。

2　瑞士手表

　　此表的表面及指针都已损坏和缺失，表面有明显的烧烤痕迹，使人联想起那战火纷飞的场景。通过残缺的英文字母辨识，此表应为瑞士制造的"真力时"（ZENITH）牌手表。从1903年起，ZENITH系列手表就是官方天文台准确奖的常胜军，也是瑞士钟表史上得到最多天文台准确奖的制表厂，ZENITH已成为"准确"的代名词。

3　台式电扇

电扇由德国西门子制造，构造与现代家用台式电扇相似，唯其安全罩较为简单。

4　消毒器具

包括蒸汽消毒器和医用消毒箱。这2件消毒器具都是来自日本的鳓屋松本器械店。

蒸汽消毒器上径48、下径39、高101厘米，整体呈圆筒状，平底，底边分别置有3支腿，上方配有盖，体内还配有2件存放器具的铜质装置。

医用消毒箱长42、宽24、高28厘米，整体呈横式铆钉结合的长方体，并有四脚，上方有掀起式的长方形合页盖，两侧设有活动提柄。

5　自行车

随中山舰出水自行车残骸5辆，工作人员用这些残骸拼凑出1辆完整的自行车。时隔半个多世纪，它的外形与现在的自行车几乎没有多大差别。由于军用港口离居民区较远，送信、采购物资等工作都需要士兵们踩着自行车来完成，所以舰上自行车较多。

6　青玉蟹形烟缸

烟缸呈近圆形，主体为一块青玉雕的螃蟹形体。平底，斜腹，蟹背上设一圆窝形烟缸，前面有蟹眼及嘴，两只蟹夹伸向前方。其形象生动，栩栩如生，可知设计者匠心独运。既可实用，又可作为陈设品，具有较高的审美价值。雕塑手法是将圆雕与浮雕及线刻的多方面技法融于一体。

7　蝙蝠标志木转椅

　　此转椅随舰打捞出水时于舰长室内发现，为典型的民国时期木质家具风格。4条腿均为车工加工而成，4条腿之间由"十"字形腿衬加固。座面可以左右转动，为圆盘形，共有3层，下层与4条腿相连，中间是椅面，上层圆盘连接靠背和扶手。扶手与靠背由数块造型别致的木块组成。整体设计与造型都很优雅别致，具有欧洲古典风格。肩搭之上的靠背板中央雕刻有一蝙蝠图案。

8　手摇缝纫机机头

　　缝纫机为手摇式，已无固定支架，使用时靠安装在机头右侧的手柄旋动产生动力，而非当今的用脚踩踏皮带传动式家用缝纫机。

9　电取暖器

因为舰上官兵大多为福建籍船员，不适应长江流域的气候，长江流域冬天比较寒冷，江面上风大水凉，所以各种取暖设备也是必不可少的。尤其是这台取暖器，在经过技师调试之后，现在还能继续工作。

10　梵文浮雕圆铜镜

铜镜背面中央为一小圆圈，圈内中心部位为一佛，呈盘腿坐姿，两侧为千手佛之座，并非传统的莲花座，而是以麦穗之类作物为座装饰，佛之外圈为梵文，正面外圈亦有一圈梵文，中间为素面。因梵文字迹模糊故无法辨识。

11　海军标识铜质皮带扣

皮带扣由两个扣件组合而成。中间上部是国民党党徽，下部是锚链，两旁是麦穗图案。

（六）洗漱用品

1 "平海"搪瓷白脸盆

脸盆敞口，折沿，直腹，平底。内外均为白色搪瓷，盆内底部中央有"平海"蓝色篆体铭文，铭文外用蓝色圆圈装饰。脸盆外壁有一蓝色"章"字。

2 搪瓷印花脸盆

脸盆内为白色搪瓷，外为深蓝色搪瓷。内壁饰蓝色花草图案一周，底部印"汉口豫成绸缎尼绒局敬赠"蓝色字样。盆底之中心部位有厂家标识"Y"与"C"的交叉图案。

3　"新生活运动"图文搪瓷脸盆

　　脸盆印"新生活运动、守廉知耻、明礼达义"等字样。

4　固定式铜脸盆

　　此脸盆呈椭圆形，口部一侧有一鸭嘴形出水槽，底部一侧有固定装置。原本固定在一块方形木板上，木板的一侧用合页固定在舱壁上，使用时可放下，用完后抬上至预制的壁孔中，以节省空间。

5　瓷肥皂盒

　　肥皂盒的平面呈椭圆形，平口，斜弧腹下收，平底，底部有几个小孔，原固定于舰上洗刷舱中，固定的一侧高于口沿约1厘米。高出部分的两端各有一个圆形小孔，以供安装固定之用。在两圆孔的下方即盒壁正中有一葵瓣形图案，图中圆圈从左至右有"日本邮船株式会社"八字铭文，下方铭"N.Y.K"三个英文字母。白瓷为粉白釉，釉不透但很白。肥皂盒制作工艺精良。

（七）陈列用品

1　"祥哉作"孙中山逝世纪念半身铜质胸像

　　孙中山（1866～1925年），原名孙文，字德明，号逸仙，广东香山县（今中山市）人。中国国民党创始人，中华民国第一任临时大总统。

　　此雕像面部表情自若，形神兼备，栩栩如生。雕像背后竖式阴刻"祥哉作"三字；底座正面有"孙中山先生遗像"铭文；底座背面横排模印"复制不许意匠登录愿"（意为"已注册不许复制"）。

　　1925年3月21日，孙中山先生逝世于北京。1929年6月1日，国民政府举行奉安大典，将孙中山先生遗体从北京迁葬于南京中山陵。孙中山先生的日本挚友梅屋庄吉为纪念此奉安大典，斥巨资请东京筱原雕金店的雕塑家牧田祥哉铸制了4尊孙中山先生全身铜像和100个半身胸像。此半身胸像便是其中之一，1997年中山舰打捞出水时于大官厅中发现。目前全世界仅发现5尊。

2　胡汉民先生瓷刻像

　　胡汉民（1879～1936年），字展堂，广东番禺客家人。中国国民党元老和早期主要领导人之一。擅长隶书，与谭延闿（楷书）、于右任（行书）、吴稚晖（篆书）共称为民国四大书法家。1936年5月12日，胡汉民与其妻兄、西南政务委员会秘书长陈融下围棋，因构思过度，突发脑溢血逝世。

　　瓷刻像呈圆形，白瓷，素胎。圆盘中间为国民党元老胡展堂（汉民）先生的半身浮雕像，其神态自然、逼真。除了这个瓷像外，还打捞清理出一个条形的"胡展堂先生国葬纪念章"。从中山舰出水的一份电报稿记录中得知，胡汉民逝世时中山舰曾下半旗志哀。

3　仿哥窑釉瓷香炉

形制与一般瓷质香炉相似。敞口，平沿，竖颈，弧腹下急收，小平底内凹，凹处漆有酱釉，底部有3只小乳丁状足，口沿有一对圆条形耳系。内外施黄色透明玻璃釉，釉开片较大。其胎质细密厚重，制作工艺精细，属民窑仿宋代哥窑上等品，时代在清朝末年。

4　瓷观音（一对）

观音与童子连接于黑色波浪纹和莲花座上，观音左手托瓷瓶于右侧，右手置于瓶口，做兰花指状，面侧向左前童子方向。观音上身披红色披纱，身着袒胸宽袖衣及绿色裤服。衣纹线条流畅，长袖与披肩随风飘动。童子立于观音左侧，双手合十，其腿与所立之荷花为活动机关，若以手碰之，童子便会前后俯仰，来回行作揖之礼。

5　白釉瓷观音

　　与传统的观音相貌大同小异，观音双脚裸露，站立于荷花形白色瓷墩上，左手持净瓶，右手做兰花指状。人物神情端庄自若，衣纹线条流畅，加上通体施白釉，更显圣洁优美。底座刻有"景德镇茂生记造"铭文。

第五章

中山舰博物馆和中山舰
爱国主义教育基地建设

一、中山舰博物馆馆址的确定

1997 年 1 月，中山舰在长江金口水域被打捞出水后即运输到下游 25 千米的武汉市区湖北船厂进行修复。1999 年 12 月，武汉市成立中山舰博物馆。2001 年 12 月，湖北船厂完成中山舰修复工作。但此时中山舰陈列地址仍未确定。实际上，在中山舰打捞前，湖北省及武汉市有关部门已多次组织专家就中山舰陈列选址进行了反复论证。1995 年，湖北省文化厅组织专家就中山舰纪念馆选址与建设问题进行论证，并根据专家意见，经反复考察选址，初步预选在武昌倒口塘，并于 1996 年 1 月 4 日将该建议上报湖北省人民政府。1996 年 1 月 28 日，湖北省人民政府在武昌主持召开了打捞保护中山舰座谈会，明确由武汉市牵头，湖北省文化厅配合，选择理想地段修建中山舰纪念馆。武汉市城市规划土地管理局成立了选址工作专班，研究确定了中山舰纪念馆选址原则，即：

① 中山舰是与辛亥革命有关的文物，为便于展示武昌首义的历史风貌，纪念馆选址拟定在武昌；

② 考虑到中山舰的打捞方式为整体打捞，是一个超长、超高、超重的船体，在陆地上如何组织整体交通运输，是选址论证必须考虑的重要因素之一，减少陆地运输距离、充分利用水运为最佳方式；

③ 中山舰纪念馆建成后将成为武汉的一个重要历史人文旅游景点，相应地会产生一系列的旅游需要，包括其服务设施配套等，必须满足旅游景点的用地规模，应进行统一规划，分期实施；

④ 选址定点必须考虑投资能力，应把用于拆迁、运输等方面的资金投入降至最少。

根据上述原则，他们认为武昌阅马场拆迁任务太大，中山舰纪念馆以定在武昌旧城外围的临江地段为宜。

1996 年 2 月 13 日，武汉市城市规划土地管理局举行了有湖北省文化厅、武汉市武昌区政府、武汉市规划研究院、武汉市旅游局、武汉市文物管理办公室、武汉市公安局交通管理局、武汉市防汛办公室、武汉市武昌区园林局、湖北船厂、中国汽车运输公司武汉分公司等单位参加的中山舰纪念馆选址工作协调会。会议讨论了武汉市城市规划土地管理局提出的中山舰纪念馆选址原则及五套选址方案。五个备选地点均位于武昌区，即阅马场、紫阳湖公园、大堤口、鲇鱼套、倒口塘。与会代表对选址原则表示赞同，同时提出对五个选点要进一步考察研究，特别是要注意解决陆地运输问题，这是影响选址的一个关键因素。

受湖北省人民政府办公厅委托，湖北省建设厅于 1996 年 8 月在武汉主持召开了中山舰陈列馆馆址论证会，湖北省文化厅、湖北省交通运输厅、湖北省旅游局、武汉市城市规划土地管理局、武汉市规划研究院、武汉市园林局、武汉市园林建筑规划设计院、武汉市旅游局、武汉市供电局、武汉市市政管理局、武汉城市建设学院、中国汽车运输公司武汉分公司等单位的领导、专家及工程技术人员 20 多人参加会议。

专家们就中山舰陈列馆馆址选择及相关运输、旅游等方面的问题进行了充分的论证和分析。专家们对武汉市江夏区金口、武汉市东湖开发区庙山小区梅南山、中国农业科学院武汉油料作物研究所（位于武昌区，紧靠沙湖）三个备选馆址进行了比较分析，一致认为金口宜作为中山舰陈列馆的首选馆址，金口馆址方案符合"史以地近"的文物保护精神和要求，可以避免运舰过程中的各种障碍及巨额运费投入，可以达到尊重历史、保障文物安全、减少资金投入的目的。同时对中山舰陈列馆的规划与建设提出了建设性意见，认为应首先做好中山舰陈列馆馆址总体规划和详细规划，遵循"全面保护、妥善保护"的思路科学地确定舰体陈列的具体位置；建议从区域发展角度考虑金口及其与武汉连接地域的旅游发展，应结合周边已有景点统一规划，逐步建设一批与之相配套的文化旅游设施，以发挥其规模效益。1997 年 1 月，湖北省计划委员会下文，同意在金口建设以陈列、保护中山舰为中心，集教育、文化、旅游为一体的大规模、全景式、综合性的爱国主义教育基地。

1999 年 5 月，湖北省人民政府决定将中山舰整体移交给武汉市人民政府，中山舰的修复保护及陈列工作由武汉市人民政府负责。为充分发挥中山舰的社会效益，武汉市人民政府重新启动中山舰陈列地选址工作，并重点围绕江夏区金口、武昌区大堤口和紫阳湖、汉阳区南岸咀和汉口江滩五个不同的区域选址方案进行考察和论证。

（一）江夏区金口方案

1. 优势
（1）历史背景优势

武汉保卫战中中山舰于 1938 年 10 月 24 日在长江金口水域被日机炸沉。从历史定位来看，该舰与武汉最大的关联就是武汉保卫战。如果将中山舰陈列地确立在金口地段，就地建设一座以武汉抗战为主线、地方性、专题性博物馆，不仅有利于宣传中国军民当年保卫大武汉的抗战历史，还有利于再现中山舰爱国官兵当年浴血奋战的场景，让观众受到身临其境、触景生情的爱国主义教育。

（2）自然环境优势

金口地段依山（牛头山和槐山）傍水（长江），不仅有着独特、优美的自然环境，而且最大的优势是拥有中山舰博物馆长远的建设与发展规划所必需的土地使用面积（1997 年，经湖北省人民政府同意，已征地 2293.6 亩，其中 1454 亩已办理《国有土地使用证》，并完成农舍、工厂的拆迁）。将中山舰陈列于此，不仅不需要重新进行土地的征用、房屋的拆迁和土地的平整等大量基础性工作，而且有利于中山舰博物馆长远建设与发展规划的制定和实施，还可以节约大量的开发与建设资金。此外，经水务、航运和港监等部门专家论证，长江金口段的水文地质条件相当优越。

（3）区位地理优势

近几年来，随着国家基本建设速度的加快，金口地区的交通状况得到了极大的改善。目前，该地区除水路临长江，可开辟汉口—金口观光船外，沪蓉高速公路、京珠高速公路、107 国道和湖北省省道均在金口通过，从武汉市政府出发至金口不到 1 个小时的车程。同时，金口还拥有城区内不可多得的车船停靠（停泊）场地和码头。将中山舰陈列于金口，并相应地加强周边地区的文化休闲娱乐设施的配套建设，不仅有利于开辟武汉地区新的旅游线路，组织海内外大规模的旅游观光活动，而且有利于推动武汉远城区旅游经济的发展。

2. 劣势

金口地段目前周边环境和基础设施较差。

（二）武昌区大堤口方案

1. 优势

（1）历史背景优势

武昌是孙中山先生领导的辛亥革命的首义之区，中山舰是以孙中山先生的名字命名的一代名舰。如果将中山舰陈列地建于此，有利于借助名人效应，实施品牌战略，发挥地域优势，打造"中山文化"和"首义文化"品牌。

（2）地理位置优势

武昌交通四通八达，人流量大。如果将中山舰陈列于此，有利于组织海内外旅游团队特别是城区内大中小学生的集体参观活动。

（3）旅游资源优势

武昌地区集聚着黄鹤楼、东湖、红楼、农讲所等众多著名的人文景观和自然景观。如果将中山舰陈列于此，则有利于文物资源的重组和系列旅游项目的开发，推进地方旅游经济的发展。

2. 劣势

（1）土地困扰

据武昌区政府有关部门介绍，武昌沿江地段（紫阳路口至新街路口），已被武汉市规划部门纳入房地产开发的总体控制规划。如果将中山舰陈列于此，须由武汉市政府出面协调，重新进行规划。

（2）资金投入

随着武昌江滩的治理和改造，目前，武昌沿江相关地段的土地价格每亩涨至150 万元以上。如果将中山舰陈列于此，仅中山舰博物馆地面设施建设基本用地一项（按 20 ～ 30 亩计算），就需投入资金 3000 万～ 4500 万元。

（3）航行安全

武昌大堤口沿江一带虽然水面开阔、流速平缓，但是，其作为中山舰的永久停泊地并不十分理想。2002 年中山舰陈列地选址专家论证会就曾指出：大堤口正对汉水入江之处，汛期洪水的涨落会影响中山舰及观光船只停泊安全。

（4）环保要求

根据国家环境保护方面的有关法规，水厂取水口上游 4 千米至下游 2 千米以内都不得停泊大型船只，否则将会对自来水水源造成污染。武昌平湖门水厂正处于大堤口和紫阳路口之间，环境保护部门不同意将中山舰陈列于此。

（三）武昌区紫阳湖方案

1. 优势

（1）历史背景优势

紫阳湖位于武昌老城区中心，其周边地区有工程营、起义门、烈士祠和楚望台等众多著名的辛亥革命武昌首义遗址、遗迹，如果将中山舰陈列于此，将有利于文物旅游资源的重组，有利于弘扬中山革命精神、打造首义文化品牌。

（2）自然环境优势

紫阳湖公园占地 400 余亩，其中水面面积约占三分之二。近几年来，随着公园的治理整顿（清淤、透绿和坡岸整修）工程推进，该公园已成为武昌老城区一处不可多得的"闹中取静"、群众性休闲娱乐活动的主要场所。

（3）地理区位优势

紫阳湖公园位于武汉市中心，南面与武昌火车站、长途客运中心相连，北面与长江沿岸港口和码头对接。市区内近 10 条公交线路从门前经过，水陆交通四通八达，便于组织大规模的旅游观光活动。

2. 劣势

早在 1996 年即中山舰打捞出水之前，就有过将中山舰陈列于武昌紫阳湖的设想，但在专家论证会上被否决。时过境迁，此套方案需要重新考察和论证。经评定，认为将中山舰由湖北船厂移至紫阳湖存在三大问题，即工程难度过大、投入经费过高、所承担风险过大。

（1）工程难度过大

中山舰全长 62.48、宽 8.9、高 19 米（合桅杆及烟囱高 39 米），重达 600 余吨。如果该舰由船厂迁移至武昌紫阳湖，就必须经过"水陆两栖"运输过程。即在保证舰体"不下水""不分割""不拆散"的情况下，从水路由湖北船厂运至武昌造船厂江边，再将其牵引上岸后运送到紫阳湖公园。在运输过程中，由于荷重太大，仅障碍清除工作就涉及十几个部门，并会造成地面及地下管道严重损坏。在紫阳湖公园落位后，中山舰的烟囱和桅杆需安装到位，其高将达到 13 层楼宇的高度，与周围景点不匹配。

（2）投入经费过高

将中山舰由湖北船厂运至紫阳湖的"水陆两栖"运输过程中，需具备专用特种运输工具，除托载运输费、工装设备费、房屋拆迁费、管线移动费和安全保险费等必须支付的费用外，还有迁移过程中不可预计的地面和空中公共设施（供气、供水、供电、排水及通信等）损坏赔偿费，经向有关专业运输企业咨询，仅水陆运输费用一项就需近 1000 万元。

（3）所承担风险过大

中山舰举世闻名，它的"一举一动"都将受到国内外的广泛关注。在该舰由湖北船厂移至紫阳湖的过程中，除经过修复的中山舰舰体本身在运输过程中随时存在的倾覆、碰撞和断裂的可能性外，其在陆上运输的 3 千米路段内就有十字交通路口 2 处（紫阳路、复兴路），电线、电缆、通信线路 33 处（近 300 条），途经人口密集的医院、学校、商业和居民地区，万一发生意外事故，其后果将不堪设想。

（四）汉阳区南岸咀方案

1. 优势

（1）地理位置佳，交通条件好

位于两江、三镇交会处的汉阳区南岸咀，经过多方面的积极宣传和大力推广，此处已成为一块令世人瞩目、声名远播的黄金宝地。有关方面拟将此处规划建成大型文化、绿化广场，成为 21 世纪武汉一处重要的现代化游乐观光之地。如再增设中山舰这样重量级的旅游观光项目，那么，既可吸引更多游人，又可使中山舰有所依托，其旅游经济发展前景可观。再者，此处交通便利，有长江大桥、江汉一桥和晴川桥将三镇连接为一体，处于京广铁路和长江、汉水的水陆交通线上，交通条件优越，可进入性强。

（2）自然风光美，名胜古迹多

汉阳区南岸咀周边地区存在着许多历史文化遗迹，如铁门关、晴川阁、古琴台、归元寺、向警予烈士墓及黄兴铜像等，构成了一个旅游资源极为丰富的历史文化景观群体。同时，由于它背依龟山，俯瞰江汉，有着"山水相依、情景交融"、引人入胜的独特自然风光。

（3）水域环境好，开发潜力大

经调查，长江大桥与南岸咀之间的水域适合中山舰浮船坞的吃水要求，便于停靠，进入性灵活。同时，此处江滩较为宽阔（28 米左右），具有中山舰博物馆辅助陈列设施所必需的建设用地。在此既可建水上陈列展示设施，又可建陆地相关旅游服务设施，进行水面和陆地立体式开发和一体化建设。

2. 劣势

受南岸咀整体规划布局限制，如果中山舰博物馆陈列基地用地和建设规模过小，就会影响中山舰陈列展示的整体效果；如果过大，就会挤占广场面积，冲淡广场表现主题和创意；如果距广场稍远，就无适合的陆上用地。

（五）汉口江滩方案

1. 优势

（1）区位优势

旅游资源的适宜区位是它成功与否的关键因素，包括宏观区位和微观区位两个方面，宏观区位是指大型旅游项目要求选址在经济发达、流动人口多的大城市和特大城市。汉口外滩的旅游区位优势十分明显，如果把中山舰博物馆陈列基地设在汉口外滩，将有利于旅游经济的发展。

（2）客源优势

客源的保证是旅游业的生命，而影响客源的因素是多方面的，如旅游目的地本身的吸引力、经济因素和交通环境等。根据"黄金周""假日经济"有关资料分析，武汉还不是旅游热门城市。大部分旅游客人是路过或中转，在汉口停留的时间非常有限。如果把中山舰安排在汉口外滩，便能方便海内外游客游览，也能吸引更多人流量停驻，同时也有利于武汉市城区内中小学生的集体参观游览活动。

（3）史迹优势

八路军武汉办事处旧址纪念馆、黎黄陂路街头博物馆、宋庆龄故居等历史遗址可与中山舰博物馆连成一片，将孙中山、宋庆龄国民革命遗址进行有机组合，可以更好地发挥博物馆、纪念馆的爱国主义教育基地作用，最大限度地实现其应有的价值。

2. 劣势

由于堤岸与滩头相距过远，以致连接水上舰只和陆上基地的栈桥线过长。对中山舰陈设的相应水域，只有深挖临时水道才能满足中山舰进入的要求。同时由于受汛期潮水影响，中山舰浮船坞必然随水位涨落而进退，对于中山舰的保护来说存在着一定的安全隐患。

针对上述五种方案，武汉市政府组织专家进行了多次论证。2001年8月，按照武汉市政府的要求，武汉市文物管理办公室组织武汉地区的历史、文物、旅游、规划、水文、园林、城建、航务等方面的专家开展中山舰陈列选址专家论证会，论证中山舰陈列选址问题。在专家论证和实地踏勘的基础上，2001年10月，武汉市市长王守海召开市长办公会，听取武汉市文化局（此时武汉市文物管理办公室已并入武汉市文化局）有关负责人关于中山舰陈列选址的汇报。经充分讨论后，决定"在征得上级政府和主管部门的同意后，再确定将中山舰陈列选址在武昌沿江一带（平湖门至曾家巷码头一线）"。会后，武汉市政府行文湖北省政府和国家文物局，湖北省政府和国家文物局对武汉市政府将中山舰陈列地由江夏金口更改为武昌沿江一带一事，表示由武汉市政府决定。2002年4月，武汉市文化局会同武昌区政府召开中山舰陈列地选址专家论证会，绝大多数与会专家认为"将武昌大堤口作为中山舰停泊地的方案是可行的"。2002年11月，武汉市政府召开中山舰陈列保护问题专题会议，会议决定依据"水上展览为主、岸上展览为辅"的原则，进行武昌大堤口中山舰陈列馆的规划、设计和建设工作。但将中山舰陈列于武昌江滩，实施中遇到很多困难，最突出的是武昌江滩面积太小，岸坡太陡，摆不下中山舰，如果将中山舰放在浮船坞内置于靠武昌岸边的江水中就会占用主航道等。一系列实际难题致使中山舰陈列于武昌的工作一度处于搁浅状态。2004 年 2 月，中共中央政治局委员、湖北省委书记俞正声就中山舰相关问题做出重要批示。4 月，武汉市委书记陈训秋专程到中山舰的沉没地和打捞地江夏区金口视察。为了尽快确定中山舰陈列地选址问题，武汉市委、市政府要求武汉市文化局会同相关职能部门，对武昌区大堤口、平湖门、紫阳湖和江夏区金口等地进行考察、论证。5 月，武汉市文化局再次召开有文物、历史、水务、旅游、园林等方面的专家、学者，以及武汉市人大、政协有关专门委员会的负责人参加的中山舰陈列地选址专家论证会。与会专家在对相关陈列预选地进行实地考察后，认为中山舰陈列地选址应以尊重史实，保持历史的完整性、延续性、真实性和严肃性为前提，以"史以地近"为原则，注重发挥它的历史价值和社会效益，不应单纯追求经济效益。同时，由于舰体结构原因，不宜进行流动巡展，也不宜长途运输。若在武汉市内"异地陈列"，那么，既不利于反映中山舰历史环境的真实意义，也与中山舰历史政治意义的主题不协调，且存在与城市总体用地规划不相符的情况。将其陈列在金口，既可以避免运舰过程中的各种障碍和巨额资金投入，又可以达到尊重历史、保障文物安全的目的。金口本身就是人文荟萃之地，具有独特的自然、人文景观和悠久的历史。东周时，这里因地多沙滩而称"沙羡"。西汉初年，汉高祖设沙羡县，为武昌建县之始。金口因其优越的水路交通条件，一直是历代的物资集散中心。同时，金口距武汉主城区约 1 个小时的车程，满足未来发展城市市郊旅游线路的需要。在比较金口与大堤口的优势与劣势后，专家们认为金口更适宜作为中山舰的陈列地。

在听取专家意见的基础上，2004 年 8 月 2 日，武汉市政府召开市长办公会，原则上同意选址金口陈列中山舰的意见，并同意提交武汉市委常委会研究审议。8 月 4 日，武汉市委常委会召开会议，正式确定将中山舰陈列于江夏区金口，但未明确具体陈列地点。2005 年 11 月，武汉市市长李宪生主持召开专题会议，最终确定将中山舰陈列地选址在金口地区的牛头山、金鸡湖一带（图 5-1），并依托中山舰建立一座主题公园式的中山舰博物馆园区暨爱国主义教育基地。中山舰博物馆园区主要由中山舰博物馆、中山舰抗日阵亡将士纪念碑、中山舰游客服务中心三大主体建筑及武汉抗战纪念园组成。

二、中山舰展出形式的确定

中山舰在 1997 年 1 月被打捞出水后，需要确定科学的展出形式，这种展出形式必须坚持文物工作方针，既有利于中山舰的保护，又有利于发挥其宣传、教育作用。中山舰修复期间，湖北省文物局就组织专家对中山舰展出形式进行了论证。专

图 5-1　中山舰博物馆地理位置示意图

家们根据中山舰的特点，建议采用浮船坞托载展示中山舰的方案。湖北省文物局根据专家论证意见和湖北省政府有关领导的意见，委托第七○一研究所制定了《中山舰专用浮船坞方案》，并上报国家文物局审批。1999 年，国家文物局以文物保函〔1999〕第 395 号文批复同意此方案。按照批复方案，中山舰专用浮船坞集演播厅、观景台、文物保管、陈列展示和对外宣教多功能于一体，中山舰浮船坞建成下水后，能安全托载中山舰，在适当时期内有条件到长江和我国近海进行流动展览。2000 年5 月，经武汉市政府批准，武汉市修缮、保护、陈列中山舰工作领导小组举行了中山舰专用浮船坞设计招标会，华中理工大学、长江船舶设计院、第七○一研究所三家单位参加投标。经与会专家评审，最后第七○一研究所中标。2001 年 10 月，第七○一研究所完成了中山舰专用浮船坞设计图纸。但由于资金原因，中山舰专用浮船坞工程未能启动。中山舰修复工程竣工后，2001 年 12 月，武汉市政府根据有关方面的反映，要求武汉市文化局对中山舰展出形式重新进行论证。2005 年 6 月 3 日，武汉市文化局邀请武汉地区文物保护、历史、船舶设计与制造方面的专家，对中山舰的展出形式重新进行了论证。与会专家认为，中山舰的展出形式应坚持"保护为主、抢救第一、合理利用、加强管理"的文物工作方针，结合武汉市城市发展建设总体规划和社会经济发展的需求来考虑；当年确定浮船坞方案主要是为中山舰沿江、沿海巡回展览而设计，现在武汉市政府已决定在中山舰出水地金口建设中山舰旅游区，中山舰作为旅游区的核心部分，应以固定展出方式为好。专家们认为，根据"舰不离水""史以地近"的原则，中山舰固定展出地点应以临江近水为宜，陈列采取修建固定专用陈列船台的形式，地址选在金口槐山北 500 米的长江岸边；在固定专用船台上，修建相对封闭并透明的具有艺术观赏价值的保护设施。武汉市文化局根据专家论证意见，向湖北省文物局上报《关于调整中山舰展出形式的请示》，申请将中山舰展出形式由原浮船坞托载方案调整为固定专用船台方案。湖北省文物局认真研究后，同意进行调整，并上报国家文物局审批。国家文物局批复同意将中山舰展出形式由原浮船坞托载方案调整为固定专用船台方案。

一、博物馆建筑设计理念

2006 年 6 月 16 日，面向社会公开征集中山舰旅游核心区景观设计方案。武汉市文化局、武汉市规划研究院、北京市建筑设计研究院、华东建筑设计研究院有限公司、广州珠江外资建筑设计院有限公司、中南建筑设计院股份有限公司、武汉市建筑设计院参加了征集会。武汉地产开发投资集团有限公司作为中山舰旅游（核心）区的项目业主，向各应征单位明确提出：中山舰旅游区的定位是"国际知名、国内一流"的旅游区和爱国主义教育基地。中山舰旅游区的主体或核心是中山舰博物馆，中山舰上演了中国近代史的悲壮一幕，它彰显的爱国主义和英雄主义也是楚人精神的延续，因此，其设计理念确定为"舰魂铸碑"。

2006 年 8 月 11 日，武汉地产开发投资集团有限公司主持召开了"武汉中山舰旅游（核心）区景观设计方案"专家评审会。共有 5 家单位 6 个方案参与评审，武汉市建筑设计院、华东建筑设计研究院有限公司、广州珠江外资建筑设计院有限公司入选前三名。

2006 年 9 月 12 日，武汉市修缮、保护、陈列中山舰工作领导小组主持召开由规划设计、建设、文化、旅游等相关部门参加的专题讨论会。会议主要对中山舰旅游区（核心区）建筑方案进行评估和论证。最终评估的结果是：总平面布局拟选用武汉市建筑设计院设计的方案，博物馆单体建筑采取广州珠江外资建筑设计院有限公司的方案，并要求这两个方案要根据博物馆的功能布局作进一步深化设计。9 月 13 日，武汉市文化局组织了文物和博物馆方面的 5 位专家对中山舰博物馆建筑设计方案提出了总的设计理念和设计原则，有利于保护、参观展示和节能环保。11 月 2 日，武汉市委召开了市委书记办公会，明确中山舰旅游（核心）区建筑方案总体设计以武汉市建筑设计院的方案为主，博物馆单体建筑设计以广州珠江外资建筑设计院有限公司的方案为主。

广州珠江外资建筑设计院有限公司"舰魂铸碑"的设计理念，主要特点为：主体建筑由舰体陈列馆和辅助陈列馆两幢建筑相连构成，采用全钢结构，外形如同一艘战舰昂首启航，即将开启新的航程。通过简洁的几何体块穿插与组合，强调秩序、空间与功能的关系，在水平与竖向上构建强烈的视觉冲击，勾勒出中山舰博物馆雄浑刚劲、气势恢宏的英雄形象，塑造出一个独特的英雄纪念碑；同时，通过空间氛围的营造，表现出一个悲怆、愤慨、沉思、缅怀先烈的空间场所。整个建筑形体雄浑、刚劲、伟岸，犹如破水而出的战舰；采用的元素包括舰形龙骨钢架、大台阶、船形体块。建筑以简洁、厚重、抽象的形式屹立于湖边，刚劲有力。同时，建筑的纯净形态还传递着自然山势的信息，并寓意着和过往历史的关联；由圆形的纪念大厅、梯形的舰体陈列厅、船形的建筑主体、刚正笔直的湖面栈道及屋面大阶梯组合而成的形体刚劲挺拔、自由舒展延伸，犹如破水而出的战舰。昂首向前的舰首正对着牛头山上那 25 根圆柱组成的中山舰抗日阵亡将士纪念碑，两者遥相呼应，可谓中山英魂。博物馆、纪念碑，整个是一体化的，构成了设计的主轴线（图 5-2）。

图 5-2　中山舰博物馆日景鸟瞰图

二、博物馆主体建筑工程建设

2006 年 12 月，中山舰博物馆在牛头山下金鸡湖畔破土动工（图 5-3），2008年初基本完成主体结构工程，2011 年 9 月正式对外开放。中山舰博物馆主体建筑面积 11000 平方米，其中陈列展示面积 7100 米。在博物馆的建设过程中，建设者始终贯穿着"舰魂铸碑"的设计理念，包括材料的选择、施工工艺、装修格调等诸多方面。

在外立面材质的选用上，采用粗犷厚重的花岗岩，精致挺拔。钢构架、金属板材、遮阳系统及可滤除紫外线的 LOW-E 中空玻璃相结合，形成强烈的雕塑感和震撼力，既保证了通透性，又满足了环保与节能的要求。

博物馆舰体陈列厅的幕墙全部由玻璃组成，被人们称为"玻璃宫"。在钢结构施工时，将玻璃镶嵌在钢结构里面，直接使用十七榀的梁柱，设计超过了幕墙的范围，所以嵌入玻璃的高度最高达到了 3.36 米，一般玻璃只能做 3.3 米，这就相差 0.06米。因此，玻璃全部"量身定做"。

博物馆的外墙是石材幕墙，原定使用寿命为 50 年，后改为使用可达 100 年的石材。一般建筑都只用 2 厘米厚的石材，博物馆外墙使用的石材却厚 4 ~ 5 厘米，尺寸突破常规，造型符合整体气势。

这些建设过程中别树一帜的做法，增加了工程的施工难度，但保障了博物馆建设工程的质量，达到了外观设计的视觉效果（图 5-4）。

图 5-3　中山舰博物馆奠基仪式

图 5-4　中山舰博物馆低点效果图

第三节 中山舰博物馆陈列展览

陈列展览品是博物馆标志性的精神文化产品，是博物馆历史文化资源的重要载体，具有传播知识、实现社会教育目标的功能。中山舰博物馆正式建成后，在"大陈列"展览方面作了诸多有益的尝试，可以概括为：人文设计理念与现代设计理念相结合。以人为本、人文关怀是中山舰博物馆展示设计的一个重要价值理念，展览中通过文化体验、情景模拟等方法给观众带来更为直接的感受和认知，从而体现现代博物馆以"人"为中心的亲切关怀。秉承传统与现代手法相结合的思路，在融入地方元素的基础上，充分展现中山舰的历史文化价值，使整个展览既庄重大方又生动活泼，体现出展厅风格个性化、文物结合艺术化、主题语言规范化、展示手段现代化的展览特征。

中山舰博物馆常设展览有中山舰舰体复原陈列、一代名舰——中山舰史迹陈列、中山舰出水文物精品陈列。

一、中山舰舰体复原陈列

中山舰舰体复原陈列，位于舰体陈列馆一层，展区面积 2699 平方米。根据史料还原历史真实，按 1925 年原貌复原中山舰舰体外观及舰载装备和设施，将其陈列于博物馆舰体陈列大厅内，四周展区分别布置中山舰整体打捞、修复、迁移及中山舰大事记等相关辅助展项内容。展示亮点为数字电影《中山舰》，采用数字虚拟技术再现永丰舰的制造、中山舰的命名、金口蒙难、打捞出水、修复、移舰直至再展昔日英姿的生动画面（图 5-5、图 5-6）。

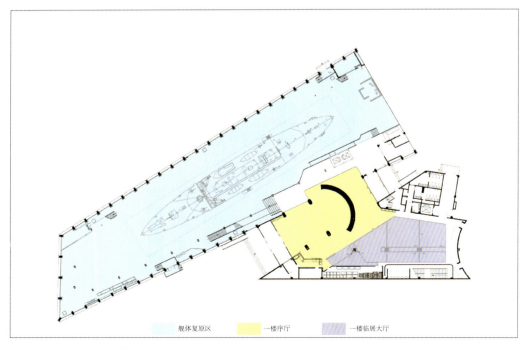

舰体复原区　　一楼序厅　　一楼临展大厅

图 5-5　中山舰舰体复原陈列厅平面图

图 5-6　中山舰舰体复原陈列

二、一代名舰——中山舰史迹陈列

　　一代名舰——中山舰史迹陈列，位于辅助陈列馆二层展区，展区面积 1060 平方米，主要由三大部分组成，第一部分主要介绍中山舰诞生的历史背景，第二部分主要介绍中山舰的风雨历程，第三部分主要介绍中山舰的修复、迁移和博物馆的建设。展览以历史发展的时间顺序为主线，全面介绍中山舰诞生的历史背景、中山舰经历的风雨航程、中山舰新生的伟大意义，揭示一代名舰——中山舰在中国近代史上做出的特有贡献及留给后人的启示。展览除图片、文物外，还采用现代高科技手段进行情景再现（图 5-7、图 5-8）。

　　甲午海战沙盘投影演示。该展项将现代多媒体技术与传统的沙盘制作工艺相结合，运用三维动画的方式演示整个战争发生、发展直至结束的全过程，做到动态画面与静态地形的完美融合。

　　大官厅场景复原。该展项局部复原了 1922 年孙中山广州蒙难时期登临永丰舰的历史场景。孙中山、蒋介石、冯肇宪（时任永丰舰舰长）等关键人物塑像均采用高分子仿真技术制作。同时，在氛围营造方面做到动静结合，除舱室舷窗外可看到硝烟弥漫的江面外，耳旁还可听到隆隆的炮火声。

　　情景巨照。孙中山、宋庆龄与永丰舰官兵的合影照片，通过数字放大处理，使照片达到一比一的高精度；同时在巨幅照片前设置甲板上相关器物（锚链、风筒、绞盘等）的道具，使游客合影者仿佛感受到自己就在伟人身边，由此产生一种巧妙的思维互动。

　　《金口血战》声光电场景。通过应用半景画、仿真雕塑、三维动画、舞台灯光音响及多媒体融合技术等综合展示手段，多角度、全方位地展示了当年中山舰官兵在金口水域与日机浴血抗战、壮烈殉国的场面。

图 5-7　一代名舰——中山舰史迹陈列厅平面图

图 5-8　一代名舰——中山舰史迹陈列

三、中山舰出水文物精品陈列

中山舰出水文物精品陈列，位于辅助陈列馆三层展区，展区面积 932 平方米，展出相关文物 200 余件（套），包括铭牌标志、舰载设施、武器装备和日常用品四大类。它们从不同角度反映了永丰舰（1912～1925 年）至中山舰（1925～1938 年）各个历史时期的政治、军事、经济、文化等社会活动及中山舰官兵们的精神面貌（图 5-9、图 5-10）。

第一类，铭牌标志。本部分由名人遗物、标识铭牌、证章奖章、雕刻印章 4 个专题组成，精品文物有永丰舰出厂厂牌、孙中山先生遗像、"精神如见"题款及"中山军舰"铜质证章等。最具意义的珍贵文物——孙中山胸像，本馆特使用横跨一面展墙的独立展柜对其进行陈列。孙中山先生胸像是国家一级文物。此尊雕像为孙中山先生的日本挚友梅屋庄吉斥巨资请东京筱原雕金店的雕塑家牧田祥哉铸造。目前全世界仅发现 5 尊。另外 4 尊半身胸像分别在香港孙中山纪念馆、上海宋庆龄故居纪念馆、日本爱知大学东亚同文书院大学纪念中心和梅屋庄吉的曾孙女小坂文乃女士手里。

第二类，舰载设施。本部分由航海、照明、通信、消防、动力、机械、供水、维修 8 个专题组成，展出来自英、美、法、日等国家的系列舰船专用设施。从信号灯、空气泵到蓄电池、压力器，从舵云盘、压力表到观察镜、流速仪。观者会发现中山舰早在一个世纪前就是一个"强强联合"的组合体。

第三类，武器装备。本部分由枪炮类、刀剑类、弹药类 3 个专题组成，展出包括北伐革命军誓言铭文"七九式"步枪在内的各种枪炮 12 件、民国时期海军专用刀剑 2 把，以及从中山舰上出水的一大批各式各样的炮弹、枪弹样品。其中展示的北伐革命军誓言铭文"七九式"步枪为国家一级文物。该枪与张之洞创办的汉阳兵工厂生产的"七九式"步枪别无二致，其特别之处在于：枪托上除了铭刻有国民党党徽、海军铁锚标志外，还依稀可见一列文字"革命军为主义而战　不怕死　不爱钱"。像这种具有浓烈时代气息、特制的海军专用枪械，在我国博物馆界尚属首次发现。

第四类，日常用品。本部分由茶具酒具、炊具餐具、文化用品、娱乐用品、陈列用品、洗漱用品等 8 个专题组成，展出包括电风扇、缝纫机、取暖器、水烟枪、铜温酒壶、铜烘笼等在内的国产或进口的、传统或现代的各种日常用品。其中不乏士兵自制用品，如数枚自制弹壳笔筒，并雕刻有"勤有功""如松之茂""洁身自好""力求自强"等励志座右铭，充分表现出中山舰将士勤俭节约、变废为宝的精神，且体现了一定的艺术修养。

中山舰博物馆基本陈列集舰体复原、舰史陈列、出水文物展示于一体。因建筑设计融入了陈列设计的理念，兼顾了博物馆陈列展览需求，确定了中山舰及主要展项的位置和空间，故整个陈列可以做到形散而神不散，形成了以中山舰为中心的"三展一体"的布展格局。

　　在展览设计中，本着传统与现代相结合的设计思路，采用半开放式的展示空间，在有限的展示空间内让观众产生无限的视觉延伸。展览形式以"人"为中心，以互动体验为重点诉求，同时运用国际先进展示设备与照明技术，打造以人为本的现代化展示空间：一方面可让观众根据自身时间、兴趣自由选择参观路线；另一方面组织者可根据现场情况调整参观路线，保证观众读取信息的完整性，摒弃了传统的封闭式、强迫性参观方式。

　　在形成风格上，既注重室内陈列风格与博物馆建筑风格的统一，将室内展示内容与建筑符号中抽象的几何体元素有机结合以表达建筑语言的特有魅力；又把历史的厚重感融入现代的表现手法之中，用现代展示理念来诠释历史事件，使展示面貌既具有现代的美感又具有历史的韵味。

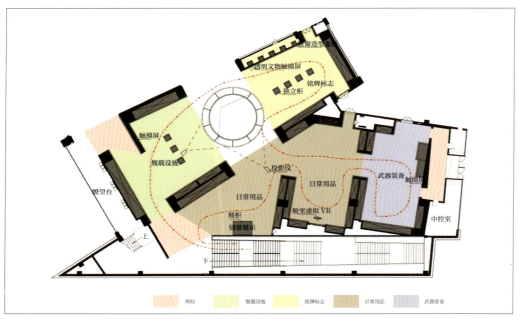

图 5-9　中山舰出水文物精品陈列厅平面图

图 5-10　中山舰出水文物精品陈列

以孙中山先生的名字命名的中山舰，在我国近现代史上具有重要地位和影响，是极为珍贵的革命文物。运用中山舰对广大人民群众进行爱国主义教育、中国近现代革命历史传统教育，对弘扬爱国主义精神，促进祖国统一，推动旅游事业和经济的发展，都有着重大的现实意义。因此，建设中山舰爱国主义教育基地始终是中山舰打捞保护利用的重要任务。湖北省委、省政府高度重视中山舰爱国主义教育基地建设。1994 年 9 月 2 日，湖北省委书记、湖北省人大常委会主任关广富同志主持召开省委常委会，会议明确："中山舰出水之后，要精心保护，按原貌进行修缮，在武汉市选择便于参观的地点，兴建中山舰纪念馆，陈列展出，并在纪念馆周围配套兴建适当的文化活动设施和旅游服务设施，以丰富中山舰纪念馆的内容。以上建设项目，可统一规划，分步实施。整个工程完成后，要成为湖北省一个有重大影响和特色的革命传统教育基地及文化旅游景点。"1997 年 5 月，湖北省政府成立了以省委常委、常务副省长李大强为指挥长，副省长王少阶、武汉市市长王守海为副指挥长的中山舰爱国主义教育基地建设指挥部。10 月，中山舰爱国主义教育基地建设工程在金口正式开工。2001 年 8 月，中山舰舰体修复保护工程完工后，中山舰重现当年英姿。为保护和展示中山舰这一具有世界影响力的中华民族近代史的记忆载体，按照"史以地近"的原则，2005 年，武汉市政府决定在江夏区金口建设以爱国主义和英雄主义为主旋律的中山舰旅游区暨中山舰爱国主义教育基地。基地规划建设用地 468 亩，其中水域面积 150 亩。

一、中山舰爱国主义教育基地中心展示区建设

《中华人民共和国文物保护法》规定"在不改变文物原状"的原则下"有效保护、合理利用、加强管理"。这就为中山舰爱国主义教育基地建设提供了指导原则，而基地中心展示区的建设则是对这一原则的具体体现。

中山舰爱国主义教育基地户外景观依"三山一湖"（牛头山、金鸡山、槐山和金鸡湖）设计构筑了 4 条相对独立的景观轴线，每条轴线都被赋予特定的历史意蕴和功能定位。通过轴线与艺术作品、自然景观的有机结合，形成一个具有完整纪念意义的景观展示系统（图 5-11）。

"中山英魂"——中山舰纪念轴线。中山舰博物馆和 25 烈士纪念碑遥相呼应，构成景区主轴线。其间气势非凡的特色瀑布，仿制的自然山间流水，有力地促成了主轴线与周边的山势地形、人文与自然景观的和谐统一。

武汉战役纪念大道。此轴线以武汉战役之陆战、空战、人民抗战纪念区为主要组成部分，叙述了历时 4 个月的抗击日军进犯武汉的浴血鏖战。

武汉战役之陆战纪念区。这里由两条线索贯穿展开：第一条线索，形似长江的曲折流水、南北两岸景墙高高低低、错落有致，犹如长江沿岸的山脉，其间穿插一定的雕塑语言来展现武汉战役中值得铭记的历史事实；第二条线索为中山舰跟随中华民族抗日队伍逐渐退出武汉的历史事实。

图 5-11　中山舰纪念区

武汉战役之空战纪念区。该纪念区将武汉会战中五次主要空战的时间以大型地嵌式灯箱的形式植入纪念大道的步行地面中，其大尺度、庄重的字体给人一种强烈的危机感，使游客仿佛与那些义无反顾地与日寇搏击长空的英雄同处于战火硝烟的年代。把时间节点嵌刻于地面，不仅赋予纪念大道一种精神，赐予场地以灵性及感悟，而且，较传统的数字碑刻等方式而言，也极大地丰富了地面铺装的形式和效果。

武汉战役之人民抗战纪念区。抗战期间，武汉各阶层民众以各种不同的形式表达自己的爱国情怀。人们走上街头，组建各种抗日爱国团体。民间组织由开始的分散、小范围逐渐壮大并形成规模巨大的群众抗日力量。相对应地，景观设计也由最初分散、小块的不同颜色随着时间的推移不断壮大，并且更加有序。

胜利广场纪念轴线。作为景观轴线上的一个端点，胜利广场起到了承上启下的双重作用。广场中央设置一纪念碑，纪念在武汉会战中做出贡献和牺牲的所有人。

和平家园景观轴线。它是全园景观序列的一个句点。宁静、自然的和平家园是全人类共同的向往。置身于和平家园中，似乎所有的荣辱都归于宁静。

二、中山舰爱国主义教育基地的管理和使用

中山舰爱国主义教育基地自成立以来，以中山舰博物馆为依托，抓住管理和使用等关键环节，贴近实际，贴近生活，贴近群众，努力提高工作水平，更好地为爱国主义教育、弘扬和培育民族精神服务，为青少年思想道德建设服务，为实现全面

建设小康社会的奋斗目标服务。

（1）征集保护文物，丰富教育内容。中山舰博物馆以陈列大纲为主线，以文物市场为依托，以寻亲活动为起点，开展了百年名舰中山舰相关文物的征集活动。至2011年初，已征集相关文物、文献资料500余件（份），经文物鉴定专家确认，其中一级文物1件，二级文物4件，三级文物46件。同时，接收长期流落在外的中山舰相关出水文物40件。中山舰博物馆积极开展文物史料的研究整理工作，挖掘精神内涵，紧密联系实际，从不同侧面、不同角度对中山舰出水文物进行诠释和展示，赋予其鲜活的时代内涵，给观众以知识的普及、心灵的震撼和思想的启迪，激励人们投身于改革开放和现代化建设。

（2）努力打造陈列展览精品，增强教育吸引力和感染力。基本陈列是爱国主义教育基地的重要依托。中山舰博物馆基本陈列立足于高起点、高品位、高质量，创国内专题博物馆一流水平，并与国际接轨，导入国际化的设计理念，精心打造基本陈列。中山舰舰体复原陈列、一代名舰——中山舰史迹陈列、中山舰出水文物精品陈列，运用声、光、电等现代技术，令展览具有前瞻性和强烈的吸引力、感染力。在办好基本陈列的同时，中山舰博物馆以传承和弘扬民族精神为主旨，充分利用自身丰富的、独特的馆藏资源和馆外文物资源，以中华优秀传统文化、革命文化和社会主义先进文化为主题，精心策划，每年定期举办和引进丰富多彩的临时专题展览，为基本陈列增加新的内容，注入新鲜血液，满足各层次观众的需求，丰富观众的精神文化生活，发挥博物馆的教育服务功能。

（3）精心组织活动，扩大社会影响。中山舰博物馆在办好馆内基本陈列的基础上，积极采取"请进来、走出去"的办法，加强与其他教育基地、博物馆的交流与合作。积极开展展览进校园、进社区、进军营、进企业活动，有效地扩大教育覆盖面。中山舰博物馆充分利用七七事变、抗战胜利、九一八事变、中山舰蒙难日、南京大屠杀等重大历史事件和孙中山等历史人物纪念日，举行各种庆祝、纪念活动，组织特色鲜明的主题教育活动，寓教育于活动之中，提升了教育基地的社会影响力。

（4）强化内部管理，努力提升服务水平。中山舰博物馆自建立以来，不断建立健全规章制度，加强对工作人员尤其是讲解员的教育培训，不断提高他们的思想政治素质、业务工作水平，使他们不仅成为历史知识的讲解员，还成为爱国主义精神的宣传员。重视干部职工服务意识的培养，在接待咨询、参观引导、提供资料及安排讲解等方面为参观群众提供热情、文明、规范的服务。注重美化内部环境，营造干净整洁、庄重有序的参观氛围，把中山舰爱国主义教育基地建成传播精神文明的"窗口"。

中山舰爱国主义教育基地建成并对外开放以来，作为第一批国家级抗战纪念设施、遗址、首批国家国防教育示范基地、全国爱国主义教育基地、海峡两岸交流基地、湖北高校省级实习实训基地，不仅是市民缅怀先烈的文化纪念场所，是青少年了解历史和抗战的重要窗口，也迎接着来自世界各地的参观者，传扬着中国人民反对侵略、勇于维护和平的情怀。

第六章

结语

一、打捞与修护

　　中山舰整体打捞是我国内陆水下考古发掘第一例，是我国水下考古的一次重要实践。中国的水下考古工作起步较晚，始于 20 世纪 80 年代。中山舰整体打捞工程的准备与实施时期，也正是我国水下考古事业的起步阶段。此前国内考古界还没有在长江流域及其他内河进行过相关水下考古发掘的实践和相关经验，特别是整体打捞大型文物舰船，无论在内河还是浅海，在我国历史上均无先例，没有经验可借鉴。中山舰整体打捞工程的成功实施，为我国水下考古积累了整体打捞大型文物舰船的宝贵经验。

　　中山舰沉没于长江金口副航道江底，江水含沙量大、浑浊，能见度极低，几乎为零，水下探摸测量工作面临巨大困难。海军潜水作业队、重庆长江救助打捞公司多次派潜水员开展水下探摸测量工作，仅重庆长江救助打捞公司就在冰冷、浑浊而湍急的江水中潜水作业达五六百人次，时间超过 1000 个小时，打破多个潜水作业记录。而刚成立不久的中国历史博物馆水下考古研究室也在中山舰整体打捞工程中首次对中山舰进行了水下摄影摄像，并实地监督实施打捞方案的全过程，获得了在长江流域水下考古发掘的实战经验。

　　整体打捞中山舰最大的困难是没有原始图纸和资料。舰体经过战争和人为损坏所造成的破损程度、结构强度、整体锈蚀程度、刚性强度等均只能靠潜水员探摸和取样分析，不尽准确，而且舰体中部还有 33 米的长度紧贴江底礁石，故无法探摸其真实状况。中山舰打捞的风险和难点主要在于打捞时不能使中山舰变形、扭曲和断裂，要求整体打捞出水。国内外打捞沉船的方法有 10 多种，但选择一套适合打捞中山舰的方案至关重要。根据对多种打捞方法的分析、对比、筛选和研究，结合我国内河几十年打捞沉船的经验和流水作业技术的可靠性，最终选择了抬撬打捞方法作为整体打捞中山舰的实施方案。抬撬打捞方法是目前较为成熟的一种打捞沉船方法，按照常规，应先把沉船在水下扶正，再起浮，然后进行移位。但由于中山舰沉没于长江副航道，且江水比往年来水要大而急，因此，重庆长江救助打捞公司根据打捞现场的实际情况，经过大量计算，创新地制定了一套阶梯移位方案，即把上述三个单独的作业步骤连贯在一起进行，采取边起浮、边扶正、边移位，使舰体底部与江底保持 30 ~ 50 厘米的间距，慢慢地把中山舰向江底底质较软的长江南岸移动，从流水急的水域移到流水缓慢的水域，由航道水域移到浅水水域，大大地降低了整体打捞中山舰的风险。由于成功地整体打捞中山舰，重庆长江救助打捞公司所采用的传统与创新相结合的"整体抬撬、阶梯移位"打捞技术荣获 1998 年交通部科技进步一等奖。中山舰整体打捞出水，无论在方案论证方面还是在打捞方法的创新方面，都为今后开展水下考古、打捞大型历史沉船提供了借鉴。

　　中山舰舰体及出水文物的保护也为今后水下考古出水文物的保护提供了宝贵经验。湖北省组织实施打捞中山舰，坚持文物保护科研先行。正式实施打捞的前几年，湖北省文化厅专门成立了由中国文物保护技术协会和湖北省博物馆组成的中山舰保护课题组，开展科学研究，精心制定《中山舰打捞后的修复保护方案》。为确保方案科学可行，中山舰保护课题组专门开展为期 2 年的科学实验，并研制用于舰体保护的专用防腐蚀涂料。中山舰出水文物多达 5340 件（套），这批文物在长江中浸泡了 59 年，受到江水和泥沙不同程度的侵蚀，保护难度大。针对不同质地的文物，中山舰保护课题组研究制定了不同的保护方法，对出水文物进行了成功的保护，这为今后内陆江河及湖泊出水文物的保护提供了借鉴。

二、展示与交流

中山舰被整体打捞出水并建专题博物馆面向社会免费开放，成为我国文物开放利用的成功案例。中山舰博物馆利用丰富的文物资源优势，不断挖掘深厚的历史内涵，充分发挥社会宣教功能，大力开展爱国主义教育活动，努力践行社会主义核心价值观，取得了显著的社会效益。

中山舰博物馆面向社会免费开放，每年接待大批观众，并相继接待了中央领导、省市领导、港澳台知名人士、中山舰幸存者和官兵后裔、国际友人。由于中山舰是孙中山先生革命、国民政府海军抗战的重要历史见证，与中国台湾地区有着深厚的历史渊源，2013 年 6 月经中共中央台湾工作办公室、国务院台湾事务办公室批准为海峡两岸交流基地，成为两岸交流、与台湾同胞共同缅怀历史的重要依托。国民党副主席蒋孝严、新党主席郁慕明等多名台湾地区政要曾参观过中山舰博物馆。

中山舰博物馆大力拓展对外和对港澳台文化交流和合作，努力使中山舰成为中华民族的文化使者。2003 年，在香港历史博物馆下属的香港海防博物馆举办"中山舰出水文物展"，这是中山舰出水文物首次赴港澳台地区展出。2010 年，参加武汉市在台北举办的"辛亥首义·武汉文化周"活动，在台北孙中山纪念馆逸仙书坊展厅举办了为期 7 天的"中山舰出水文物展"，国民党副主席蒋孝严等政要参加了开幕式，约 1 万名社会人士参观了展览（图 6-1）。2011 年 6 月，武汉市委、市政府联合香港《文汇报》在香港举办纪念辛亥首义 100 周年活动，中山舰博物馆的"中山舰出水文物特展"和"一代名舰——中山舰舰史图片展"在香港中央图书馆内展出（图 6-2）。2011 年 10 月，为纪念辛亥革命 100 周年，受日本长崎县的邀请，应中国文物交流中心调集，中山舰博物馆挑选 9 件文物赴日本参加长崎历史文化博物馆举办的"孙文·梅屋庄吉与长崎"特别策划展（图 6-3），这是中山舰出水文物首次在国外展出，而且是在中山舰的制造地长崎展出。2014 年 10 月至 2015 年 4 月，中山舰出水文物赴新加坡孙中山南洋纪念馆（晚晴园）展出（图 6-4）。

中山舰博物馆积极联合武汉地区高校，充分利用博物馆的馆藏资源，以提高学生培养质量为己任，以促进培养博物馆文化创意所需的创意研发、经营管理、营销推广人才为重点，参与武汉地区高校相关专业人才培养，加强对在校大学生中具有文化创意产品开发经营人才潜质的学生的培养和扶持。中山舰博物馆与武汉大学正式签署《武汉大学、中山舰博物馆合作共建学生实习实训基地协议书》，成为湖

图 6-1　2010 年中国台北展

图 6-2　2011 年中国香港展

图 6-3　2011 年日本长崎展

图 6-4　2014 年新加坡展

北省文博单位与知名高校资源共享的成功典范。这一举措为武汉大学文史类、艺术类、建筑设计类、城市设计类、外语语言类等相关学院、专业学生提供实习实训岗位、指导老师及场地，打造武汉大学与湖北省、武汉市文化系统合作实习实训的专业平台。中山舰博物馆还根据本科专业人才培养目标、课程体系及培养方案的规定，开设专业核心课程，如针对档案管理专业的学生，专门设立档案管理学实训课程，让学生们在学习教学内容的同时还有机会到档案工作现场观摩、操作和应用，提高实习实训学生解决实际问题的能力。与此同时，中山舰博物馆还充分利用专业教育资源优势，开展主题鲜明、富有特色的系列专题讲座，并指派党史专业的研究人才到共建部队为学员们讲授党史专业知识，收到良好效果（图 6-5、图 6-6）。

中山舰博物馆以文化品牌建设为切入点和突破口，着力打造具有重要影响力和鲜明地域特色的"中山舰"品牌，在开发中山舰文化产品、弘扬"中山精神"方面做了许多有益的尝试。从 2009 年开始，中山舰博物馆通过公开征集设计方案、召开专家座谈会反复讨论，最终确定结合中山舰博物馆的建筑外形和中山舰舰体外观设计的以文字"中山"为设计主题的馆标。2014年1月18日，中山舰博物馆"中山舰"商标成功申报武汉市著名商标。中山舰系列产品的设计理念始终突出"中山舰"元素，针对不同年龄段的消费者开发不同产品，开发了"中山舰"舰模、"中山舰"纪念邮册和纪念银币及"中山舰"矿泉水等共计100多种产品，备受海内外人士欢迎，并被广泛用于旅游纪念、文化收藏及礼品馈赠。

　　"当历史的尘埃落定，一切归于沉寂之时，唯有文化以物质的或非物质的形态留存并传承下来，它是我们民族独立品格的历史凭证，也是我们满怀信心走向未来的坚实根基和力量与智慧之源。"中山舰博物馆以高度的社会责任感，对文化遗产进行保护、传承和合理利用，守护着民族的精神家园，在追寻中国梦的伟大征程中，再创新的辉煌！

图 6-5　武汉大学学生实习实训基地揭牌仪式

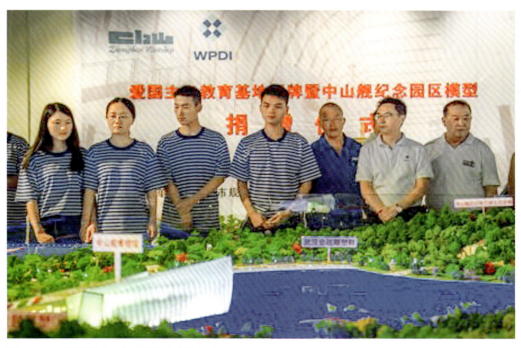

图 6-6　实习实训学生参加爱国主义教育活动

附录

附录一

湖北省文化厅关于要求打捞中山舰的报告

湖北省文化厅文件

鄂文〔1988〕文物字第58号

★

湖北省文化厅关于要求打捞中山舰的报告

国家文物局：

　　中山舰沉没在我省长江金口水域已半个世纪。尽快将中山舰打捞上来，供国内外游人观赏，进行爱国主义和革命传统教育，不但有利于保护文物，发展旅游业，而且在政治上有重要意义。我省政府领导同志多次指出，决定由我省打捞。我厅曾以鄂文〔1988〕文物字第40号《关于打捞中山舰有关问题意见的报告》报告国家文物局。为了及时进行打捞的前期探测，盼请批示。同时，请派水下考古研究人员前来指导探测工程，以利制订完整捞出舰体和确保有关附属文物安全的打捞方案。

　　特此报告，恳请批准。

（此页无正文）

湖北省文化厅

一九八八年三月二十三日

抄报：省政府，省委宣传部，天广畲、郭振乾、王利滨、梁淑芬、
　　　徐鹏航同志。

抄送：省旅游局。

湖北省文化厅办公室　　　　　　　一九八八年三月二十六日印发

共印20份

附录二　文化部文物事业管理局关于打捞中山舰请示的批复

附录三　国家文物局关于同意打捞『中山』舰的批复

附录四　勘测中山舰记录

沉船位置：在武汉上水 25 千米，金口之下水，大军山对开江中（图一）。

勘测日期：一九六六年四月五日。

汉口水位：1.72 米。

沉舰位置水深：沉船右边江底至水面为 18 米左右。

水流速度：0.5 ~ 0.6 米 / 秒（目测）。

勘测情况：

（1）总长 66、宽 85、深 5.5 米（图二）（潜水员在水下用绳拉测，有误差）。

（2）左侧约 90°。

（3）破损情况。

① 驾驶舱已倒塌，杂乱不堪，未测清。

② 在锅炉舱之前、右船旁有一大破洞，破洞前后长约 2 米，船体铁板向里裂开。

③ 船尾右地轴附近船体铁板发现凹缝。

（4）沉船位置江底情况。

① 自船尾向前至锅炉舱，在披水龙骨下有大小不同的岩石，高的有 1 米以上。

② 船首右边船底上有高的岩石。

（5）淤泥情况。

① 沉船内积泥已满。

② 船外淤泥少，船底有石块（多）。船体几乎全部在江底上。

测量潜水员：卫宝发

记录整理：何葆熙

江苏省靖江打捞队

一九六六年四月十五日

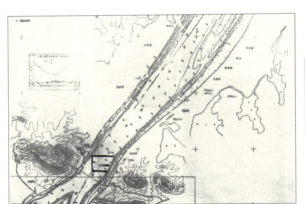

图一　　　　　　　　　　　　　图二

1. 探摸日期

一九八八年五月三日至七日。

2. 探摸潜水员

应大丰、殷晓宝、何增顺、赵军建、车跃进。

3. 沉舰位置

长江金口水域、大军山脚下、离南岸约 500 米处。

4. 沉舰在水中的状态

舰首朝下游方向，舰尾朝上游方向，舰体朝北岸方向倾斜约 80°。

5. 沉舰位置的水深

舰首处水面至江底为 19 米，舰尾处水面至江底为 18.5 米。

6. 沉舰尺寸

长 70.3、宽 9.5、高 5.5 米。

7. 沉舰所处位置底质情况

舰首部为细泥沙覆盖在礁石板上，中部为细泥沙和凹凸不平的礁石层，尾部为礁石和大小不等的石子。

8. 沉舰埋没情况

舰首、尾部均无泥沙埋没，首部上翘，距江底约 3.8 米。左舷大部分埋在泥沙之中，尾部至江底约 2 米。舰尾部的江底有一条水流冲刷而成的小沟，深约 0.3、宽约 1 米，舰舱内有少量泥沙。

9. 沉舰位置的水文情况

表面水流速度约 3 米／秒（目测）；后甲板左舷测水流速度约 1.5 米／秒（潜水员估测）；后甲板右舷测水流速度约 3 米／秒（潜水员估测）；中甲板右沿扶手梯处水流速度约 3 米／秒（潜水员估测）；舰首部水流速度约 1 米／秒（潜水员估测）；水下能见度为零（即什么也看不见）。

10. 沉舰环境概况

沉舰周围无大障碍物，后甲板、后栏杆处比较杂乱，有绳网、绳索、塑料布、树杈等缠绕物。

11. 沉舰各部位探摸结果

（1）首部

甲板为钢制，边沿有木条，首部呈弧形，甲板上有系缆柱、绞缆盘，舰首右舷侧有锚链孔、锚链（没找到锚），有通风管道口及保护罩。舰首至中部有明显的两排舷窗，第一排（即上排）为 13 个，第一个（从舰首算起）玻璃已破损，第 11 个向舱里开着，其余均完好无损，呈关闭状态。第二排舷窗从防撞圆柱首部算起向尾部数有 8 个舷窗，与中山舰历史照片显示的个数一致。

（2）中部

右舷侧有吊放救生艇的吊臂，右舷靠近上层舱室处的舰体上有一根防撞用的圆柱，该柱里为木头，外表用铁皮包裹，与中山舰历史照片上显示的位置一致，圆柱上方有 4 个呈"二"字形的扶手梯，梯旁有一破损洞，内部有较多泥沙，像弹孔。驾驶舱的后部舷边有一长方形舷梯口，高约 1.2、宽约 0.5 米。

（3）后部

后部甲板表层为木板，厚约 2.5 厘米，木板下为钢甲板。在靠近上层建筑处有 2 个对称的双抛物线形的系缆柱。后甲板有一个凸出的通风管道口，一个面积约 1 平方米大的舱口，一个面积约 0.7 平方米的洞口，该洞边缘不规则，似切割所致。舰尾呈半圆形，扶手栏杆大多倒下。舰尾右舷舰体明显有 2 处台阶，经潜水员辨认，与历史照片形状完全一致。舱内无明显实物，有少量泥沙，未找到螺旋桨。

（4）主龙骨

主龙骨厚 8 ~ 9 厘米，表面光滑，中部大部分埋没在泥沙之中，推测有一定的腐蚀。

（5）舰体

舰体表面比较光滑，基本无破损，只在右中部有一破损洞。甲板边沿凸出部分厚约 4.5 厘米，舰体钢板厚 2.5 ~ 2.6 厘米。预计腐蚀不很严重。

12. 打捞出水的实物

从后甲板打捞出钢索 1 根；从后甲板舱内打捞出启动变阻器 1 只；从舰首第一个舷窗打捞出舷窗碎玻璃 1 块；从后甲板打捞出长条形、不规则扭曲钢板 1 块；从前甲板边沿打捞出带木螺钉长条形木板 1 块；从后甲板打捞出钢制操纵手杆 1 根；从后甲板打捞出管状扶手部件 1 根；从舰尾右舷侧面的洞孔中打捞出炮弹头 1 枚。

甲方：　　　　　　　　　　　乙方：

辛亥革命武昌起义纪念馆　　　中国人民解放军三八六一八部队

主管单位：　　　　　　　　　主管单位：

湖北省文化厅　　　　　　　　中国人民解放军三八六一八部队

　　　　　　　　　　　　　　一九八八年五月十一日

中山舰钢板强度检验结果

以下结果均取样于主炮维护钢板。

（1）钢材质量

　　试样截面尺寸 11.2 毫米×2.96 毫米

　　最大拉力

　　表面因腐蚀产生的应力集中系数 1.5

　　强度极限　$\sigma b=28.5 \times 1.5=42.75 kg/mm$

（2）每宽 1 厘米的板所能承受的拉力

试样	拉力（kg）	试样
1	830	1.12
2	845	1.24

试样平均值 711kg/cm

以上试验因试样太少（不足三个）、太小，故估计试验误差约 20%。

中国人民解放军海军工程学院

材料力学实验室

一九八八年五月十七日

国营武昌造船厂中心试验室
金 相 试 验 报 告

报告日期：88.7.12

送验单位	辛亥革命纪念馆	车间编号		本室编号	485
试样名称	钢管（中山舰）	材料牌号		Φ20	

金相组织

试验要求：钢管金相组织

试验结果：钢管之基体为铁素体，在铁素体上分布大量的条形和颗粒状夹杂物。

1. 未浸蚀观察：夹杂物大小分布极不均匀，大夹杂物大部分都呈条形与管壁平行，由此可推：此管系冷拉制成形。夹杂物受挤压变成长条形（见图1）。夹杂物分两种颜色，灰色和黑灰色。大部分夹杂物同时具有两种颜色。夹杂物中黑色部分为夹杂物剥落下的空洞（见图1）。

2. 浸蚀后观察：铁素体之晶粒受蚀后出现铁素体的晶粒内有少量孪晶，除铁素体基体上原有的夹杂物外并无其他组织出现。（见图2）

3. 初步分析：a. 此类钢管不具备一般低碳钢的碳化物相（例如一般低碳钢组织为铁素体+少量珠光体。其中珠光体是由铁素体+渗碳体组成的）。所以此钢管应称为塑性较好的钢管。

B. 铁素体上大量夹杂物为早期冶炼条件差造成的。夹杂物的具体类型建议做电子探针探明。

主任　　　　校对　傅叔昆　　　试验员　罗元生

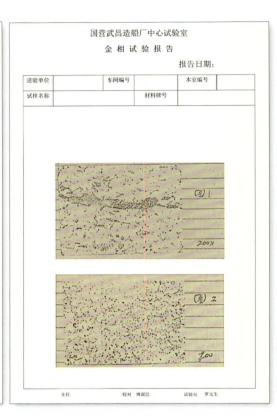

国营武昌造船厂中心试验室
金 相 试 验 报 告

报告日期：

送验单位		车间编号		本室编号	
试样名称		材料牌号			

主任　　　　校对　傅叔昆　　　试验员　罗元生

国营武昌造船厂中心试验室
金 相 试 验 报 告

报告日期：88.7.12

送验单位	辛亥革命纪念馆	车间编号		本室编号	486
试样名称	元钢（中山舰）	材料牌号		Φ32	

金相组织

试验要求：元钢金相组织

试验结果：元钢之基体为铁素体，在铁素体上分布大量夹杂物。

1. 未浸蚀观察：夹杂物大小分布都极不均匀，大小夹杂物悬殊很大（见图1）。夹杂物的硬度明显高于基体（见图2菱形硬度压痕）夹杂分两种颜色，有灰色和黑灰色。大部分夹杂物同时具有两种颜色（见图1.2），夹杂物中的黑色部分为夹杂物剥落留下的空洞（见图2箭头1硬度压痕），有的大块夹杂物与基体已分离（见图2中箭头2）。

2. 浸蚀后观察：铁素体之晶粒受蚀后出现（见图3）。除铁素体基体上原有的夹杂物外并无其他组织出现。

3. 初步分析：a. 此类元钢不具备一般低碳钢的碳化物相（例渗碳体）。此元钢应称为元铁。

B. 铁素体上大量夹杂物为早期冶炼条件差造成的。夹杂物的具体类型建议做电子探针探明。

主任　　　　校对　傅叔昆　　　试验员　罗元生

国营武昌造船厂中心试验室
金 相 试 验 报 告

报告日期：

送验单位		车间编号		本室编号	
试样名称		材料牌号			

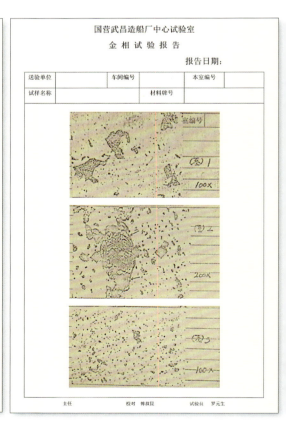

主任　　　　校对　傅叔昆　　　试验员　罗元生

国营武昌造船厂中心试验室
金相试验报告

报告日期：88.7.4

送验单位	辛亥革命纪念馆	车间编号		本室编号	486
试样名称	钢板（中山舰）	材料牌号		原板厚=14m/m	
		金相组织			

试验要求：铁板金相组织

试验结果：铁板组织为细小的铁素体+珠光体

　　　　　晶粒度为7-8级

　　　　　铁素体和珠光体呈带状分布，带状组织级别为3.5级。（见图1）

　　　　　钢板厚度方向的中部，铁素体带较宽，在铁素体带中部有较多硫化物（见图2）。

　　　　　按其金相组织估计此钢为：有明显轧制痕迹的低碳钢。

主任　　　　校对　傅叔昆　　　　试验员　罗元生

国营武昌造船厂中心试验室
金相试验报告

报告日期：

送验单位	辛亥革命纪念馆	车间编号		本室编号	486
试样名称	钢板（中山舰）	材料牌号		原板厚=14m/m	
		金相组织			

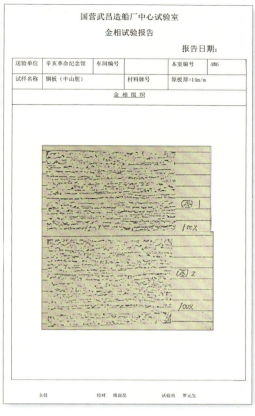

主任　　　　校对　傅叔昆　　　　试验员　罗元生

国营武昌造船厂中心试验室
金相试验报告

报告日期：88.7.2

送验单位	辛亥革命纪念馆	车间编号		本室编号	486
试样名称	螺钉	材料牌号		?	
		金相组织			

试验要求：金相组织

试验结果：均匀分布的铁素体+珠光体

　　　　　晶粒度为8级（yB 27-77）

　　　　　按其组织估计该钢为低碳钢

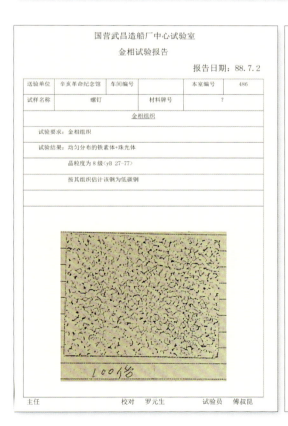

主任　　　　校对　罗元生　　　　试验员　傅叔昆

国营武昌造船厂中心试验室
金相试验报告

报告日期：88.7.4

送验单位	辛亥革命纪念馆	车间编号		本室编号	187
试样名称	钢板（中山舰）	材料牌号		原板厚=5m/m	
		金相组织			

试验要求：钢板金相组织

试验结果：钢板组织为铁素体+珠光体、晶粒粗细不均，部分为3~4级，部分为5-6

　　　　　级。其中片状铁素体沿晶析出、并从晶界排伸向晶粒内部（见下图）。

　　　　　按其金相组织，此钢板估计为低碳钢。

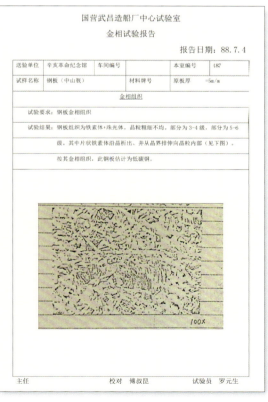

主任　　　　校对　傅叔昆　　　　试验员　罗元生

国营武昌造船厂理化室

试验报告

送验单位：辛亥革命纪念馆

报告日期：88.7.12

名称规格	原样编号	本室编号	屈伏点 Kg/mm	极限强度 Kg/mm	延伸率 %	C %	S %	Si %	Mn %	P %
圆钢 Φ32		484				0.042	0.028	0.127	0.096	0.260
钢管 Φ20		485				0.024	0.022	0.147	0.017	0.342
钢板 厚14		186				0.148	0.056	0.047	0.511	0.0787
钢板 薄5		487				0.155	0.050	0.035	0.548	0.0729
螺钉	488					0.125	0.051	0.176	0.548	0.0692
说明										

根据海军、舰队、基地三级机关的指示精神，我部派出潜水作业队于一九九四年三月二十五日至一九九四年四月七日，历时 14 天，工作日 11 天，下潜 45 人次，计 48 小时 1 分，对沉没于长江（武汉金口水域内大军山脚下）的难船进行了沉船调查，现将调查情况报告如下。

一、舰名判断

根据所提供资料，中山舰尾部有"中山"二字。我部潜水员安树余在 4 月 3 日潜水作业中于 16：21 时，在舰尾处摸到"中山"二字。字位于尾部右舷，"山"距尾部约 1 米，距后甲板约 0.5 米。"中"在"山"字右边，系镶入，未能取下。后由潜水员李树成核实，确系"中山"二字。

二、作业期间沉船处水深、流速及水中视距

（1）水深：20 米。
（2）水流速度：流速在 1.6 ~ 1.8 节，最大时流速达 2.01 节（秒表测取）。
（3）水中视距为零。

三、沉船主尺度

（1）长度：69.4 米（潜水员沿首尾端右舷实测的尺度）。
（2）宽度：8.9 米。
（3）型深：5.5 米。

四、沉船水中状态

沉船坐沉江底，首向东北，尾顶流，横倾约 80°，纵倾约 10°。

五、沉船处底质

沉船处底质为礁盘底，表层为少量泥沙。

六、淤泥分布情况

1. 舱外淤泥

首部：首端悬空，首双系柱下高约 4.9 米处贯通，艏楼下左舷边离江底约 0.4 米，不贯通。

中部：自艏楼后部起，泥沙淤积至甲板左舷侧处。机舱中前部处淤泥至机舱盖左下侧，最高约 2.5 米。

尾部：艉楼左舷前沿处接触泥面。艉楼中部左舷处离泥面约 0.3 米。尾甲板双系柱下船体悬空，高约 1.5 米。

2. 舱内淤泥

首部：前甲板一无人孔盖舱室能触及淤泥，淤至舱口下端。

中部：机舱内淤泥约 4 米，部分管系能触及。

尾部：尾楼左舷处破洞能触及淤泥。尾甲板左舷下方破洞内有淤泥，淤泥里有炮弹（数量不清）。

其余舱室因舰横倾严重，潜水员无法进入，淤泥分布不详。

七、主要装置及分布

1. 艏、艉楼

艏楼：艏楼距舰首约 14.57 米，下部距舷边约 1.45 米，总高约 3.9 米（包括 0.5 米桅杆），艏楼呈二阶式，前高后低（差约 1 米）、左右舷上宽下窄（上部比下部宽约 1.2 米）。

艉楼：艉楼距舰尾约 10.5 米，长约 9.4 米，高约 2.2 米。艉楼两侧有舷窗，艉楼尾部左侧有二约 1.8 米 ×0.7 米和 1.1 米 ×0.5 米舱门。艉楼前中部有一 1.8 米 ×0.7 米舱门（关）。

2. 甲板

（1）前甲板为二阶式甲板。艏楼前 1 米处呈 "C" 形，艏楼四周为木质地板，前半部分为铜质甲板，且低 0.4 米。

（2）艉楼甲板（二层甲板）为木质甲板。

（3）艉甲板为钢质甲板。

3. 甲板装置

（1）距舰首 3 米处有 2 个锚链孔。

（2）距舰首 5 米处有一对称布设的无档双系柱，间距约 3.9 米，系柱直径约 0.2 米，高约 0.4 米。

（3）艏楼前约 2 米处有对称布设无档双系柱，尺寸同上。

（4）艏楼前约 2.2 米处有一炮座（余高 0.3 ～ 0.5 米）参差不齐，直径约 2 米。

（5）炮座前约 1.3 米处有一纵向无盖人孔，1.2 米×0.7 米，高约 0.2 米。

（6）距舰首 4.5 米、距舷边 1.5 米处有 2 只绞盘，高约 0.5 米，上端直径约 0.4 米。

（7）距艏楼后部 0.2 米、距右舷 2 米处有一直径约 0.3、高约 1 米的圆孔。

（8）距指挥台（艏楼）后部约 1.5 米处有一横向对称布设双系柱（尺寸同上）。

（9）机舱上部前端距右舷约 2 米处有一纵向无盖舱孔，长约 3.5、宽约 2、高约 0.1 米。

（10）前机舱盖距左右舷约 2.5 米，高约 2 米，上有 6 个通气窗，左右舷侧有圆形通气窗，前端顶部有一缆车架，舱盖上有围栏。

（11）右舷侧一吊艇架倒卧于机舱前盖上。

（12）后机舱盖较为完整，首尾向左右舷有四个机舱门。

（13）距艉楼前端 1.3 米处一对称布设纵向双系柱，尺寸同上。

（14）距尾 9.5 米处有双系柱，尺寸同上。

（15）距尾 0.5 米处，船中线上，有一纵向 1.1 米 ×0.6 米无盖舱口。

（16）距尾 0.8 米处有一左右对称布设的开口导缆孔。

4. 其他装置

尾轴：右尾轴已摸到，长约 5 米，美人架断裂，无螺旋桨；左尾轴摸到，但是否有螺旋桨，因渔网、树根等难以清理未能探明。

八、破损情况

（1）首部：首甲板距艏楼约 2.5 米、右舷 1.8 米处有一上翻钢板，部分连接，最大处有 1.3 米的缝。

（2）中部：机舱上部，距指挥台后端约 8 米、艉楼前段约 6.3 米，有一 9.5 米×8.5 米的破洞。右舷处距艉楼前沿约 9 米处有一内凹破洞，距舷边 0.2 米，破口总长约 4 米。

（3）距艉楼 11 米处有一"F"形洞，最长处 4 米余，洞口最宽处约 0.8 米。

（4）艉楼上部右舷侧 0.5 ～ 0.6 米，长约 4 米"△"形洞，破洞最大宽约 1.8 米。

（5）艉楼中部有约 8 米长、中间不连贯的 2 个破口，最宽处约 0.4 米。

（6）左侧距舷边约 1 米处，长约 3.5 米、中间不连贯的 2 个破口，最宽处约 0.25 米。

（7）右舷艉楼中部和后部有 3 个洞口，最大处尺寸约 0.25、0.15、0.12 米。

（8）距尾约3.5米、右舷0.5米处的尾甲板上有一"△"形洞，最宽处约1.8米。

（9）左舷尾部水线下一破洞最宽处约为1.7米。

（10）尾部，推进器轴根部有4个约0.15米宽的破洞。

中国人民解放军三七二〇六部队潜水作业队

队长：周文刚

一九九四年四月十五日

附录九

中山舰打捞方案可行性专家论证会会议纪要

中山舰打捞方案可行性专家论证会会议纪要

经湖北省人民政府批准，湖北省文化厅于1995年1月10日至11日在武昌复兴饭店召开"中山舰打捞方案可行性专家论证会"。出席会议的有打捞、造船、文物等22个单位29名专家（名单见附件）。在听取了海军37206部队潜水作业队的沉船探摸调查报告、中国长江航运集团重庆救助打捞公司和华中航运集团水下工程公司的两个打捞方案介绍后，进行了热烈而又认真的讨论。韩南鹏副省长出席了会议，认真听取了专家的意见。

通过两天的讨论，得出一致意见如下：

一、考虑到中山舰是近代史上有重要地位的革命文物，根据文物保护基本原则，应采取整体打捞。结合探摸情况，分析对比了几种打捞方案后，按设备现实情况，认为采用双驳双抬撬法在技术上是可行的。能使舰体在打捞过程中受力较易均匀，对保护文物有利。

二、中山舰的打捞不同于一般沉船打捞，为达到中山舰整体安全出水的目的，认为在技术上：

1、要进一步深入调查，搜集必要的资料，包括搜集船舶原始资料和进一步的沉船探摸；

2、要针对船体受损情况制订切实有效的加强措施；

3、要按照河床土质，针对左舷座底的情况研究穿千斤

的作业；

在上述工作基础上施工单位应制订出打捞技术设计和施工组织设计，包括必要的计算。

与会专家还认为中山舰打捞是一件有意义的大事，也是湖北省对文物保护的贡献，一致建议：

1、将打捞与保护、陈列结合在一起考虑，要同时研讨保护与陈列方案，制订保护措施；

2、要加强和国内外有关方面联系，群策群力，共同办成这件大事。

专家们祝愿中山舰早日出水，在长眠半个世纪后，恢复英姿，屹立于辛亥首义之城。

专家组组长　李建球
副组长　张智魁
邓光泉
翟长俭
蔡学昌

一九九五年元月十一日

中山舰打捞方案可行性论证会专家名单

1995年元月11日

姓　名	单　位	职　称（职务）	签　名	
李建球	中国船舶工业总公司七院第七〇一研究所	研究员组高　工		专家组组长
张智魁	海洋水下工程科学院	高　工		专家组副组长
邓光泉	海军司令部航保部	部　长		专家组副组长
翟长俭	武汉交通科技大学	教　授		专家组副组长
蔡学昌	中国文物保护协会	研究员		专家组副组长
崔为耀	〃	高　工		
刘富友	〃	处　长		
周文明	海军37206部队	潜水业务		
丁原义	北海舰队司令部航保处	参　谋		
赵荣志	交通部救捞局	高　工		
章荣军	〃	工程师		
曹文浩	上海救捞局	高　工		
张祖根	华中理工大学	教　授		
张耀诚	〃	副教授		
刘祖源	〃	副教授		
邵虎	海军工程学院205室	副主任		
李光辉	中国长江航运集团重庆救助打捞公司	工程师经理		
陈华湘	〃	工程师副经理		

中山舰打捞方案可行性论证会专家名单

1995年元月11日

姓　名	单　位	职　称（职务）	签　名	
徐荣华	华中航运集团水下工程公司	工程师		
陆寿麟	故宫博物院	研究员		
胡骏	中国文物保护研究所	研究员		
周宝中	中国历史博物馆水下考古研究室	研究员		
张威	〃	副研究员		
杨林	国家文物局文物二处	副处长		
孙启康	湖北省文物管理委员会	研究员		
陈中行	湖北省博物馆	研究员		
蒋正海	湖北省港航监督局	高　工		
鲁木华	长江航道局	副处长		
蒋威	机械部武汉材料保护研究所	高　工		

中山舰勘测报告

沉船名称：中山舰。

沉船时间：1938 年 10 月 24 日。

沉船地点：金口水道、龙床矶上，距武汉 27.2 千米，沉船距南岸水沫线 300 米，距北岸约 600 米。

工作单位：重庆长江救助打捞公司。

工作时间：1995 年 3 月 15 日至 1995 年 3 月 23 日，历时 9 天。

工作内容：对沉船中山舰进行河床底质、舱室淤沙、破损情况、船体强度、钢板锈蚀程度及沉船的取物取样、水下摄像等勘测活动。

我们于 1995 年 3 月 8 日由重庆派勘察小分队随工程舰长轮 1069 赴武汉金口水域对沉船中山舰进行打捞前水下勘测。3 月 14 日进场定位，3 月 15 日开展作业，3 月 23 日结束，历时 9 天，潜水人员作业 42 人次，水下作业 60 小时。沉船水域水深 20 米。

水流速度：0.8 ～ 1.1 米 / 秒。

1. 船型尺度

船长：62.5 米。型宽：8.9 米。船首型深：6.8 米。中后段：4.8 米。

采用对沉船首至尾设 7 个系结点，系结点的钢缆与工程驳对应系揽桩相结，用绞盘抽紧垂直，测量其间距如下。

舰尾距尾导缆钳 0.8 米，距尾双系柱 7.8 米，距楼双系柱 10.5 米，距艏楼横过首双系柱 21.4 米，距艏楼前双系柱 8 米，距炮座附近双系柱 7 米，距舰首 5 米。

2. 沉舰水下坐卧情况

（1）沉舰水下坐卧姿态

沉舰尾顶流，首向下游方向，向左侧倾约 80°，舰首纵倾 3° ～ 4°，沉舰首尾线与水流呈 15° ～ 20° 夹角，即：首东北、尾西南。

（2）沉舰左舷与河床接触情况

沉舰艏楼前双系柱缆桩处与河床平坦礁板接触，向前约 0.8 米有空位。

舰尾双系柱前约 1 米处左舱与河床石礁接触，向上游方向（即：舰尾方向）约 0.6 米有空位。

舰体中部约 36 米均与河床平坦礁板接触，其上有积沙 2 ～ 3 米厚。

艏楼顶部钢板上覆盖有木板，有不规则破口 4 ～ 5 处，最大破口约 2.8 米，宽约 0.4 米，顶部钢板约 4 厘米厚，潜水员徐刚从破口处向舱内摸索有少量积沙，并取紫铜管一段，右舷探及有舷窗门，其直径约 300 厘米，其中一个破玻璃打碎。

机舱前 3 米处上部甲板被人为拆除，其长度约 10 米至前锅炉舱，主板口处沿口比较整齐，有加强沿口，沿口处距右舷边约 1.8 米，右舷主甲板过道约 1.5 米，右舷墙高 1.3 米，舷墙顶部嵌有木质扶杆约 12 厘米。舷墙设波门 2 扇，尾部一扇已被取出（潜水员陈方勇探摸到，潜水员唐小平水下锯断吊出）。

艏楼约 5 米长，上宽下窄，艏楼舱室约 5 米 ×5 米，顶部有残存铁质栏杆，潜水员陈自为在艏楼顶部取出通风筒顶盖一个，盖上有铜牌标志，用钢字打的"前舱面 NO.13"字样清晰可见。

距艏楼前约 2 米处，潜水员徐刚发现有破旧处一处，洞直径约 1.8 米，该处舰体右舷有破损长约 1 米、宽 3 厘米。潜水员并在此处舱内取出铁质水管一段。

舰体中部右舷有"F"形破口 1 处，长约 2、宽约 1 米，破损钢板间错位约 50厘米。

3. 沉舰淤沙情况

沉舰左舷中部淤沙 2 ~ 3 米，破损舱处向船底方向进伸 20° ~ 30° 淤沙度，沙质较硬。

艏楼处舱室淤沙约 3.5 米。

机舱淤沙约 4 米。

尾处舱口小，无法进舱探摸。

4. 沉舰取样情况

（1）在沉舰距艏楼处取右舷顶板 1 块，厚约 6 厘米，钢质锈蚀不严重，铆钉基本完好。

（2）在距艏楼 2 米处破旧舱室内取横隔板 1 块，钢板厚约 3 厘米，材质、铆钉均完好。

（3）在舰中右舷"F"形破口处取舰船壳板 1 块，厚约 10 厘米，锈蚀不严重，铆钉基本完好，其硬度基本与中碳钢锯条相同。

（4）在沉舰中部左舷取水样、积沙样各 1 瓶。

（5）在驾驶舱，潜水员罗小荣取出皮带 1 根。

5. 沉舰水下摄像情况

（1）潜水员彭石才对沉舰尾右舷导缆钳附近进行水下摄像，银屏上图像清晰可辨"中山"二字，"中山"二字均用铜板制成，用钢质埋头钉固定在舷达，字约28 厘米见方。

（2）潜水员陈自为对沉舰艏楼处左舷进行水下摄像，沉舰船壳附长着水下寄生物，大破口处口沿比较整齐。

6. 结论

根据此次对中山舰打捞前的勘测，综合资料得出：中山舰甲板光滑，船体锈蚀、破损不太严重，舱室结构完整，整体结构性较强，可以实施整体性打捞。但打捞时必须先除去舱室积沙淤泥，减轻沉舰水下重量，以保障整体打捞安全。

重庆长江救助打捞公司
一九九五年三月二十五日

"中山舰"整体打捞工程

施工方案

中国长江航运集团公司
重庆长江轮船公司
重庆长江救助打捞公司

一九九五年七月十八日

为确保"中山舰"整体打捞出水工程的顺利实施，我们根据今年3月8日至3月23日探摸"中山舰"所获得的资料和数据，结合有关单位提供的宝贵资料，在专家组的指导下，我们反复论证研究，特制定出以下施工方案。

一、指导思想：
准确定位，密布千斤，仔细打沙，精心扶正，谨慎施绞，整体出水。

二、打捞目的：
将"中山舰"一次性整体打捞出水。

三、打捞时间：
整体打捞工程总时间为100天。

四、打捞手段：
双驳配重上架硬抬法（抬撬法）。

五、沉舰主要资料：
1、沉舰名称："中山舰"
2、建造日期：1910年
3、建造厂：日本三菱重工
4、舰长：62.50米
5、舰宽：8.90米
6、型深：5.00米
7、吃水：2.40米
8、排水量：780立方米
9、主机功率：675Hp×2（往复式蒸汽机）
10、锅炉：两台（一台已被拆出）

1

11、沉舰水域：距汉口27.20km龙船矶上，距南岸300米
12、沉舰水下坐卧势态：尾对流，首东北，左侧倾80度
13、河床底质：沙、礁板
14、水流速度：1米/秒
15、舰体钢板：9mm
16、舰体钢板取样金相测试数据：
A、与成分及抗拉强度相近的钢板比较：

材料	% C	Si	Mn	P	S
"中山"舰板	0.38	0.116	0.85	0.018	0.027
船板(3C、4C)	0.22	0.12/0.35	>0.50	<0.04	<0.05
35#结构钢板	0.32/0.44	0.17/0.37	0.8/0.9	<0.03	<0.035

材料	δ_s MPa	δ_b MPa	δ %	ψ %	备注
"中山"舰板	478	614	28	60	3#样
船板(3C、4C)	235	410~510	23	/	GB712-85
35#结构钢板	/	530	20	/	GB711-78

B、初步结论：

〔中山〕舰建造于本世纪初，采用铆接方法造船，本世纪三十年代以后多采用焊接方法造船，所以所用船体材料已大不相同。

依照沉船建造的需要及我国资源状况，目前国内舰船已按其强度等级要求选择已成系列供应的船板，它们多是低碳合金钢。

2

根据本次对〔中山〕舰切割样片的化学成份，机械性能和金相分析的结果，该样板为中碳结构钢板。

17、沉舰水中自重分析：

序次	名称	占排水量	实际重量	序次	名称	占轮机重	实际重量
1	舰体	50%	390t	6	锅炉	30%	31.2t
2	轮机	15%	107t	7	烟囱	8%	8.42t
3	舾装	8%	48.8t	8	辅机	5%	5.35t
4	武备	6%	48.8t	9	主机	30%	31.2t
5	可载量	23%	179.4t	10	轴系	7%	7.49t
				11	推进器	2%	2.14t
				12	花铁板棚搁备件	7%	7.49t
				13	锅炉及管系中水	13%	13.91t
总计			780t	总计			107t

18、沉舰水中自重：513吨
(1+3+6/2+8+9+10+11/2+12+13/2)项=513吨
19、沉舰积沙量：约500m³
20、沉舰空气中总重量：
513+(500×2.4)=1713（吨）
21、沉舰水中总重量：
513+(500×1.4)=1213（吨）

六、打捞方式：
双驳抬撬整体打捞（附图1，双驳抬撬布置图）

1、抬撬计算：

3

(左上)

1500吨级驳：长 L＝75（米）

宽 B＝13.5（米）

型深 H＝3.5（米）

吃水 T＝0.6（米）

方型系数 δ＝0.8

外加力 F_1＝5880KN　F_2＝1960KN

外加力距 M_{F_1}＝100×1/2×10.5＝10290（KN.M）

未加外力力距时：正浮

排水量：$\triangle$＝r.L'.B.T.δ

＝1×56.25×13.5×0.8×0.7

＝425.25立方米

水线面自身惯矩 I＝1/12LB³

＝56.25×13.5³/12

＝11533M⁴

稳心半径 ρ＝I/V＝I/$\triangle$

＝11533/425.25

＝27.12（米）

浮心距基线高 Z_c＝T/2

＝0.6/2

＝0.3（米）

重心距基线高 Z_g＝H/2

＝3.5/2

＝1.75（米）

GM＝ρ＋Z_c－Z_g

＝27.12＋0.3－1.75

(右上)

＝25.67（米）

加外力 F＝F_1＋F_2　M_F＝10290（KN.M）

假定将F加在中心位置

排水量　$\triangle'$＝$\triangle$＋F

＝$\triangle$＋F_1＋F_2

＝425.25＋600＋200

＝1225.25（立方米）

吃水　T'＝T＋F/S

＝0.6＋800/75×13.5

＝1.39（米）

稳心半径 ρ'＝I/（W＋F）

＝11533/（425.25＋800）

＝9.41（米）

浮心高度 ZC'＝T'/2

＝0.7（米）

重心高度 Zg'＝$\dfrac{\triangle H/2＋FH}{\triangle'}$

＝$\dfrac{425.25×3.5/2＋800×3.5}{1225.25}$

＝2.89（米）

GM'＝ρ'＋ZC'－Zg'

＝9.41＋0.7－2.89

＝7.22（米）

5

(左下)

由于θ很小

所以 MF＝$\triangle'$GM'Sinθ

1/2B（F_1－F_2）－F×10.5/2＝1225.25×7.22Sinθ

1/2×13.5×400－200×10.5/2＝1225.25×7.22Sinθ

200×13.5－1050＝1225.25×7.22Sinθ

Sinθ＝0.09

θ＝arcSin0.09

＝5.2°

2、抬驳配备：

(1)主抬驳：1500吨级千甲驳两艘

(2)配重驳：1000吨级千甲驳两艘

抬驳总排水量：5000立方米＞1213立方米沉舰水中总量

3、抬绞力配备：

(1)10吨级船用双速卷扬机10台，配100吨级4~5滑车组。滑车组拉力F为：

F＝$\dfrac{MP}{1＋N/20}$

＝$\dfrac{10×10}{1＋9/20}$

＝70（吨）≈686（KN）

式中：

F：滑轮组拉力（KN）

P：滑轮组单头绞力（KN）

M：动滑车上缆索数

N：滑轮组的滑轮总数

10吨级总抬绞力：70×10＝700（吨）＝6860（KN）

8

(右下)

(2)5吨级船用双速卷扬机24台配50吨级4~5滑车组，滑轮组拉力F为：

F＝$\dfrac{MP}{1＋N/20}$

＝$\dfrac{10×5}{1＋9/20}$

＝35（吨）≈343（KN）

5吨级总抬绞力：35×24＝840（吨）＝8232（KN）

总抬绞力：

700＋840＝1540（吨）＞1213（吨）沉舰水中总重量（经除沙作业后，沉舰水中总重量可至1000至800吨）。

4、抬船千斤，滑车组走绳配备：

(1)抬船千斤：

A、100吨级滑轮组配直径72mm抬船千斤5吨，备用千斤两根，每根千斤的破断力为：

U＝45d²（KN）

＝45×72×72

＝233280（KN）

≈237（吨）

B、50吨级滑轮组配直径48mm抬船千斤12根，备用千斤5根，每根千斤的破断力为：

U＝45d²（KN）

＝45×48×48

＝103680（KN）

≈106（吨）

抬船千斤总破断力：257×5＋106×12＝2457（吨）

7

抬船千斤总破断力：2457（吨）＞1213（吨）沉船水中总重量。

（2）滑车组走绳：

A、100吨级滑车配直径26mm走绳，破断力为33吨（323.4KN）

B、50吨级滑车配直径24mm走绳，破断力为28吨（274.4KM）

5、其他索具及缆桩：

（1）其他索具：

定滑车与缆桩的绑扎索具、主抬驳与配重驳的绑扎索具的抗拉强度均应大于抬船总重量的要求。

（2）缆桩：

各主抬驳与配重驳的受力缆桩的抗拉强度均应大于抬船总重量的要求。

七、"中山舰"施工作业人员组织安排：

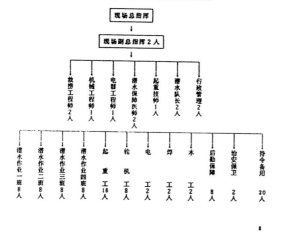

八、系泊设备：

1、沉舰水中迎流面积及流压推力：

BH＝8.9×7

＝62.3（平方米）＋首楼迎水面积7.7平方米。即迎流面积为70平方米

Q＝0.06V²×A（吨）

沉舰水中流压推力Q为：

Q＝0.06×（1米/秒）²×70

＝4.2（吨）

＝41.16（KN）

2、打捞船队浸水面积及流压推力：

（1）主抬驳的主要尺度：

船长：75米、　型宽：13.5米、　型深：3.5米

方型系数：0.8

（2）配重驳主要尺度：

船长：75米、型度：10.5米、型深：3.5米

方型系数：0.8

（3）主抬驳浸水面积：

2.4米×13.5米＝32.4平方米

（4）配重驳浸水面积：

0.8米×10.5米＝16平方米

（5）其他船驳浸水面积：48平方米

总浸水面积：32.4＋16＋48＝96.4平方米

流压推力：0.06×（1米/秒）²×96.4

＝5.8（吨）

＝56.84（KN）

流压总推力：4.2＋5.8

＝10（吨）

＝98（KN）

3、锚设备：

（1）主领水内开锚：

锚重2.5吨

锚链直径37mm6节，直径37mm锚缆3节

系留力：2.5×3＋（0.75×75×29Kg）

＝7.5＋1.6

＝91（吨）

＝89.18（KN）

（2）领水锚：

锚重1吨两只

锚链直径31mm各3节

系留力：2×3＋（0.75×30×20Kg×2）

＝6＋0.9

＝6.9（吨）

＝67.62（KN）

总系留力：9.1＋6.9

＝16（吨）

＝156.8（KN）

总系留力16（吨）＞总流压推力10（吨）

（3）尾内、外开锚各一只

（附图2,工场布置图）

九、打捞作业步骤：

1、进场定位：

（1）作业时间：12天

（2）作业内容：

A、布局好打捞现场，各船驳、定位锚、工具器材到位。

B、派潜水员对中山舰水下情况再次进行施工前复查。

C、清除舰体四周障碍物（如渔网、树根等有碍施工作业的其他沉物）。

D、穿套好沉舰尾三根抬船千斤，沉舰首三根抬船千斤。六道千斤与两抬驳滑车组、卷扬机连接妥当，使千斤稍受力，使两舷抬驳分档定位。

（3）作业目的：为下步的打沙、穿千斤等打捞作业创造条件，做好一切准备工作。

2、打沙作业、穿套千斤：

（1）作业时间：40天

（2）作业内容：清除沉舰四周及舰体各可进舱内积沙，穿套好混凝土35米摊单处抬船千斤11根。

①打沙作业：

A、甲0208驳配9m³空压机一台，Φ250气升式吸泥管一具

B、甲0220驳配12m³空机一台，Φ250气升式吸泥管一具

C、两工程收从沉舰尾3﹟千斤处分左、右两舷打沉舰两舷处积沙，作业面积：向舰艏方向位移3～5米，向外沿方向伸延2～3米，待积沙基本打走，用高压水枪冲沉舰搁坐处，若发现空隙即相机引渡抬船千斤。

D、由上游方向循序渐进地向下游方向打到沉舰首15﹟千斤处，待两舷积沙消除后，两具吸沙管集中清除沉舰艏部机炉舱内积沙。此时吸沙管出水端应装过滤器，防止舰内物体陌泥水流失。

E、待艏部舱室清除妥后，庶即分前、后清除首、尾可进舱室积沙，力争沉舰水中重量在1000吨～800吨。

②穿套抬船千斤：

沉舰纵向基本强度：

舰长L=62.5米　　抬浮力F=11887.4(KN)

排水量△=780立方米

型深H=5m

材质屈服强度 $\sigma s=478MPa$

凝总体弯曲许用应力[σ 1]

跨半截面许用应力[σ 1+ σ 2]

应板架处许用应力[σ 2]

[σ 1]=0.5 σ s

[σ 1+ σ 2]=0.655 σ s

[σ 2]=[σ 1+ σ 2]-[σ 2]

=0.655 σ s-0.5 σ 2

=0.155 σ s

=71.7 MPa

舰体横面模数：　　　W

福斯特经验公式　　W=2CTD²

式中：　C—常数在70～90之间，此处取80；

　　　　D—型深m　取5m

　　　　T—外板平均厚度mm 取8mm

代入公式得：

W=2×80×8×5²

=32000

航行中最大弯矩M1

M1=g△l/c　(KN.m)

式中：　g—重心高度系数，　取0.6

　　　　c—最大弯矩系数，　取20

　　　　△—排水量，　　　取780立方米

　　　　l—两垂线间长，　　取62m

代入上式：

$$M1=0.6×\frac{780×62}{20}$$

=1450(KN.m)

抬浮力矩：M2

假设17根钢缆均布在舰纵间，每钢缆拉力：

F=1213/17

=71(吨)

=695.8(KN)

由于力是均布，所以力矩则是线性变化的。

所以合力矩：

M2=71×1/6×L/2+71×2/6×L/2…+71×6/6×L/2

=71(1/6+2/6+…6/6)×L/2

=71×21/6×62/2

=7703.5(吨.米)

=75494(KN.m)

其合力矩：

M=M1+M2

=1450+75479

=76944(KN.m)

舰体所产生的弯曲应力 σ ：

σ =1000M/W

=1000×76944/32000

=2405 N/CM²

=24.05 MPa<[σ 2]=71.7MPa

破口加强措施：

(附图3，沉舰破口加强图)

关于中山舰前烟囱破口(8×9)平方米船体加固方案

(详见后附件)

穿套千斤作业：

因沉舰水域流速大，搁坐处有些地方系礁板，用攻泥器无法进行作业。而目前有关单位研制的火箭式攻泥器和气动式攻泥器都因存在一些问题而尚未推广使用，针对沉舰强度，故只能用传统的穿套千斤法。

A、先用竹竿在预定的千斤位置处试探性左右插，若竹竿插过，即引渡小绳，以小换大往复引渡千斤。

B、首、尾已布妥抬船千斤，可利用在首或尾端套入千斤略抬一端，抬举高度控制在0.5～0.3米，将沉舰一端抬起一缝隙，以套入千斤，然后增加抬力于刚套入的千斤，反复循序渐进再套入新的千斤，这样连续依次套入，使千斤归位。则沉舰不会因受力巨大弯曲应力而损坏变形。

作业目的：

布妥抬船千斤，力争沉舰水中重量在1000吨～800吨，为扶正舰身创造条件。

3、扶正作业：

(1)作业时间：15天

(2)作业内容：扶正沉舰。

扶正作业：

根据杠杆原理，扶正沉舰的条件必须满足：

扶正力矩大于沉舰倾侧力矩

即：$FLF > WLW$

式中：

　　F：抬扶合力（KN）

　　LF：抬扶力力臂长（米）

　　W：沉舰水中总重量（吨）

　　LW：沉舰水中总重量力臂（米）

而：

　　LF＝型深×$COS10°$

　　　　＝$5×COS10°$

　　　　＝4.92（米）

W分为沉舰水中重量＝513吨和积沙重量（水中）

　　　　　　500×1.4＝700（吨）

即：

　　W_1＝513（吨）

　　W_2＝700（吨）

LW分为LG_1和LG_2

　　LG_1＝$2.5×COS10°－(4.45×Sin10°)$

　　　　≈1.69（米）

根据直角三角形重心定理可知：

　　LG_2＝$5/3$

　　　　≈1.67（米）

（附图4，扶正作业示意图）

沉舰型宽：8.90米、型深：5米、左倾：约80度

故：WLW＝$W_1LG_1＋W_2LG_2$

　　　　＝$513×1.69＋700×1.67$

　　　　≈2.26（吨.米）

　　　　＝19854.8（KN.m）

根据$FLF > WLW$条件

总抬扶力1640吨，单边抬扶力可达770吨

FLF＝$770×4.92$

　　　＝3788（吨.米）

　　　＝37122.4（KN.m）

故：$3788 > 2026$

即：$FLF > WLW$

由上可知：扶正力矩大于沉舰倾侧力矩，当处舷抬取17台卷扬机单边进绞时，沉舰可以从侧倾80度状态开始启动，倾侧度将逐步减小，随着沉船体倾侧度的减小至60度时，放松内档滑车使沉舰缓缓放平江底达到扶正目的。

（3）、作业目的：

　　将沉舰扶正，检查各抬船千斤，确保抬船安全。

4、抬船作业：

（1）、作业时间：10天。

（2）、作业内容：抬绞沉舰出水。

　　　　抬船作业：

　　　　主抬驳数据：

　　　　L＝75米、B＝13.5米、H＝3.5米、△＝1500立方米

　　　　　$δ$＝0.8 　、Q＝425吨、

　　配重驳数据：

　　　　L＝75米、B＝10.5米、H＝3.5米、△＝1000立方米

　　　　　$δ$＝0.8 　、Q＝329吨

（附图5、抬绞剖面图）

　　待沉船扶正后，各抬船千斤检查无问题，两抬驳检查滑车组、各受力缆桩、主抬驳与配重驳绑扎绳缆等无问题后，各绞绳摩擦部位加润滑油，待指挥长发令后，两抬驳各卷扬机同时进绞。沉舰绞抬高一点，便向南岸浅区选进一点，在整个抬绞过程中沉舰与河床始终保持间距在0.5米左右，缓慢地将沉舰抬绞出水，待沉舰主甲板出水后停绞，配合文物部门清理上层建筑各舱文物、清除积沙，用吸沙管仔细清除水下各舱积沙以求努力减轻沉舰重量。

　　（3）作业目的：将沉舰抬绞至主甲板出水，向南岸浅区送进，配合文物部门，清理上层建筑各舱文物。

十、封舱堵漏作业：

　　1、作业时间：15天。

　　2、作业内容：进一步清除各舱积沙，减轻沉舰自重，将沉舰抬绞至2.40米吃水线，逐舱进行封舱堵漏，配合文物部门清理各舱文物。

　　（1）待各水下舱室积沙进一步仔细清除的基础上，观察两主抬驳内档吃水变化，在沉舰水中重量接近800～700吨时，两抬驳各卷扬机同时进绞，抬绞沉舰至2.40米吃水线。

　　（2）进一步清除沉舰首、尾上甲板各舱室积沙，清沙时注意各舱室内遗物，协助文物部门清理和收集上甲板各舱文物。

　　（3）对沉舰下甲板、舰尾、物料舱、地轴舱、舰舯机炉舱、舰首水兵舱、尖舱、锚链舱，逐舱进行仔细水下除沙作业，待下甲板各舱积沙基本除尽时，对各舱进行封舱堵漏作业。

　　（4）舰舯机炉舱大破口用垫衬软垫的木板用倒钩螺栓进行封补破口，小的破缝则用微孔厚橡皮垫用螺栓配合压板进行封补破缝，舰尾大破口先用软垫木板夹堵后在破口处浇灌厚度为0.4米的混凝土。

　　（5）各舱封堵完毕后，待水泥凝结后，即用各类抽水泵对各舱进行抽水，发现泄漏即采取有效措施，力争沉舰自浮。

　　3、作业目的：力争沉舰自浮。

十一、护送沉船进厂：

　　1、作业时间：5天

　　2、作业内容：收回必要的定位锚，做好沉舰进厂的准备工作。

　　A、待沉舰修理厂确定后，察看厂滑道能否满足沉舰座排要求。若沉舰不能自浮，能否满足双驳抬夹上架的水域。

　　B、若是双驳抬夹上架，待斜船架放入水中能满足沉舰吃水要求时，斜船架首、中线必须是竖立定位标杆。

　　C、当双驳抬夹沉舰抵达船台水域时，以斜船架标杆为参照物，谨慎操作将沉舰坐舱，将斜船架四角定位钢缆系在沉舰左右舷缆桩上，牵引斜船架，待斜船架墩木与沉舰接触时停绞，

双抬驳放松抬船钢缆，能收回则收回。

D、内档抬驳退出斜船架水域，双抬驳驶出斜船架水域，牵引斜船架将沉舰拉至船台修复。

3、作业目的：安全将沉舰护送进厂。

十二、善后工作：

1、作业时间：7天。

2、作业内容：各船驳、工具、器材归还工程驳放妥。

3、作业目的：作好船驳返回基地的一切准备工作。

十三、潜水作业医务保障计划：

由于中山舰的整体打捞工程涉及大量的水下工作，潜水作业是关系到整体打捞中山舰的关键，为保证潜水施工人员的安全和健康，为此，根据我们在长江等流速潜水作业的实践、经验，结合今年3月探摸中山舰期间的水下作业情况，按照此水域的特点，经仔细分析、研究，决定采取水下阶段减压（部分停留减压）和水面加压舱内吸氧减压相结合的潜水作业保障方案。

1、医务设施：

(1)配足三名医生到现场（其中二名是潜水专业主治医师）。

(2)携带一套单门双舱或纯氧呼吸潜水减压舱到现场（供潜水减压和防治减压病）。

2、进入现场之前的准备：

鉴于中山舰沉没水域，风浪大、水流急、气候寒冷，潜水作业复杂、技术要求高，为适应潜水作业的要求及安全，我们积极进行了各项准备工作。

(1)参加施工作业的潜水人员，经过20-30米深度急流潜水训练。力求达到能够解决水下复杂情况作业的潜水技能和良好

20

的身体素质。

(2)适应性加压锻炼，提高潜水员肌体对高压环境的耐受能力，减少高压环境对肌体的不良反应，组织潜水人员反复多次0.3MPa /cm²压力加压锻炼。

(3)为防止潜水员潜水作业后用纯氧减压发生氧中毒，组织未吸过纯氧的潜水员作氧敏感试验，即在0.18MPa /cm²压力下呼吸纯氧30分钟，观察有否胸闷、恶心、头昏等早期氧中毒表现。

(4)贯彻预防为主，防治结合，群防群治的方针。我们把预防潜水疾病及注意事项向潜水人员进行宣传，安排时间给他们讲解潜水医学的基本知识，使他们做到心中有数，遇事不慌，在关键时刻作果断的自救互救。

3、潜水作业时的医务保证工作：

(1)潜水作业前：

A、所有供气系统，加压舱内吸氧装置及潜水设备均要处于备便状态，并准备好急救医疗器材、药品等。

B、潜水员重点体检，包括主诉、脉搏、血压、呼吸频率、体温以及心肺听诊，体检内容填写于潜水日志记录表格内，医生应作出相应结论，并签名，以示负责。

C、潜水作业，平台由潜水医师负责保障，并依据本次潜水作业的具体任务，水下劳动作业强度，水流情况，潜水员技术水平，体质条件，交待水下作业的规定时间以及减压方法等。

D、潜水员下潜后，要有预备潜水员，一旦遇有紧急情况，能够及时下水援救。

E、对潜水员的伙食，按国家规定标准保证供应，以保障潜水员潜水作业中体质不下降，督促潜水员当日不饮酒，不食

21

易产气的食物。

(2)潜水过程中：

A、首先检查潜水员头盔气密性，自潜水员头盔起到离底止，作为潜水水底作业时间，下潜速度率一般以15～30米/分进行，禁止潜水员跳水。

B、下潜过程如潜水员感觉耳痛，即暂停下潜或上升1-2米，做吞咽鼓气动作，待疼痛消失后再继续下潜。

C、潜水员到达水底后，首先向水面发出"到底"的报告，潜水医生应询问潜水员感觉情况，并随时注意供气压力，如果潜水员在水底感觉呼吸困难、头痛出汗等，一般是由于供气不足所致，应加强通风换气。

D、在水底，潜水服内的气体不宜过多，过多增加浮力，易引起放漂，但亦不应过少，过少会增加潜水员的疲劳和压迫感。

E、潜水员在水下工作期间，注意不要划破潜水服；信号绳、软管不要绕缠身，遇事要沉着冷静。

F、潜水员水下作业结束时，于上升前三分钟通知潜水员做好出水准备，并清理好软管、信号绳、沿入水绳上升。

H、上升速度不宜过快，每分钟7～8米，上升过程中不断排出潜水衣内多余气体，禁止潜水员自由漂浮上升，到达第一停留站时，水面人员应通知潜水员停留减压。

I、潜水医生应根据下潜深度、作业性质、劳动强度、水下环境以及身体素质等确定减压方法和制定减压方案。

J、潜水员在减压过程中，潜水应经常询问感觉情况，若出现不适，应根据实际情况修正减压方案，延长减压时间，必要时迅速出水、进行加压处理。

22

K、操舱人员要熟悉加压舱及管路系统的设备、性能、操作方法等，要坚守岗位，精力集中，认真负责，观察舱内潜水员情况，如有不适或出现减压病初期症状时，应及时采取相应措施。

L、出现减压病时，要立即加压治疗，不能延误时间。所施方案应根据潜水深度、水下工作时间、发病部位以及严重程度，采取有效措施。

(3)潜水作业后：

A、潜水员减压出水或出舱后，应再作一次体检，内容同前面所述。

B、洗热水浴。潜水作业期间，洗澡堂内应随时保证有热水洗澡。禁止潜水员用冷水洗澡或冲洗肢体，以便余氮排出。

C、出水后如有任何不适，应及时向潜水医生反映，如确系减压病，应及时加压治疗。

4、整体打捞工作结束后：

1、全体潜水人员作一次全面体检；

2、全体潜水员作一次预防性加压治疗；

3、工作小结，分析问题，整理资料，总结经验教训等。

十四、安全保护措施：

为了防止中山舰在打捞过程中出现变形、断裂等破损性现象，在谨慎施工的同时，边施工边观察，及时准确地发现问题，排除隐患，确保万无一失地将中山舰整体打捞出水，具体措施如下：

1、对全体参加施工打捞的人员进行爱国主义教育，使他们从思想上深刻认识到这是一件光荣的政治任务，把打捞中山舰当成我们的神圣使命，以增强全体现场人员的责任心、责任

23

感，使大家自觉爱护中山舰上的每一寸铁板、每一件文物。

2、制定严格的施工打捞纪律和水下作业纪律，现场治安纪律以及"施工人员须知"等严格的规章制度和安全措施，使打捞中山舰的工作制度化、规范化，要求每一个施工人员特别是潜水人员在施工过程中不得损坏中山舰中的任何一件物品，要求下水作业的潜水人员，情况不明不作业，宁慢勿快，进行保护性的操作。

3、根据多次探摸的资料，鉴于中山舰舯部甲板有9m×8m的一破洞，严重危及打捞中山舰的强度，为防不测，我们对该部位采取加固措施，防止中山舰在扶正舰身和抬浮过程中发生变形及断裂。

4、为应付和解决在打捞过程中，中山舰出现新的问题和潜水人员出现意外情况，我们将组建一支10人左右的应急预备队(由潜水、起重工程技术人员组成)，以便随时投入使用。

5、为加强与各级领导、上级组织的联系，随时预报、通报施工过程中的情况和问题，我们将配备和携带无线电台、单边带、甚高频、高频喊话器等通讯设备，保证信息畅通、上情下达、下情上晓。

6、为维护施工基地的安全，采取封闭式管理和打捞，加强保卫工作(保卫工作的具体办法由省文物处商定)，和安全工作，组建一个治安小组，负责水面嘹望，随时检查系泊缆绳情况，维护内部秩序，严格把关，杜绝外来人员，发现异状及时向现场领导小组汇报。

7、成立打捞现场"指挥"领导小组(以我方为主)，统一领导，指挥和全面开展打捞中山舰的工作。要求参战的各船驳、船长、政委、驾驶员、轮机员、驾长服从领导、听从指挥，率

领全体船员做到令行禁止、坚守岗位、同心同德、协同作战，确保中山舰整体打捞出水。

8、善后工作：

中山舰整体打捞出水后，有大量的工作要进行处理，按常规我们是就地交给甲方，鉴于中山舰是一般历史文物舰，我们有必要协助有关部门处理好善后工作，使中山舰安全到达指定修理厂家。

A、保护现场。中山舰出水后，必然有大量的珍贵的资料和余物，中山舰一旦出水，立即封闭现场，任何人员不得进入该舰，并立即通知有关部门进行处理。

B、清理余物。由于此工作的珍贵性和机密性，我方协助人员听从有关方面安排，随时提供水、电、气及照明设施等人力物力保障。

C、平衡舰体。余物处理完后，为使该舰彻底取得浮力，进一步加强封舱堵漏作业，从上到下清洗舰体，使泥沙，污泥冲洗干净，组织人员对各舱室死角淤沙进行清除，进一步抽干舰内积水，使中山舰获得最大的自浮能力，使舰体处于平衡状态。

D、安全护送。该舰若有自浮能力，我们则以千甲驳一艘与中山舰捆绑于一体，由1940KW拖轮编队及潜水工程技术人员一道护送到指定厂家，若该舰不具备自浮能力，我们则用双千甲驳抬拾(坐轿子)由1940KW拖轮送船厂。

十五、结论：

1、按此方案抬驳绞力能满足沉舰水中总重量的抬撬能力。

2、锚设备的系驻能力能满足沉舰、打捞船队在风流作用

下安全系泊。

3、按作业步骤，100天内按步就班，循序渐进地能安全将沉舰一次性整体打捞出水。

十六、说明：

1、以上计算公式依据于海上救助打捞(大连海运学院出版社)刊物。

2、此施工方案，根据湖北省文化厅提供的资料，我们以往掌握的资料和今年三月勘测探摸资料、数据而判定，若在施工过程中出现新的情况，发现了新问题，我们则按实际相应调整设备、器材、人员等以确保该工程的顺利进行。

一九九五年七月十八日

附录十二

中山舰打捞后修复保护方案

附件5

中山舰打捞后修复保护方案

中山舰是中国近代史上一艘著名的军舰，原名"永丰舰"，1913年由日本三菱公司为清政府建造。1917年曾响应孙中山先生护法号召，参加在上海的起义，南下广州。1922年陈炯明叛变革命，孙中山、宋庆龄突围后，转辗来到永丰舰避难，并指挥平叛斗争五十余日，次年，孙中山先生偕宋庆龄再登舰纪念蒙难一周年，1925年在孙中山先生逝世后被广州革命政府命名为中山舰，以志纪念。1926年蒋介石排挤打击共产党员，制造了中山舰事件。直到抗日战争时期1938年武汉大会战，中山舰在激战中被日机击沉于金口长江水域。中山舰经历了曲折的历程，在我国近代史上有着重要地位。打捞和修复、保护中山舰，还其原貌，重展英姿，对缅怀历史，教育后代，以及祖国的和平统一大业，都有其特殊的意义。

一、中山舰的修复保护原则：

中山舰作为中国近代史上重要的革命文物，对其打捞、修复和保护要遵循国家《文物保护法》规定的"不改变文物原貌"的原则。所谓不改变文物原貌，就是保护文物本身所具有的历史、艺术和科学价值不受损害。对于中山舰来说，其价值主要表现在它的历史价值，反映其在特定的历史条件下与特定的历史人物和历史事件相联系。在与中山舰相关的四大主要政治事件中，最为重要的是中国革命的先行者孙中山先生在陈炯明叛变革命期间避难永丰舰并驻舰指挥平叛。所以对中山舰的打捞、修复和保护应以孙中山永丰舰避难时为主要依据。为此在打捞过程中，要求整体打捞，保存完整的炮舰，在修复和保护中尽量恢复中山避难时的原状和外貌。供人们瞻仰。

二、中山舰打捞修复后的陈列和保存：

中山舰是舰船，离不开水。对舰的保护、陈列和保存也宜在有水的环境之中。但是，如果直接将中山舰安置在江上保存，以金属腐蚀学来看，在保护上要增加难度。首先是金属的水线腐蚀很难克服，长江的水流、水浪冲击会增加船体的破坏，再加上各种污染因素，增加了水中的电解质浓

·1·

度，会增加船体的电化学腐蚀作用。为此建议中山舰的陈列和保存中将船体脱离自然状态长江水的环境，在江边或某个比较宽敞的地方，建一个放置中山舰的船台，在船台四周引入江水，但不直接接触船体，模拟一个船似在水上的环境，再在其周围建馆舍搞史迹及附属文物的陈列。这对船体的保护和陈列开放都比较有利。

三、中山舰的保护处理：

中山舰于1938年沉没江中至今已有五十多年，腐蚀与损坏状况势必十分严重（有待于进一步探摸、检测、调查）。特别在打捞出水后，由于各种环境因素作用，腐蚀速度很可能会加剧。为此为确保中山舰的长期安全保存，一待中山舰出水必须及时作保护处理。水下打捞腐蚀金属的保护处理技术问题，在国内外仅见零星报导，特别是巨型金属文物的保护处理更是少见。对于金属文物的保护不同于一般金属的防腐蚀。要求高、耐腐蚀周期更长，外观的色泽、质感上不能有明显的变化。所以中山舰保护的难度和工程量都相当大。经研究拟采用清洗去锈、缓蚀保护、表面封护综合治理的技术路线进行，具体的研究和实施分以下几步进行。

（一）分析、检测、鉴定以了解中山舰的腐蚀现状及腐蚀机理。

在对中山舰的进一步探摸、探测过程中，或在打捞出水后，在舰上提取典型样品，依据金属的种类及生锈腐蚀状况进行采样、分析、检测、鉴定：

1、金属分析：通过 x 光萤光分析，金相分析了解钢、铁、铸铁、铜及其它典型金属的化学成分，组成及其金相结构。

2、锈层分析：采用X光荧光分析获得金属锈的主要成分，通过 x 光粉末衍射分析方法获得金属锈的化学结构（包括金属盐类的成分，结构及状态）；截取典型金属锈块的横断面进行钝检，了解锈层结构的分布状况，从而进一步探讨其形成机理。

3、参照金口镇的江水成分（查阅有关资料或通过测试分析）了解可能促使金属腐蚀的有害成分，并测定腐蚀金属中 Cl^-，SO_4^{2-}……及其它有害成分和基团的含量。

4、参照大气成分判别其促使金属腐蚀的有害成分，特别是丙浆造成可溶性盐类，并测定其在中山舰金属腐蚀产物中的含有量。

·2·

（二）根据已经取得的中山舰金属分析、检测结果，制作文物保护试验用的文物样品的代用品。有可能的话，金属腐蚀产物也尽量采用代用品作基础试验，以尽量减少从文物上采样的数量。

（三）腐蚀金属的清洗，去锈及有害成分的消除：

1、机械方法：大型破损的腐蚀金属表面可以采用简单的机械，采取喷砂打磨、刷、刮……等方法来清除表面锈层。

2、化学方法：常用的有碱性溶液浸泡，混合溶液提取有害成分或电解、电化学还原等方法，考虑到大型金属文物难于用浸泡方法来处理。拟用淋、刷工艺进行，淋洗液配制带有去锈剂、金属缓蚀剂、有害成分提取材料及表面活性剂的复合溶液。在筛选配方时，进行效果测定和金属腐蚀速度的测定。

（四）金属表面的缓蚀处理：

金属表面的缓蚀、钝化处理方法有很多，有钼酸盐、磷酸盐、草酸盐、铬酸盐……。经初步研究我们准备以磷化钝化技术路线为主进行研究、配方和筛选。研究常温磷化技术，选择适宜的配方和工艺进行磷化处理，要求是基本上不改变金属原有的色泽和质感，并有较高的耐腐蚀性能。

经磷化处理的金属，表面结集晶体可能有裂隙和空隙，有局部腐蚀的可能，一般都要作封闭钝化处理工艺，以提高其耐腐蚀性能。

研究工作中制订耐腐蚀测试方法，进行耐腐蚀测定。进行配方、工艺的筛选，争取有较好的耐腐蚀效果。

（五）表面封护处理：

金属文物表面最后的封护技术处理，实际上是最有效的防腐蚀手段之一，因为它可以隔断所有能造成腐蚀作用的外来因素，没有这些腐蚀因素，腐蚀作用就难以进行。封护材料拟采用耐老化高分子材料，添加防老剂、紫外线吸收剂、金属缓蚀剂等添加剂。原则上应用于文物表面的封护材料，要求不改变文物原有的色泽、质感，而老化产物不伤害原来金属本体，并易于清除不防碍作重新处理。中山舰的复原、保护在最后表面需要施漆、封护材料可以选择适当的聚胺脂为基础的高分子共聚体，添加其它添加剂组成。

四、其它材质文物的保护

·3·

在中山舰打捞出水后，还可能有除金属钢铁以外材质的文物或构件，特别需要在探摸清理过程中弄清，给于妥善的保护。今根据可能发现的情况提出保护处理的初步意见：

（一）木质材料：木质材料在水下已经饱水或糟朽，出水后应潮湿保存，并视情况逐步脱水、干燥、定型、或作加固。

（二）纺织品、纸质类材料：出水后的纺织品、纸质材料要及时清洗、整理，防虫、防霉保存，有重要文献要清理加固。

（三）皮革制品：对于皮革制品要及时清洗、整理、脱水并以羊毛脂为主要成分鞣制保存。

（四）无机质、矿物类材料：无机质、矿物类材料中一般易风化的材料进行清洗、整理，其中已十分脆弱的物件采用树脂减压渗透技术进行加固。对于贵重矿物材料，分成类保存。

中山舰保护课题组
一九九五年三月一日

·4·

中山舰出水后应急保护措施

一、应急措施的必要性

中山舰打捞出水后，需要经较长时间修复处理后才能实施最后的保护措施。在此期间船体因改变了原有的缺氧赋存环境，开始加速腐蚀，原潜摸出水的零散钢铁构件在空气中锈蚀演变情况证实了这一事实。因此十分必要采取应急保护措施，以保证中山舰在全面保护方案实施以前的这段时间内，不致受到损坏。

二、应急措施

1、对出水后无明显锈蚀现象的钢铁构件，及时清洗后涂刷水玻璃（模数2．8）。

2、对出水后有明显锈蚀现象的钢铁构件，及时除锈（可以喷砂或其它人工方法）然后涂刷水玻璃系列药剂。

三、方法的可靠性

1、用此方法已对以前出水的中山舰钢铁构件进行了处理，经过近一年的观察，效果非常理想。

2、所用的保护材料是可逆的，不影响以后长期保护措施的实施。

3、船体出水后在上述应急措施中，未注明"除油"一步。我们认为刚出水的船体上存在油的可能性很小，万一有少量的油，用水玻璃系列也是可以除去的。

4、如果中山舰的修复期过长，第一次刷涂后出现锈蚀迹象，可以再次涂刷。

中山舰保护课题组

附录十三

中山舰打捞、修复保护方案可行性
专家论证会论证意见

《中山舰打捞、修复保护方案可行性专家论证会》

论 证 意 见

（一九九五年八月三十日）

1995年8月29日至30日，受国家文物局委托，对中山舰打捞、修复保护方案可行性进行了论证。会议听取了湖北省文化厅副厅长胡美洲同志介绍湖北省政府自1986年以来筹备打捞修复保护中山舰的工作情况，重庆长江救助打捞公司李光辉经理介绍的《中山舰整体打捞工程施工方案》和中山舰保护课题组陆寿麟研究员介绍的《中山舰打捞后修复保护方案》的说明。经过认真讨论，意见如下：

一、重庆长江救助打捞公司制定的《中山舰整体打捞工程施工方案》是可行的。在打捞中，应严格掌握好清沙、补漏、均匀用力、平衡抬撬起浮等关键环节，排除一切险情，安全施工，确保中山舰安全出水。施工中要特别注意文物安全，建议组织文物保护专家、水下考古专家进行现场指导，并作好科学记录。

二、现代科学技术是可以保护好中山舰的。中山舰保护课题组制订的《中山舰打捞后修复保护方案》提出的除绣、缓蚀、封护、加固等技术措施的思路是合理可取的。建议从现在起就加强前期研究，以便在中山舰出水后及时制订具体的修复保护实施方案。

三、为了使中山舰得到切实的保护，打捞与保护不可分割，所需经费应及时到位。

专家组组长　黄景略

附：中山舰打捞保护方案国家级专家论证会专家签名

中山舰打捞保护方案国家级专家论证会

姓名	单位	职称	签名
黄景略	中国文物研究所	研究员	
王丹华	中国文物研究所	研究员	
谢辰生	国家文物局	原顾问	
柯俊	北京科技大学	教授	
张忠培	故宫博物院	教授	
俞伟超	中国历史博物馆	教授	
严文明	北京大学	教授	
胡继高	中国文物研究所	研究员	
蔡学昌	中国文物保护协会	研究员	
徐毓明	中国文物研究所	研究员	
陆寿麟	故宫博物院	研究员	
周宝中	中国历史博物馆	研究员	
胡骏	中国文物研究所	研究员	
郑广荣	国家文物局	副研究员	
张威	中国历史博物馆	副研究员	

北京
1995.8.30

双驳抬撬　　整体打捞

"中山舰"施工技术设计

程

序

书

重庆长江轮船公司

重庆长江救助打捞公司

一九九六年六月二十八日

前　言

"中山舰"是伟大革命先驱孙中山先生乘坐过并在中国现代史上有着重大影响和有过不寻常经历的一艘炮舰。她有着深远的政治意义和特殊的历史意义。1938年10月24日该舰在武汉抗日保卫战中与日机激战，因尾部中弹沉于武昌金口镇长江水域，至今已有58年了。根据湖北省1995年1月10日《打捞"中山舰"可行性专家论证会》，1995年7月3日，我公司与湖北省文化厅签订的《关于"中山舰"打捞意向书》，1995年8月底国家文物局在北京召开的《打捞保护"中山舰"专题会》的精神以及根据1996年国务院123号批转国家文物局同意湖北省主持打捞"中山舰"的三条意见批文精神，结合我们对"中山舰"两次探摸及收集的有关资料，特制订《双驳抬撬、整体打捞"中山舰"施工设计书》。其项目如下：

1、方案选择；

2、沉舰的主要资料；

3、施工程序实施设计；

4、施工组织设计；

5、理论计算设计。

资料之一

打捞"中山舰"方案的选择

"中山舰"沉没于江底近60个年头，它经历了战争和人为(1958、1960、1964、1966年)的多次创伤，针对这一情况，我们对打捞"中山舰"进行了如下方案的分析、选择：

1、浮筒打捞法：

即是打捞工程中利用打捞浮筒的浮力抬举(浮)沉船的方法。浮筒打捞在我国五十年代中期开始采用，在沉船打捞中已逐步推广运用，并积累了一定经验。但在内河沉船施工作业中，由于浮筒打捞受力点少，受力面积小，它仅在配置足够的抬浮力的多组浮筒周围，且在浮筒充气抬浮时，沉船左右两舷受浮筒抬浮力作用挤压力甚大。而"中山舰"经历战争和人为重创，在江底侧卧58年之久，舰体强度难以满足整体抬浮要求，且浮筒在流水作业中不能妥善归位，摆动幅度大，随时会对舰体形成撞击、挤压，且打捞过程中不能一次出水。因此，浮筒打捞法不适合"中山舰"打捞。

2、浮吊打捞法：

即使用起重吨位较大的浮吊船收绞葫芦钢丝进行起吊的方法。这种方法作用力点少，被捞船体强度要求高。"中山舰"舰体强度不能满足要求。只有采取切割分段起吊打捞，这对"中山舰"来讲分段切割，伤害舰体，不宜文物保护。

3．封舱抽水法：

即将沉船舱口（或洞口）密封后抽出舱内积水使其增加自身浮力的打捞方法。封舱堵漏意在减轻沉船打捞重量，增加其自身浮力。但"中山舰"是受重创沉没的，而后又人为剖割损坏，舰舷窗、人孔、道门、电线导缆孔、破口破洞甚多，封舱堵漏十分困难，难以达到浮船的目的，故此法亦不适宜"中山舰"的打捞。

4．抬撬打捞法：

所谓抬撬打捞是用一对抬驳或多组抬驳布于沉船两边，采取水底穿套沉船千斤，并按沉船重力分布，沿沉船纵向布缆，再用复滑车组（数组）与抬驳（驳）千斤和卷扬机连接，卷扬机安置在两边抬驳上，待各缆布妥后，启动卷扬机，徐徐收绞复滑车，使沉船抬绞出水的方法。

抬撬打捞法可视沉船自重、积沙、船体强度等合理布缆以满足沉船强度要求，而且抬撬打捞能在流水环境中作业，是一种常用的传统打捞法，此种打捞法在实际作业中积累了大量的经验，可使沉船一次性整体打捞出水，很适合于强度较差的船驳打捞。

还有多种沉船打捞法，这里就不一一列举。经过近十种打捞方法的比较、筛选，结合内河打捞作业的经验，认为"中山舰"采用第四种方法即"抬撬打捞整体出水"最为适合。

一、方案的可行性论证：

1．设备上满足抬浮力：

"中山舰"船重约513吨，清除淤沙后余沙最高估算610吨，加吸附力共计打捞重量1180吨，用10吨级卷扬机10台，5吨级电动卷扬机30台以及配套葫芦（走四、走五）等起重设备。总抬绞力达1750吨，经水下除沙后完全可以满足"中山舰"的抬绞力；

2．密布千斤满足舰体强度。用抬撬法，将"中山舰"纵向布缆20根，平均约3.13米间隔布一根，每根钢缆两端各一台卷扬机，（5吨级和10吨级卷扬机进缆速度相同，均为0.06米/秒）每台卷扬机各配一名电控开关操作员和一名钢缆操作员，在打捞起浮中可以人为控制千斤力度，使之均衡受力。很合适，同时也能满足"中山舰"舰体强度。

3．运用绞迁技术，保证整体安全出水。在起浮过程中，运用绞迁船技术，保证"中山舰"安全移位，最后达到整体出水的目的。即将"中山舰"抬绞离开河床（刚亮风），整个工作船队就相应向岸边浅水区迁进一点，当舰体在迁进的过程中又接触河床（或部分接触河床）时，用同样的方法抬绞，直至到达理想区域。在整个实施过程中，沉船始终与河床底部相距高度在30厘米范围内，即使发生意外，也不致使沉舰受损，确保整体打捞出水。

4．具备抗流水作业素质和技术。担任"中山舰"打捞的重庆长江救助打捞公司几十年来在川江激流险滩从事沉船打捞，潜水人员练就了一身流水作业的过硬本领，有着丰富的顶流作业经验，在1米/秒流速中能正常作业，拴套自如，而该舰施工的整个时间内的现场水流速实测为0.8~1米/秒。因此，"中山

舰"的攻穿千斤作业是不成问题的。

5．传统的抬撬作业为打捞"中山舰"积累了丰富经验。公司自创建以来，在长期的打捞实践中较普遍地运用传统的抬撬打捞法施救各类型船舶上百艘，且能根据沉船的不同形式，可自如运用抬撬打捞法中的多种打捞手段，如单边抬打捞、顶抬打捞、捆抬打捞、大梁式打捞等等（"中山舰"属双驳抬撬打捞法），亦有丰富的抬撬打捞经验。

6．打捞"中山舰"经过我司两次勘测探摸，有实感和经验，为熟悉和掌握"中山舰"的可靠资料及数据，我们分别于1995年3月14日~23日、1996年元月16~31日对"中山舰"进行了180小时的水下勘测探摸作业，熟悉和掌握了"中山舰"水下情况及大量数据，为正式整体打捞"中山舰"奠定了坚实基础。

重庆长江轮船公司
重庆长江救助打捞公司
一九九六年六月二十八日

施工技术设计
程序之三

沉舰的主要资料

"中山舰"原名"永丰舰"，是1910年在日本三菱重工船厂订制，1913年出厂。于1938年10月24日沉没于武汉金口镇龙头矶水域，至今已有68年之久。

一、沉舰名称："中山舰"

二、建造日期：1910年

三、建造厂：日本三菱重工

四、舰长：62.50米

五、舰宽：8.80米

六、型深：船6.80米，艉4.60米

七、吃水：2.40米

八、排水量：780立方米

九、主机功率：675Hp×2（往复式蒸汽机）

十、锅炉：两台（一台已被拆出）

十一、沉舰水域：距汉口27.20Km龙头矶水域，距南岸约300米。（见附图一）。

十二、沉舰水下坐卧势态：尾顶流，首东北，与水流夹角约15~20度，右侧倾约80度，纵倾约3~4度。

十三、河床底质：沙、礁板

十四、水流速度：0.8~1米/秒（11~2月）

十五、舰体钢板：9mm

十六、舰体钢板取样金相测试数据：

A、与成分及抗拉强度相近的钢板比较：

材　料	%				
	C	Si	Mn	P	S
〈中山〉舰板	0.38	0.116	0.65	0.018	0.027
船板(3C、4C)	0.22	0.12/0.35	≥0.50	<0.04	<0.05
35#结构钢板	0.32/0.44	0.17/0.37	0.6/0.9	<0.03	<0.035

材　料	δs MPa	δb MPa	δS %	φ %	备　注
〈中山〉舰板	478	614	28	60	3#样
船板(3C、4C)	235	410～510	23	/	GB712-65
35#结构钢板	/	530	20	/	GR711-88

B、初步结论：

"中山"舰建造于本世纪初，采用铆接方法造船，本世纪三十年代以后多采用焊接方法造船，所以所用船体材料已大不相同。

依照舰船建造的需要及我国资源状况，目前国内舰船已按其强度等级要求选择已成系列供应的船板，它们多是低碳合金钢。

根据对本次"中山"舰切割样片的化学成份，机械性能和金相分析的结果，该样板为中碳结构钢板。

十七、沉舰与河床接触状况（见附图二）

（1）沉舰首楼前双系缆柱桩处与河床平坦礁板接触，向前约有0.8米有空位。

（2）舰尾双系桩前约1米处左舷与河床石礁接触，向上游方向（即舰尾方向）约有0.6米有空位。

（3）舰体中部36米均与河床平坦礁板接触，其接触部淤沙约有沙1-3米。

十八、沉舰破损状况（见附图五）

1、首楼甲板左舷（2）缆桩后约1米处有一个1.5×1.2米的破洞，编号（14）。

2、首楼建筑残缺不全，四周有些角钢支架和钢板。

3、舰体舯部后锅炉舱破长约8米，宽约6.8米，锅炉被取出，编号（19）。

4、尾楼右舷顶蓬有一个1.8米×1.4米破洞，编号（25），潜水员由此洞进入尾楼舱室，舱内无其他物体。

5、舰体右舷，尾舷墙波门下约2.4米有一个φ200的破洞，编号（32）。

6、舯舯部（舰体右舷）舷侧板近水线处有一个φ2000范围的凹坑，凹坑深度约有100mm，坑内有破口呈"ス"字形，上横长约1.6米，破口最宽处约200mm，"丿"长约2米，顶端破口宽度为200mm，向下1.5米后为裂缝，呈"乁"形，编号（33）。

7、在（33）破口前约1米处又有直径为180mm的破洞一个，编号（34）。

8、右舷尾地轴下有一个破洞，长约1.4米，宽约800，编号（30），潜水员进洞后，该处系地轴舱，舱内骨架基本完好光滑。

9、左舷近舯部有一个1.6米×1.2米破洞，编号（29），洞内有炮弹。

10、左舷尾楼侧板被两槛石头顶住，编号（43）、（44）。（44）处侧板被石头顶凹约150mm。

11、尾轴是被炸断的，尾轴直径约200mm，编号（48）。

12、首楼尾封板中线处有残存的前主桅杆，编号（16），残存主桅杆高约1.5米，直径约500mm。

13、前锅炉舱残存上层建筑长约4米，宽约3.6米，编号（39）。

14、前锅炉顶蓬上有残存的烟筒，编号（50），烟筒直径约1.5米，高约400mm。

15、机舱上层建筑残存长约4.4米，宽约3.6米，编号（40）。

十九、沉舰淤沙状况（见附图三）

根据"中山舰"图片资料，结合我们两次对"中山舰"的探摸资料，"中山舰"分段舱室容积与积沙量分析如下：

1、分段容积：

A舱约220m³

B舱约240m³

C舱约180m³

D舱约80m³

E舱约120m³

F舱约220m³

G舱约404m³

由于舰体向左横倾约80度，而A、G、D、F舱甲板中线处均设置有火舱口和破口，舱内积沙均平舱口下缘，故经除沙作业后各舱最多积沙余量如下：

A舱约60m³

B舱约180m³

C舱约180m³

D舱约80m³

E舱约60m³

F舱约50m³

G舱可除尽

即：A＋B＋C＋D＋E＋F＋G＝610m³

二十、沉舰结构布局：（见附录四）

重庆长江轮船公司
重庆长江救助打捞公司

一九九六年六月二十八日

沉舰水域示意图
重庆长江救助打捞公司 96.6

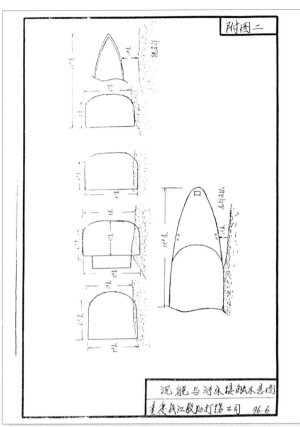

沉舰与河床接触示意图
重庆长江救助打捞公司 96.6

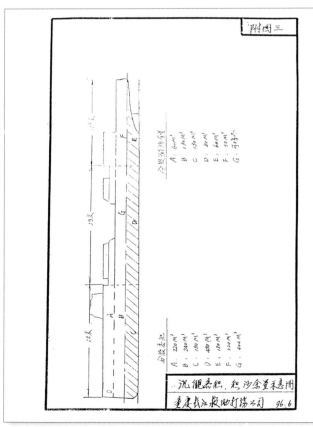

沉舰姿态、积沙余量示意图
重庆长江救助打捞公司 96.6

施工技术资料
程序之三

施工程序实施设计

　　为确保"中山舰"整体打捞出水的顺利实施，我们根据去年3月和今年1月两次探摸所获得的资料和数据，结合有关单位提供的资料，在专家组的指导下，我们经反复分析、论证、研究、制定出以下施工程序设计。

　　一、指导思想：

　　准确定位，仔细打沙，密布千斤，谨慎施绞，精心扶正，整体出水。

　　二、打捞目的：

　　将"中山舰"一次性整体打捞出水。

　　三、打捞时间：

　　整体打捞工程总时间为100天（见附录1）。

　　四、打捞手段：

　　双驳配重上架硬抬法（抬撬法）（见附图1）。

　　五、实施步骤：

　　1、进场定位：（见附图二）

　　将作业船驳均匀按受力方式布局在沉舰左右两侧水域，使沉舰通过系统与水面施工船驳连为一体，形成施工场地。

　　(1)作业时间：1996年11月8日~1996年11月22日

　　　　　　　计划15天

1

（2）作业内容：

A、1996年11月8日~1996年11月11日　计划4天

布局好打捞现场，内档抬驳首2.5吨内领水开锚，尾1.5吨内开锚，抬驳1吨领水锚定位妥当，岸上挖好地牛以备抬驳移位，各主抬驳工具、器材到位，系好沉舰首、尾两根定位缆于内档抬驳。

B、1996年11月12日~1996年11月17日　计划6天

派潜水员对"中山舰"水下情况进行复查，清除舰体四周障碍物，排除尾舱残留弹药。

C、1996年11月18日~1996年11月22日　计划5天

穿好沉舰尾空隙处Φ37舰艏钢丝绳两根，沉舰首Φ37稳船千斤3根，精绞紧系内档抬驳，抬驳分档定位，并捆绑妥两舷抬驳与配重驳。

（3）作业目的：

为下步的打沙、穿套千斤等打捞作业创造条件，做好一切准备工作。

2、打沙作业：

清除沉舰四周里外的积沙，是打捞"中山舰"的重要条件。必须尽最大努力清沙，以达到减轻沉舰在水中重量的目的。

（1）作业时间：

1996年11月23日~1996年12月14日　计划22天

（2）作业内容：

A、1996年11月23日~1996年11月29日　计划7天打沉舰A、G、D舱室积沙。

---

a、甲0208驳配9m³空气压宿机一台，Φ152橡胶软管气升式吸沙管一具，从舰首甲板编号11号大舱口、14号破口、13号道门孔、17号舱门处进舱进行除沙作业。除沙效果：保证A舱积沙余量在50m³以下。

b、甲0220驳配12m³空气压宿机一台，Φ250铜空气升式吸沙管一具，从舰舯甲板19号大破口处进舱进行除沙作业，除沙时用高压水枪消扫锅炉、主机等死角，尽量除尽该舱积沙。

B、1996年11月30日~1996年12月6日　计划7天，除沉舰F、G、D舱室积沙。

a、甲0208驳靠至F舱水面，用Φ152橡胶软管从尾甲板编号26号舱，27号、28号道门孔，23号、56号、55号舱内，24号道门孔除尾楼少量积沙和F舱内积沙。除沙效果：尾楼建筑舱内积沙基本除尽，F舱除到50m³以下。

b、甲0220驳继续除G、D舱室积沙，待机炉舱积沙基本除完后，改用Φ152橡胶软管除编号51号、53号、54号煤舱内的积沙。除沙效果：保证G舱除尽，D舱积沙余量在80m³以下。

C、1996年12月7日~1996年12月14日　计划8天，除舰舯左舷外缘积沙及B、E舱积沙。

a、甲0220驳从沉舰左舷尾楼后积沙处从上游方向至下游方向除沉舰左舷外缘积沙。作业面积：横向从左舷舷侧顶列板处向外沿方向伸延2~3米；纵向从尾楼舰体与河床贴合处。除沙效果：保证左舷舰体舷侧甲板露出。

b、甲0208驳用Φ152橡胶软管从编号30号破口进舱除E舱积沙，从编号16号压盖舱口除B舱部分积沙。

---

c、除沙作业时各吸沙管出水口均安放过滤器（编织较密的大竹筐），防止舰内各舱物品随沙水流失。

（3）作业目的：

消除舰体各舱室积沙，减少沉舰水中重量，力争沉舰水中总重量在1000吨~800吨，为穿套千斤，抬绞、扶正舰身创造条件。

3、穿套千斤作业（见附图三）：

根据沉舰舰体各部位的强度，有针对性地、有条件地密布千斤，达到整体受力抬舰的目的，这是打捞"中山舰"的关键条件。

（1）作业时间：

1996年12月15日~1997年1月1日　计划18天，穿套抬舰千斤14根。

因沉舰水域流速较大，舰体搁坐处有些地方系礁板石，用攻泥器和气动式攻泥器都存在一些问题而尚未推广使用，针对沉舰强度，故只能用传统的穿套千斤法。

A、在舰首段已布了3根千斤空隙处再布千斤3根，靠近首楼处布Φ72千斤3根，Φ72千斤后布Φ48千斤3根。6根千斤总抬力为630吨（6178.20KN）；在沉舰尾段已布3根千斤空隙处再布千斤两根（靠近尾楼处布Φ72千斤两根，Φ72千斤前布Φ48千斤3根），5根千斤总抬力为490吨（4805.26KN）。

B、在舰体舯舱处，左、右舷各一名潜水员用竹竿在预定的千斤位置处试探性左右插，若竹竿插过，即用竹竿一头引渡小绳，小绳引渡小钢缆，再以小换大往复引渡至到可引渡千斤。

C、若舯段无空隙，利用舰首6根抬绞力为630吨（6178.2KN）

的抬舰千斤，略抬首端，抬举高度控制在0.5~0.3米，将沉舰首端抬起一缝隙，以套入千斤，然后增加抬力于刚套入的千斤，依次循序渐进再套入新的千斤，就这样连续依次套入，布妥14根抬船千斤，则沉舰也不会因受力大而损坏变形。

（2）作业目的：

布妥20根抬船千斤，为抬绞沉舰作好准备。

4、抬舰、移位作业：（抬绞见附图四、移位见附图五）

将沉舰抬高点，往南岸移位一点，循序渐进，迭进浅水、慢水水域，以利安全，顺利施工打捞。

（1）作业时间：

1997年1月2日~1997年1月6日　计划5天

（2）作业内容：

将沉舰抬绞向南岸浅区迭进，沉舰移位到水深10米浅区处。

待水下20根抬舰千斤布妥后，水下检查千斤、动滑车无问题后，两抬驳检查定滑车、各受力缆桩、主抬驳与配重驳绑扎绳缆无问题后，各绞绳部位加足润滑油，待指挥长发令后，两抬驳各卷扬机同时进绞。沉舰抬绞高一点，便向南岸浅进一点，且在整个抬绞过程中沉舰与河床始终保持间距在0.3米左右，缓慢地将沉舰抬绞至南岸浅区10米水深处。

（3）作业目的：

将沉舰移位到10米浅区，为扶正作业抽换千斤创造条件。

5、扶正作业（见附图六）

通过外力将沉舰由侧倾约80度左右，恢复到水平或0~5°左右，以利沉舰的整体安全出水。

（1）作业时间：

1997年1月7日~1997年1月16日　计划10天

(2)作业内容:

对外档抬驳20台卷扬机单边进绞,沉舰从侧倾80度状态开始启动,倾侧度将逐步减少,当沉舰倾侧度减少至50度时,放松内档滑车使沉舰缓缓放平江底。

(3)作业目的:

将沉舰扶正,检查各抬舰千斤,确保抬舰安全,顺利出水创造条件。

6、通过40台卷扬机施绞力的联合作业,使沉舰受力均匀,整体性地平稳出水。

(1)作业时间:

1997年1月17日~1997年1月30日　计划14天

(2)作业内容:将沉舰主甲板抬绞出水。

A、1997年1月17日~1997年1月24日　计划8天

待沉舰扶正后,抽换抬舰千斤,千斤长度以能满足沉舰抬绞至3~4米吃水,同时派两组潜水对沉舰各舱室进一步清除各舱内积沙、进一步减轻沉舰重量;

B、1997年1月25日~1997年1月30日　计划6天,将沉舰抬绞至主甲板出水。

a、待各千斤抽换完毕,检查无误后,由指挥长发令,各抬驳卷扬机同时进绞,待沉舰首段抬绞出水后停绞,清除首楼少量积沙及遗留物件。

b、待首段清理完毕后,由指挥长发令,各抬驳卷扬机同时绞,抬绞沉舰主甲板出水后停绞,清理A舱、尾楼少量积沙、遗留物件,同时对B舱、F舱积沙进一步清除,再次减轻沉舰

重量。

(3)作业目的:

将沉舰主甲板抬绞出水后,清除各舱积沙及物件,减轻沉舰重量,为封舱堵漏作业创造有利条件。

7、封舱堵漏作业:

将舱内各舱室的余沙彻底地清除,将各破损处尽最大努力封堵,以增大"中山舰"的自浮能力。

(1)作业时间:

1997年1月31日~1997年2月11日　计划12天

(2)作业内容:

进一步清除各舱积沙,减轻沉舰重量,将沉舰抬绞至2.4米吃水线,逐舱进行封舱堵漏,配合文物清理各舱文物。

a、各水下舱室积沙进一步仔细清除的基础上,观察两主抬驳内档吃水变化,在沉舰水中重量接近800~700吨时,两抬驳各卷扬机同时进绞,抬绞沉舰至2.40米吃水线。

b、进一步清除沉舰首,尾上甲板各舱室积沙,清除时注意各舱室内遗物,协助文物部门清理和收集上甲板各舱室文物。

c、对沉舰下甲板、舰尾物料舱、地轴舱、舰舯机炉舱、舰首水兵舱、尖舱、锚链舱,逐舱进行仔细水下除沙作业,待下甲板各舱室积沙基本除尽后,对各舱进行封舱堵漏作业。

d、舰舯机炉舱右舷大破口用垫衬软垫的木板,用倒钩螺栓进行封补破口,小的破口则用微孔橡皮垫加螺栓配合压板进行封补破缝,舰尾大破口先用软垫木板夹堵在破口处浇注厚度为0.4米的混凝土。

e、各舱封堵完毕后,待水泥凝结后,即用各类抽水泵对各舱进行抽水,若发现泄漏,即采取有效措施,力争沉舰自浮。

(3)作业目的:

力争沉舰自浮。

8、护送沉舰进厂:

"中山舰"出水后,始终保持高度警惕,不松懈麻痹,加强安全措施和手段,配合厂方安全进厂上坞。

(1)作业时间:

1997年2月11日~1997年2月15日　计划6天

(2)作业内容:

收回必要的定位锚,做好沉舰进厂的准备工作。

A、待沉舰修理厂家确定后,察看厂家滑道能否满足沉舰座排要求,若沉舰不能自浮,能否满足双驳抬夹上架的水域。

B、若是双驳抬夹上架,待船架放入水中能满足沉舰吃水要求时,斜船架首,中线必须是竖立定位标杆。

C、当双驳抬夹沉舰抵达船台水域时,以斜船架标杆为参照物,谨慎操作将沉舰坐架,将斜船架四角定位钢绳系在沉舰左右舷桩上。牵引斜船架,待斜船架墩木与沉舰接触时停绞,双抬驳放松抬舰钢缆,能收回则收回。

D、内档抬驳退出组队,双抬驳驶出斜船架水域,牵引斜船架将沉舰拖至船台修复。

重庆长江轮船公司
重庆长江救助打捞公司
一九九六年六月二十八日

附录一:"双驳抬撬、整体打捞""中山舰"工程进度表

项目	天数	序号	起止时间	作业内容	作业目的
进场定位	15天	1	11.8~11.11	布置好打捞现场,挖好移位地坪	为下步打沙,穿套千斤等打捞作业创造条件。
		2	11.12~11.17	清障、排除线留弹药	
		3	11.18~11.22	穿好舰首、尾空窗处Φ37缆船钢缆	
打沙作业	22天	4	11.23~11.29	清除沉舰A、G、D舱室积沙	清除舰体舱室积沙,减轻沉舰水中重量,力争沉舰水中重量1000~800吨,为穿套千斤,扶正舰身创造条件。
		5	11.30~12.6	清除沉舰F、G、D舱室积沙	
		6	12.7~12.14	清除沉舰舰体左舷外泥及B、E舱室积沙	
穿套千斤作业	18天	7	12.15~1.1	穿套抬船千斤20根	布置20根抬船千斤,为抬绞沉舰作好准备。
抬船移位	5天	8	1.2~1.6	将沉舰抬绞移位到浅区10米水深处	将沉舰移位到10米浅区,为扶正作业抽换千斤创造条件。
扶正作业	10天	9	1.7~1.16	扶正沉舰	将左倾约80°沉舰扶正为抬舰出水创造条件。

项目	天数	序号	起止时间	作业内容	作业目的
抬舰作业	14天	10	1.17~1.30	进一步清除沉舰各舱室积沙,将沉舰主甲板抬绞出水。	将沉舰主甲板抬绞出水,以利后期处理。
封舱堵漏作业	12天	11	1.31~2.11	进一步清除各舱室积沙,减轻沉船自重,将沉舰抬绞至2.40米吃水线,对各舱进行封舱堵漏作业。	力争沉舰自浮
护送沉舰进厂	4天	12	2.11~2.15	收回必要的定位锚,做好沉舰进厂的准备工作。	安全护送沉舰进厂坐排。
整体打捞中山舰	100天		11.3~2.15	双驳抬绞,整体打捞。	"中山舰"安全顺利出水,并进厂坐排。

10

施工技术设计
程序之四

施工组织设计

　　"中山舰"打捞工程,将由多艘船驳,多工种、部门、数百人组成一个非常庞大的施工场面,为使现场有条不紊地开展工作,我们要以深化改革,开拓进取的精神,发挥党组的领导和核心作用,加强思想政治工作,以严肃的科学态度,调动现场职工的积极性、创造性,讲政治、讲纪律、不怕苦、不怕难,发扬爱国主义精神,从思想上、组织上、行动上确保"中山舰"打捞工程的顺利实施。

　　一、组织指挥:

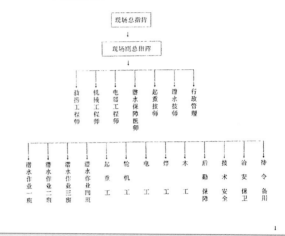

1

二、设备、材料组织投入:

类别	序号	设备、材料名称	规格	单位	数量
船驳类	1	主抬驳	1500吨	艘	2
	2	配重驳	1000吨	艘	2
	3	拖轮	800HP	艘	1
	4	拖轮	2640HP	艘	1
	5	长轮1069工程驳	综合工程驳	艘	1
	6	甲0208驳	200吨	~	1
	7	甲0220驳	200吨	~	1
	8	长渝202轮	240HP	~	1
	9	潜水工作船	45HP	~	1
抬舰设备	10	船用双速卷扬机	10吨	台	12
	11	船用双速卷扬机	5吨	~	34
	12	4-5滑车	100吨	对	12
	13	4-5滑车	50吨	~	34
	14	钢丝绳	φ72 φ48 φ37 φ26 φ24	吨	50
	15	各类卸扣		个	200
	16	导向滚轮	10吨,5吨	~	50
	17	导向滚轮	10吨	个	50

2

类别	序号	设备、材料名称	规格	单位	数量
	18	钢质吸沙管	φ250	套	1
	19	橡胶软吸沙管	φ152	~	1
吸沙设备、其他设备	20	空气压缩机	12m³	台	1
	21	空气压缩机	17m³	~	1
	22	空气压缩机	9m³	~	2
	23	高压水泵	60吨/小时		4
	24	195型水泵	180吨/小时		10
	25	潜水泵	60吨/小时		2
	26	电焊机			2
	27	直流水下焊机	Kg	~	1
	28	白棕绳	Kg	Kg	500
	29	各类扎丝	Kg	Kg	500
	30	各类钢丝夹头	~	个	200
	31	木质墩料	~	个	100
	32	木楔		个	100
	33	园木	~	m³	10
	34	堵漏器(各类)	吨	吨	10

3

三、投入人员设计：

技术人员		后勤人员	
1、救捞工程师：	2人	1、治安保卫	2人
2、机械工程师：	1人	2、报务员	1人
3、电器工程师：	1人	3、厨师	1人
4、潜水保障医师：	3人	4、餐务员	3人
5、起重技师：	1人	5、后勤保障	8人
6、潜水技师：	2人	6、技术安全	4人
7、管理人员：	10人	7、待令备用	20人

工程作业人员		工程船驳人员	
1、潜水作业一班	8人	1、2640Hp拖轮	32人
2、潜水作业二班	8人	2、800Hp拖轮	30人
3、潜水作业三班	8人	3、1500吨干甲驳	4人
4、潜水作业四班	8人	4、1000吨干甲驳	4人
5、起重工	16人	5、长轮1069驳	3人
6、轮机工	8人	6、甲0208甲0220	4人
7、电工	2人	7、长渝202轮	11人
8、焊工	2人	8、45Hp机驳	2人

四、潜水保障组织：

由于"中山舰"的整体打捞工程涉及大量的水下工作，潜水作业是关系到整体打捞"中山舰"的关键，为保证潜水作业人员的安全和健康，我们根据在长江等流水潜水作业的实践经验，结合两次探摸期间的水下作业情况，按照此水域的实际情况，经仔细分析、研究，决定采取水下阶段减压（部分停留减压）和水面加压舱内吸氧减压相结合的潜水作业医务保障方案。

1、医务设施：

(1) 配足三名医生到现场（其中两名是潜水专业主治医师）。

(2) 配备一套单门单卧式有呼吸供氧装置的潜水减压舱到现场（供潜水后水面减压和防治减压病）。

2、进场前准备：

鉴于"中山舰"沉没水域风浪大，水流急，气候寒冷，潜水作业复杂，技术要求高，为适应潜水作业的要求及安全，必须做好下列准备工作。

(1) 参加施工作业的潜水员，必须经过20-30米深度急流潜水训练，力求达到解决水下复杂情况作业的潜水技能和良好身体素质。

(2) 适应性加压锻炼，提高潜水员肌体对高压环境的耐受能力，减少高压环境对肌体的不良反应，组织潜水人员反复多次0.3MPa压力加压锻炼。

(3) 防止潜水员潜水作业后用纯氧减压发生氧中毒，组织未吸过氧的潜水员做氧敏感试验，即在0.18MPa压力下，吸纯

氧30分钟，观察有否胸闷、恶心、头昏等早期氧中毒表现。

(4) 贯彻预防为主，防治结合，群防群治的方针，把预防潜水疾病及注意事项向潜水员进行宣讲，了解潜水医学的基本知识，使他们做到心中有数，遇事不慌，在关键时刻能果断地采取自救互救措施。

3、潜水作业时的医务保障：

(1) 作业前：

A、所有供气系统，加压舱内吸氧装置及潜水设备均处备用状态，并备好急救医疗器材，药品等。

B、潜水作业由潜水医师负责医务保障，并依据本次潜水作业的具体任务，水下劳动作业强度，水流情况，交待水下作业时间及减压方案。

C、潜水员重点体检，包括主诉、脉搏、血压、呼吸、体温及心肺听诊，作出相应结论，记录在案。

D、潜水员下潜后，预备潜水员处于待令，一旦遇有紧急情况，能及时下潜援救。

E、对潜水员的伙食，按国家规定标准保证供应，确保潜水员体质，并督促当日潜水前不饮酒、不食易产气食物。

(2) 潜水作业中：

A、首先检查头盔气密性，下潜速度15-30米/分，禁止潜水员跳水下潜。

B、潜水员到达水底后首先发出"到底"信号或报告，潜水医生应询问潜水员感觉情况，并随时注意供气压力。

C、潜水员在作业中，潜水服中的气体不宜过多，注意不

要划破潜水服，信号绳、软管不要绞缠，遇事要沉着冷静；作业结束时及时通知水面，上升出水要服从水面指挥。

⑧潜水作业后：

A、潜水医生应根据下潜深度，作业性质，劳动强度，水下环境及身体素质等确定减压方法和制定减压方案。

B、保证热水供应，潜水员必须热水浴，禁止用冷水沐浴或冲洗肢体，以便余氮排出。

C、出水或出舱后如有任何不适，应及时向潜水医生反映，如确系减压病，及时加压治疗。

4、整体打捞工作结束后，对全体潜水作业人员作一次全面体检，作一次预防性加压治疗，认真做好工作总结，分析问题，整理资料，存档备用。

五、安全保障工作：

确保"中山舰"打捞工程的顺利进行，谨慎施工，排除困难，实现"中山舰"一次性整体打捞出水。

1、制定严格的施工打捞纪律，水下作业纪律，现场治安纪律及"施工人员须知"等规章制度和操作规程，使打捞"中山舰"的工作制度化，标准化、规范化，要求下潜人员情况不明不作业，宁慢勿快，进行保护性操作。

2、为应付和解决在打捞作业过程中出现新的问题和意外情况，不断修正和整改均匀密布千斤措施，补强措施，扶正措施，移位安全措施和防风浪措施，并组建一支20人的应急预备队（由潜水、轮机、起重、工程技术人员及轮、驳组成），以便随时投入使用。

3、加强与各级领导、上级组织的联系，随时预报、通报施工过程中的情况和问题，及时听、收有关的水位、风力、风向、浪高等气象、水情预报，配备和携带无线电台、单边带、高频、甚高频电话、移动电话等通讯设备，保证信息畅通，上情下达，下情上晓。

4、采取封闭式管理和打捞，组建现场党组、治安小组，实施全天候水面嘹望，派员随时检查系泊缆绳情况，打捞工程船、驳受力、吃水情况，抬扶设备工作情况，做到严格把关，维护内部秩序，杜绝外来人员，发现异状及时报告并处理。

5、成立打捞"现场指挥领导小组"，以便统一领导，要求参战的各船驳、船长、政委、驾驶员、轮机员、驾长听从指挥，服从领导，各部坚守岗位，同心同德，协同作战，确保"中山舰"整体打捞出水。

重庆长江轮船公司
重庆长江救助打捞公司
一九九六年六月二十八日

技术设计程序之五

理论计算程序设计

根据收集的有关资料，结合两次对"中山舰"探摸所获得的各项数据，参照有关救捞文献，请教了部分专家，我们进行下列沉舰水中自重分析。沉舰淤沙余量、抬撬、扶正、系溜力、抬绞力配备的理论计算，其结果符合"双驳抬撬、整体打捞""中山舰"的要求。

一、沉舰水中自重分析：
1、沉舰水中自重分析：

序次	名称	占排水量	实际重量	序次	名称	占轮机重	实际重量
1	舰体	50%	390t	6	锅炉	30%	35.1t
2	轮机	15%	117t	7	烟囱	12%	14.04t
3	舾装	6%	46.8t	8	辅机	5%	5.85t
4	武备	6%	46.8t	9	主机	30%	35.1t
5	可载量	23%	179.4t	10	轴系	3.5%	4.09t
				11	推进器	2%	2.34t
				12	花铁板栅格备件	4.5%	5.27t
				13	锅炉及管系等	13%	15.21t
总计			780t	总计			117t

2、沉舰水中自重：513吨=W

即：(1+3+6/2+8+9+10+11/2+12+13/2)项=513吨
二、沉舰积沙计算：
沉舰舱内积沙经清除后，舱内积沙余量为610m³（前已分析）。
根据：积沙水中重量的折减系数：$G_w = \dfrac{S_G - r}{S_G}$
式中：SG取2　　r取1
则有　$G_w = 0.5$
沉舰水中余沙重为：P = Gw×SG×V 0.5×2×610=610吨
三、吸附力计算：
由于"中山舰"沉陷江底58年之久，且河床为沙、礁板。所以吸附系数取5%，则吸附力为：$P_1 = K_0 \times W_1$
式中：K_0为吸附系数取0.05，W_1为沉舰水中重量与淤沙余量水中重量之和。
$P_1 = (W+P) \times 5\%$
=(513+610)×5%
=56.15吨
四、打捞重量计算：
根据公式：$P_0 = P + W + P_1$
　　　　　=513+610+56.15
　　　　　=1180吨
五、应配备的打捞力量：
根据公式：$F = P_0 \times 1.3$
式中P_0为打捞重量　则配备的打捞力量F为：
F=1180×1.3

=1534吨=（15043.40KN）
六、抬驳配备
1、主抬驳： 1500吨级千甲驳两艘
2、配重驳： 1000吨级千甲驳两艘
七、抬绞力配备：
1、10吨级船用双速卷扬机10台，配100吨级4~6滑车组，滑车组拉力F1为：
$$F_1 = \frac{MP}{1+(N/20)}$$
=70吨=686KN
式中：F：滑轮组拉力（吨）
　　　P：滑轮组单头绞力（吨）
　　　M：动滑车上缆索数
　　　N：滑轮组的滑轮总数
2、5吨级船用双速卷扬机30台，配50吨级4~5滑车组， 滑车组拉力F2为：
$$F_2 = \frac{MP}{1+(N/20)}$$
=35（吨）=343（KN）
10吨级总抬绞力：$F_1 \times 10 = 700$（吨）=6860（KN）
5吨级总抬绞力：$F_2 \times 30 = 1050$（吨）=10297（KN）
总抬绞力F为：
$F = F_1 \times 10 + F_2 \times 30$

=1750（吨）>1534（吨）应配备的打捞力。

八、抬船千斤，滑车组走绳配备：

1、抬船千斤：

(1)100吨级滑车组配直径72mm抬船千斤5根，备用两根，每根千斤的破断力为：

$U_1 = 45d^2$（KN）

式中：d为钢缆直径（cm）

$U_1 = 2332.8KN \approx 237$（吨）

(2)50吨级滑车组配直径48mm抬船千斤15根，备用5根，每根千斤的破断力为：

$U_2 = 45d^2$（KN）　　d为钢缆直径（cm）

=1036.8（KN）=106吨

抬船千斤总破断力U为：

$U = U_1 \times 5 + U_2 \times 15$

=2775（吨）

∵ φ72和φ48两种千斤均选用全新钢缆

∴安全强度取0.6

则：$U_安 = 2775 \times 0.6 = 1650$（吨）

抬船千斤总安全受力1650吨>1534吨（应配打捞力）>1180（打捞重量）

2、滑车组走绳配备：

(1)100吨级滑车组配直径26走绳，破断力为33吨（323.4KN）安全受力为16.5吨。

安全受力为14吨。

九、其他索具及缆桩：

1、其他索具：

定滑车与缆桩的绑扎索具，主抬驳与配重驳的绑扎索具的抗拉强度均大于打捞重量的要求。

2、缆桩：

各主抬驳与配重驳的受力缆桩的抗拉强度均大于打捞重量的要求。

十、抬撬计算：

1、抬驳主要数据：

(1)1500吨级主抬驳

总长：75米

满载水线间长：72米　　空载水线间长：56.75米取57米

型宽：13米

型深：3.5米

满载吃水：2.60米

空载吃水：0.6米

方型系数：0.75

自重：332吨

(2)1000吨配重驳

总长：75米

满载水线间长：72米　　空载水线间长：57米

型宽：10.5米

型深：3.5米

满载吃水：2.40米

空载吃水：0.6米

方型系数：0.8

自重：327吨

2、抬撬时受力情况：

沉舰水中重量1123吨+吸附力56.15吨≈1180吨

抬驳单边受力1180吨÷2=590吨=F_0

1500吨级抬驳器材、设备、人员等估计约128吨

3、将抬驳与配重驳捆绑在一起，作为整体研究对象，并在没有加任何外力情况下：

浮心距基线高度 $Z_c = 0.6/2 = 0.3$米

重心距基线高度 $Z_a = 3.5/2 = 1.75$米

4、当加外力F′=590吨和设备等128吨时，并加在整体船的中心时：

排水量$\triangle = W_{1500} + W_{1000} + W_设 + F_0$

=1377吨

吃水 $T' = T + \dfrac{(W_设 + F_0)}{(57 \times 23.5) \times 0.75}$

=1.315米

浮心距基线高度 $Z_c' = T'/2$

=0.6575米

重心距基线高度 $ZG' = \dfrac{1.75(332+327)+3.5(128+590)}{1377}$

=2.66米

水线面自身惯性矩$I = 1/12 LB^3$

$L = \dfrac{1377}{0.75 \times 23.5 \times 1.136}$

=68.77米

B=23.50米（$B_{1500} + B_{1000}$）

$I = 1/12 \times 68.77 \times 23.5^3$

=74374.04米^4

稳心半径：$\rho' = I/\triangle$

=74374.04/1377

=54.01米

$GM = \rho' + Z_c' - Z_a'$

=54.01+0.6575-2.66

=52米

5、设备等128吨置于抬驳中心，F_0置于抬驳边缘时。

合力矩$M = 128 \times (23.5/2 - 13/2) + 590 \times 23.5/2$

=7604.5吨·米

6、由于θ很小

所以　$M = W_{总} \cdot GM \sin\theta$

$7604.5 = 1377 \times 52 \times \sin\theta$

$\sin\theta = 0.1062$

$\theta = \arcsin 0.1062$

=6°6′

抬撬时，左右两抬驳向内倾斜6°6′能满足抬撬要求。

十一、系溜力理论计算：

1、沉舰水中迎流面积及流压推力：

(1)迎流面积 $A_1 = B \times H + $ 首楼迎水面积

$$= 8.8 \times 7 + 7.7$$

$$= 70 m^2$$

(2)沉舰水中流压推力Q为：

$$Q = 0.06 V^2 \times A$$

式中：Q为流压推力(KN)

V为水流速度　取1米/秒

A为迎流面积

即 $Q_1 = 0.06 \times 1^2 \times 70$

$$= 4.2吨 = 41.16(KN)$$

2、打捞船队浸水面积：

(1)主抬驳主尺度：

船长：75米　型宽13米　型深3.5米　吃水取2.4米

(2)配重驳主尺度：

船长：75米　型宽10.5米　型深3.5米　吃水取0.8米

(3)主抬驳浸水面积 A_2：

$2.40 \times 13 = 31.2$ 米²

(4)配重驳浸水面积 A_3：

$0.8米 \times 10.5米 = 16$ 米²

(5)其他船驳浸水面积 A_4：48米²

总浸水面积 $A' = A_2 + A_3 + A_4 : 31.2 + 16 + 48 = 95.2$ 米²

流压推力 $Q_2 = A' \times 0.06 \times V^2$

8

$$= 0.06 \times 1^2 \times 95.2$$

$$= 5.71(吨) = 56.02(KN)$$

总流压推力Q为：

$$Q = Q_1 + Q_2$$

$$= 9.91(吨) = 97.18(KN)$$

3、系泊设备的选择计算：

考虑到冬季季风和寒潮的风压，为保证打捞作业现场安全，决定选用：

(1)主领水内开锚为：

锚重2.5吨，锚链直径为37mm5节，直径37mm锚缆3节，

系留力：$2.5 \times 3 + (0.75 \times 75 \times 29Kg)$

$$= 9.1(吨) \approx 89.18(KN)$$

(2)领水锚：

锚重1吨两只，锚链 $\varphi 37$ 各3节

系留力：$2 \times 3 + (0.75 \times 30 \times 20Kg \times 2)$

$$= 6.9吨$$

$$= 67.62(KN)$$

总系留力：$9.1 + 6.9 = 16吨$

$$\approx 156.8(KN)$$

总系留力16吨 > 总流压推力9.91吨。

(3)尾内、外开锚(1.5吨和1吨)各一只。

十二、扶正作业理论计算：

扶正原理：

根据杠杆原理，扶正沉舰条件必须满足扶正力矩大于沉舰

9

侧倾力矩，且选定支点在沉舰舷部。

即：$\Sigma M_{扶 \uparrow} > \Sigma M_{\downarrow}$

该舰型宽8.8米，型深：取综合值，5.7米。

(1)、该舰的重心高度。

根据 $\overline{KG}_{船} = gD$

g取0.5

$\overline{KG}_{船} = 2.85$ 米

(2)、淤沙的重心高度：根据直角三角形重心定理可知：

$\overline{KG}_{沙} = 5.7 \div 3 \times tg10°$

$$= 0.33 米$$

(3)沉舰倾侧力矩：

$\Sigma M_{\downarrow} = W_1 LG_1 + W_2 LG_2$

式中：$W_1 = 513吨$

$W_2 = 610吨$

$LG_1 = 2.85 \times Cos10° - 4.4 \times Sin10°$

$$= 2.05 米$$

$LG_2 = (5.7 \div 3 - 5.7 \div 3 \times tg10° \times ctg10°)cos10°$

$$= 1.81 米$$

$\Sigma M w \downarrow = 2155.75$ 吨·米

$$\approx 21141 KN \cdot m$$

(4)扶正临界合力：

$\because \Sigma M_{扶 \uparrow} > \Sigma M_{w \downarrow}$　而 $\Sigma M_{扶} = LF_{扶} \cdot F_{扶}$

$LF_{扶} = H \times COS10°$

$$= 5.7 \times COS10° = 5.41 米$$

10

则有：$F_{扶 \uparrow} > \dfrac{2114(KN.m)}{5.41(m)} = 3907.76KN$

或 $F_{扶} > 398.48吨$（临界力）

根据(7-1,7-2)理论计算可知：总抬扶力各1750吨，单边抬扶力为875吨，也就是说单边扶力能满足扶正力要求。

十三、参考文献：

1、《海上救助与打捞》　大连海运学院出版社。

2、《船舶原理与结构》　武汉水运工程学院。

3、ZC《内河钢船建造规范》

4、《材料力学》

5、《理论力学》

6、《救捞技术一、二、三册》讲义，上海海难救助打捞局。

7、《水力学》

8、《船舶概论》

9、《结构力学》

重庆长江轮船公司
重庆长江救助打捞公司

一九九六年六月二十八日

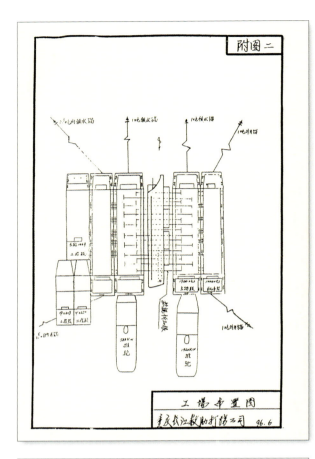

工场布置图二

重庆长江救助打捞公司　96.6

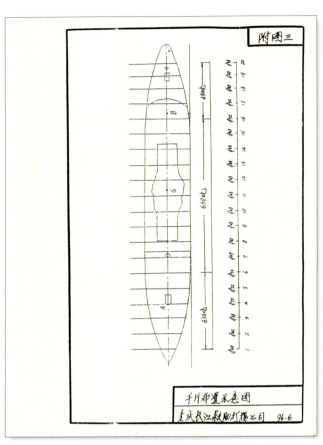

千斤布置示意图

重庆长江救助打捞公司　96.6

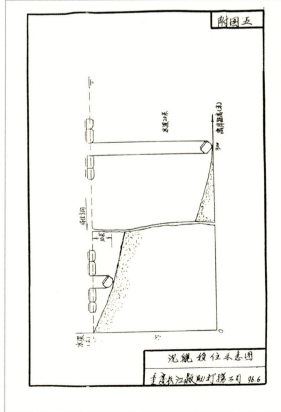

沉舰移位示意图

重庆长江救助打捞公司　96.6

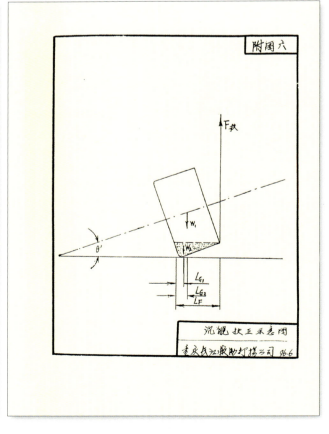

沉舰扶正示意图

重庆长江救助打捞公司　96.6

附录十五　中山舰整体打捞工程承包合同

中山舰整体打捞工程承包合同

发包方：湖北省文化厅（以下简称甲方）
承包方：重庆长江救助打捞公司（以下简称乙方）
签定时间：一九九六年七月十八日
签定地点：武昌复兴饭店

沉没在湖北长江金口水域的中山舰，是具有极重要价值和影响的国家重点文物。1995年11月23日，国家文物局授权由甲方组织打捞。为将中山舰整体打捞出水，修复保护，重展英姿，甲方多次组织有关专家对乙方制订的《中山舰整体打捞工程施工方案》进行可行性科学论证，并组织有关专家对乙方进行实地考察，同意将中山舰整体打捞工程发包给乙方承包。为明确甲、乙双方责任，确保中山舰整体打捞工程顺利进行，取得圆满成功，经甲、乙双方充分协商，特订立本合同。

第一条　　工程项目

一、工程名称：中山舰整体打捞工程。
二、工程内容：乙方将中山舰一次性整体打捞出水并安全运送至承担中山舰修复工程的船厂上排；打捞散存在中山舰上及船体四周的文物出水。
三、工程履行地：湖北省武汉市金口水域。
四、工程总价款：人民币伍佰万元整。

第二条　　施工准备

一、甲方：
1、任命周崇发为驻施工现场代表，行使本合同约定的义务。
2、本合同签订之日，乙方应将《中山舰整体打捞工程施工方案》和安全措施方案提交甲方，甲方据此负责与港监部门、航道部门及有关部门联系，在1996年10月15日前，为乙方办理好施工许可手续，办理该手续费用由甲方承担。负责与堤防、渔政、驻地部队等有关部门联系，为乙方施工提供方便。
3、向乙方提供中山舰沉没处至长江南岸距水沫线40米、长400米水域内等深图。
4、提供车辆，供乙方启动调用。
5、中山舰出水后，负责与承修中山舰船厂联系。
6、工作人员的费用自理。
二、乙方：
1、任命陈华湘为驻施工现场代表，行使本合同约定的义务。
2、本合同签订之日将施工组织计划和施工进度计划提交甲方。
3、本合同签订之日起100日内，打捞中山舰的所有设备、施工人员应进入施工现场。
4、打捞、运输中山舰的施工人员及所有设施设备均自行安排解决。
5、施工、管理人员生活费同自理。

第三条　　工程期限

一、工程总工期为100天，自1996年11月8日开工至1997年2月15日竣工验收。
二、开工前6天，乙方向甲方发出开工通知书。
三、开工后，乙方现场代表每日向甲方现场代表通报工程进度。

第四条　　工程质量

一、为确保中山舰安全出水，乙方应严格按照专家论证会论证通过的《中山舰整体打捞工程施工方案》及本条第二、三款约定，循序渐进、有条不紊地开展施工作业。
二、对舰体中部破洞应采取加固措施，应用5根长12米18a槽钢或18工字钢制成支撑架，固定于中山舰中部。
三、起吊中山舰应用6寸千斤，并不得少于18根。
四、为确保文物安全，在吸沙管出口处应当安置过滤网，以防止文物流失。
五、乙方应当仔细收集散存在舰体四周的文物，不得将文物损坏。散件文物出水，乙方现场代表应当通知甲方现场代表到场监督，乙方代表应当将散件出水文物登记并交甲方现场代表签收。中山舰出水后，由甲方负责组织工作人员清理舰上文物。

六、乙方应确保中山舰整体出水，不折断，不严重变形，不受重大损坏。

七、乙方在施工中发生质量事故，应及时报告甲方现场代表，质量事故的处理方案，必须征求专家小组的意见后实施。

八、乙方在打捞作业期间，应接受甲方施工现场代表监督。

第五条　工程价款的支付

一、乙方以伍佰万元整的总价款承包中山舰整体打捞工程，不得以其他理由要求增加工程款或其他任何费用。

二、付款时间：

1、自本合同签订之日起，甲方预付乙方工程款伍拾万元整。（乙方已于１９９５年１２月２６日向甲方预支工程款伍拾万元整，本项甲方已履行）

2、甲方于１９９６年７月底前付给乙方壹佰万元整，１９９６年９月中旬付给乙方壹佰万元整。

3、乙方进入现场开工并如期按工作进度作业１个月，甲方付乙方进度款壹佰万元整。

4、中山舰整体打捞工程如期竣工并经甲方验收合格１个月内，甲方付清剩余工程款。

4

第六条　接待来访及新闻发布工作

甲方负责有关新闻采访单位接待。与打捞有关的新闻发布及现场采访，甲方应征得乙方的认可，以确保新闻的真实性和施工安全。

第七条　安全工作

一、乙方负责打捞设备、设施及其工作人员安全，若作业过程中出现设备损坏或人身伤亡事故，甲方概不负责。

二、甲、乙双方互相配合，共同做好出水文物保护及现场治安保卫工作。

第八条　工程验收

一、验收地点：承担修复中山舰船厂。

二、质检单位：由甲方聘请经国家技术监督局授权检测的单位质检。

三、验收所需经费由甲方支付。

第九条　违约责任

一、甲方：

违反本合同第二条第一款第二项约定，未如期为乙

5

方办好施工许可手续，应向乙方支付违约金５万元，除工程日期顺延外，还应赔偿乙方因此造成停工的实际损失。

二、乙方：

1、因施工事故造成舰体未整体打捞出水、或舰体折断，除向甲方退还已付的工程款外，另向甲方支付违约金１００万元。

2、由于打捞失误引起的严重纵向绕曲和总体扭曲赔偿甲方由此增加的修复费用。

3、如因不可预见、不可避免、不可克服的自然等原因，致使本合同无法履行，甲乙双方均不承担本合同的违约责任。

第十条　附　则

一、本合同签订后，甲、乙双方如需提出修改时，经双方协商一致后，可以签订补充协议，作为本合同的补充合同。

二、依本合同约定，乙方将中山舰整体打捞出水，甲方负责向上级有关部门为乙方申报奖励事宜。

三、本合同甲、乙双方代表签字，加盖双方公章即生效，本工程竣工、验收符合要求，结清工程款后终止。

四、本合同一式六份，甲、乙双方各执三份，均具有同等法律效力。

6

甲　　方：湖北省文化厅　　　乙　　方：重庆大江救助打捞公司

法定代表人：　　　　　　　　法定代表人：

委托代表人：　　　　　　　　委托代表人：

电　　话：2872720　　　　电　　话：3830077

邮政编码：430060　　　　　邮政编码：630012

一九九六年七月十八日

7

附录十六 中山舰打捞修复保护方案论证会纪要

中山舰打捞修复保护方案论证会纪要

经湖北省人民政府同意，湖北省文化厅于1995年2月22日至23日在武昌召开中山舰整体保护方案可行性专家论证会。出席会议的有胡美洲、查全性、席龙飞、蔡学昌、陆寿麟、周宝中、王勉、甄广全、张忠延、罗新启、刘祖清、程昌炳、符斌、孙启康、周崇发、陈中行、周松峦等18人。首先，由胡美洲副厅长报告中山舰前一阶段工作情况和这次论证会的要求。论证会由蔡学昌主持。陆寿麟、陈中行介绍中山舰打捞后修复保护方案的方针任务和科技思路等问题。经过讨论，与会专家一致认为：

一、中山舰的修复保护应以中山舰命名时期的原貌为主要依据。

二、中山舰的保护工作，采取清洗去锈，缓蚀保护，表面封护等综合治理的技术路线合理，所定的各项工作，目标明确，具体可行。

三、在中山舰打捞出水前，应及早做好各项前期研究及准备工作。

此外，与会专家认为还应该考虑打捞后的应急性的保护措施。

专家签名

中国文物保护协会研究员	蔡学昌
武汉大学化学系教授	查全性
中国历史博物馆研究员	周宝中
故宫博物院研究员	陆寿麟
陕西省文物保护中心总工程师	甄广全
南京博物院副研究员	王　勉
武汉交通科技大学教授	席龙飞
机械部武汉材料保护研究所高级工程师	符　斌
中科院武汉岩土力学所副研究员	程昌炳
湖北船厂总工程师	张忠延
武昌造船厂工程师	罗新启
武昌造船厂工程师	刘楚清
湖北省博物馆研究员	陈中行
湖北省文化厅研究员	孙启康

一九九五年二月二十三日

附录十七

中山舰修复工程专家论证会纪要

中山舰修复工程专家论证会纪要

打捞、修复保护、陈列中山舰是一项宏伟而又复杂的系统工程，每个环节必须紧紧相扣，衔接有序。目前，打捞工程正在顺利进行，1997年元月底至2月初，中山舰可望打捞出水，因而有关修复工程的承修船厂、修复地点以及修复工作程序等问题，必须尽快进行科学论证，以作为省委、省政府决策的依据。鉴于此，省文化厅于1996年12月17日邀请省打捞中山舰专家组组长七〇一研究所研究员级高级工程师李建球、省打捞保护中山舰专家组副组长、武汉交通科技大学船舶及海洋工程系主任、教授翁长俭、省打捞保护中山舰专家组成员、华中理工大学教授张祖柜、中国船舶检验局副局长、高级工程师胡金华、省保护修复中山舰课题组负责人、省博物馆保管部主任、研究馆员陈中行等5位专家，召开了"中山舰修复工程专家论证会"。省文化厅副厅长胡美洲、文物处处长周崇发等参加了论证会。与会专家实地考察了武昌造船厂和湖北船厂，并就上述三个问题进行了充分讨论和科学论证，现将论证结果纪要如下：

一、关于中山舰修复工程承修船厂的选定问题

到目前为止，有湖北造船厂、武昌造船厂、中国港湾建筑公司二航局船厂等三家船厂积极向省文化厅提出了承修要求并提交了修复方案和经费概算。专家们认为，中山舰还未出水，其破损程度不清楚，修复到何种状况亦不清楚，现在的经费概算只是个不确定的数目，很难符合实际，因此，其报价只能作为参考。选定船厂，必须结合各种实际情况综合考察。专家们认为，三家船厂都具备修复能力，综合比较来看，以选定湖北船厂为宜。理由是：

1、中山舰出水后需要在船台上存放2至3个月时间，以便勘验设计，船台的日租金约为3000元左右，而湖北船厂则能无偿提供船台；

2、湖北船厂将采取封闭式作业，这对文物的安全保护有利；

3、湖北船厂比武昌船厂工时费、管理费等费用要低。

二、关于修复地点问题

专家们认为中山舰出水后应该立即进厂修复，而不能在金口江边修复。理由是：

1、在江边修复需要建船台和起坡滑道，购置安装机器设备，架设接通动力电路，增加工人食宿开销等，这样在经费使用上不合算，增加了大笔修复经费；同时在时间上也不允许，中山舰出水后必须立即进厂修复保护，若等上述船台、机器设备筹办好以后再修，会延误时间，中山舰将会加重腐蚀。

2、在金口江边修复，不利于管理，对文物的安全保护不利。

三、关于修复工作程序问题

专家们认为，其实施程序应该是：中山舰出水——进船厂上船台——专家和工程技术人员勘验——研究修复方案——制订修复设计（计划、图纸）方案——按方案、图纸精心施工。

四、关于中山舰的修复方案

中山舰的陈列方式直接影响修复方案的确定。目前，社会上有"水展"、"旱展"两种意见，专家们认为，水、旱展的最后确定，除了考虑最大限度发挥其教育作用之外，还应视其损坏程度确定。建议省委省政府广泛征求意见，在中山舰出水后，及时拿出倾向性意见，以便确定修复方案。

省打捞保护中山舰专家组
组　　长：李建球（签字）
副组长：翁长俭（签字）
1996年12月17日

确定中山舰维修单位第一次研讨会

1996.12.17

姓名	单　位	职称	签名
李建球	七〇一研究所	研究员级高级工程师	李建球
张祖柜	华中理工大学	教授	张祖柜
翁长俭	武汉交通科技大学	教授	翁长俭
陈中行	省博物馆	研究员	陈中行
胡建国	武汉船检局	高工	胡建国

举世瞩目的中山舰于 1997 年 1 月 28 日整体打捞出水后，于 2 月 19 日拖至湖北船厂水域，3 月 28 日送上船厂修船台，至此，中山舰正式进入保护修复阶段。受湖北省打捞、修缮、陈列、保护中山舰工作领导小组办公室及湖北省文物局的委托，第七〇一研究所制定了中山舰修复设计总体方案供各级领导机关和有关专家审定。

一、中山舰的历史情况简介

中山舰原名永丰舰，由清朝北洋海军于 1910 年向日本三菱长崎造船所订购。1913 年由袁世凯政府的北京海军部接收，编入海军第一舰队。

中山舰曾经历过孙中山先生发动的护法运动、孙中山先生广州蒙难、蒋介石发动的中山舰事件和抗日战争时期武汉保卫战等重大历史事件，它的辉煌历史已被载入中国革命的史册。1925 年 3 月 12 日孙中山先生在北京逝世后，广州国民政府为纪念孙中山先生，于同年 4 月 13 日将永丰舰正式命名为中山舰。1938 年 10 月 24 日，中山舰在长江武昌金口镇水域巡防时与 6 架日本轰炸机遭遇。在击落 3 架日机后，因首部火炮发生故障，被日机乘隙击中，沉没于金口水域。据有关资料记载，中山舰建成时总长 65.99、宽 8.99 米，型深 4.5 米，吃水 2.44 米，排水量 780 吨，总功率 1350 马力，航速 13.5 节，舰员 108 ~ 146 人。主要武器装备为阿式 4 英寸后膛炮 1 座、阿式 3 英寸速射炮 1 座、阿式三磅速射炮 4 座及马式一磅机关炮 2 座。另据原中山舰舰员回忆，1937 年 10 月，舰上的 6 门主、副炮均被拆除送往长江沿岸的炮台，用于充实岸防火力。其后，为满足中山舰在长江水域巡防的需要，舰上加装了 2 门高射炮。

二、中山舰的现状

1997 年 3 月，第七〇一研究所对出水后的中山舰进行现场勘验。具体情况如下。

1. 船体受损情况

船体中部右舷水线附近有较大破口 1 处，受损区的外板大面积变形内凹（受损范围约 9 米 × 3 米），估计为炸弹近距离爆炸造成的，系中山舰船体破损进水的主要部位。尾部船底外板有类似的较小破口 2 处（受损面积各约 3 平方米），尾轴和轴架均断裂，估计此处受损是造成中山舰操纵失灵的原因。船体中部左舷水线附近，有 20 多米长的外板内凹变形区（受损面积约 54 平方米），尾部左舷也有类似变形区（受损面积约 8 平方米），估计为船体沉没江底时压在江底礁石板上造成的。艏楼甲板上的驾驶舱等上层建筑全部受损，只留有舱壁遗迹，驾驶舱右边的甲板上有炸弹弹洞 1 个（弹洞尺寸约 2.3 米×2.5 米），估计此处中弹是造成指挥台倒塌和舰长萨师俊受伤的原因。中部上层建筑中后锅炉舱棚一段全部受损，其左舷甲板也受到大面积破坏，估计是沉没江底时遭人为破坏。尾部上层建筑的左后角有中弹痕迹，顶板破裂，外壁板破裂外翻。舰体外板、上层建筑壁板及船体内的甲板和舱壁上的破裂和扭曲变形的部位较多。另外，由于中山舰的船体为全铆接结构，船体上出现多处铆钉松动和脱落的现象。

2. 舰上设施受损情况

舱面上的前后烟囱、4 只救生艇、1 座探照灯和各种火炮全部遗失，主桅杆仅剩约 1.5 米的残根。舷梯、艇架、吊艇杆、栏杆及通风风斗等设施受损严重，无一完好。锚泊和系缆设施基本保存，但是锚和大部分锚链已遗失。舷窗基本保存，舵板保存完好，螺旋桨遗失，主甲板左舷尚有一台消防泵保存完好。后锅炉舱中的大部分设备遗失，前锅炉舱、机舱、舵机舱、绞盘间和无线电报房中的设备基本保存，下甲板升火舱中还有一台消防泵也保存完好。钢质斜梯和舱门、舱盖少量遗失，木质斜梯和木门大部分受损。其他舱室中的设施和物品也保存较好，现已全部清除，其中木质家具多已散架。舱内各种管系基本保存，但部分风管锈蚀严重难以继续保存。舱内的木质封面受损严重难以保存。

3. 腐蚀情况

船体结构和各类设备都存在着不同程度的腐蚀现象。其中，大部分板厚较薄的舱壁腐蚀严重，尤其是上层建筑舱壁。外板上的破损腐蚀较为严重。相对而言，各类设备的腐蚀情况尚可。勘验结果表明，中山舰的主船体部分虽多处破损但整体保存完整，具备修复条件。

三、总体方案的设计依据和原则

1. 设计依据

本方案遵照湖北省人民政府《关于中山舰修复方案的请示》和国家文物局《关于中山舰修复方案的复函》的指示精神，依据湖北省文物局提出的《中山舰修复设计技术要求》制定。

2. 设计原则

修复设计在按照"整旧如旧，恢复原貌"及"应保持中山舰出水时的基本原貌"这一总要求的基础上，以恢复中山舰自浮能力、水上陈列为目标。考虑到中山舰集船舶与文物于一身的特殊性，拟制定以下设计原则：修复设计以历史资料和实船勘验结果为依据，在现实可行的基础上尽量采用原材料、原工艺；中山舰外貌的恢复以确保舰的浮态、稳性及充分显示当年中山舰雄姿为基准；船体的修复以确保舰的总强度及局部强度为基准；除锈及防护以利于长期保护为基准；弹孔的保留以不影响结构强度要求为基准；典型工作及生活舱室的修复以对孙中山先生有重要纪念意义及能够客观反映舰上官兵战斗和生活情况为基准。

四、修复设计总体方案

1. 总体

（1）主尺度和线型

根据实测数据与史料记载的主尺度数据比较分析，确定中山舰的主尺度为：

总长	65.99 米
垂线间长	62.48 米
最大宽度	8.99 米
型深	4.65 米
设计吃水	2.44 米
设计排水量	780 吨

双轴、双桨、单舵

中山舰的船体线型依靠实船测绘的方法获得，由于中山舰的主船体中段有较大范围的变形，故对实船测绘的线型进行了放样修正。

（2）总布置

总布置设计完全依照中山舰原总布置情况进行，根据需要只对个别舱室的用途进行调整。

全舰设艏楼甲板、上甲板和下甲板共 3 层甲板，纵向设 9 道主横隔壁。全舰共计设置 94 个舱室，分别为工作舱室 12 个、生活舱室 35 个、各类储藏舱 47 个。舱室的分布情况大体如下。

艏楼甲板上是驾驶舱和旗房。

上甲板前段和下甲板前段为军士和士兵住舱及绞盘间。

船体中段为动力舱段，包括前、后锅炉舱、机舱、煤仓及无线电报房等工作舱室。

艉楼和下甲板尾段主要是舰长住室、军官住室和军官生活用舱，最尾端是舵机舱。

下甲板以下的底舱是各类储藏舱。

考虑到中山舰需要开放展示，拟将露天甲板区、上甲板前段和艉楼作为开放展示区。

（3）稳性

由于中山舰不做功能性修复，故其装载量大为减少。尤其缺少了后锅炉舱中的全部设备及弹药、燃煤和淡水等重要装载物，必将使舰的重心提高从而降低稳性指标。为保证舰的稳性指标要求，拟在底舱增设固体压载。

2. 船体结构的修复

（1）修复内容

船体结构的破损变形和腐蚀情况较为严重，修复工作量很大。船体结构修复的内容包括如下。

　　a. 复原首部上层建筑和遭破坏的中部甲板室。

　　首部上层建筑虽然已完全损坏，但甲板上仍残留了原舱壁的痕迹，因此，首部上层建筑的外形尺寸是明确的。至于舱壁上的门和窗的布置位置及舰桥甲板的外形尺寸，需根据历史照片进行复原设计。

　　中部甲板室中遭破坏的部分主要是后锅炉舱棚，现已知其外形尺寸。至于该区域的舱室分布及门、窗开口位置，需根据后锅炉舱中的设备布置情况，参照前锅炉舱棚的情况进行复原设计。

　　b. 对破损、严重变形或严重腐蚀的结构进行更换或修补。

　　由于中山舰在对日机作战过程中、沉没江底期间和打捞过程中遭受的各种创伤很多，因此，舰体上存在多处板结构破裂或凹陷、板结构严重腐蚀和加强结构严重变形的现象。为保证船体强度，对上述受损的结构必须进行更换或修补，对重要部位还需进行结构加强。

　　c. 对轻微变形的结构进行矫正。

　　对于对船体结构强度影响较小的轻微变形，采用矫正的方法以达到外观修复的效果。

　　d. 适当保留舰体上的弹痕。

　　为达到自浮的要求和保证船体强度，舷侧和水线以下的弹洞必须修复而无法保留。艉楼中弹的部位位于舰长室内，且对全舰外观影响较大，应该修复。经过慎重考虑，我们认为艉楼甲板上的弹洞对船体强度影响稍小，同时最具有教育意义，建议保留。拟在弹洞周围进行结构加强并设置防雨排水设施。

　　（2）破损修复的方法

　　中山舰船体存在数处大的破损区及许多小的破损、腐蚀区，另外有许多铆钉松动、脱落。对于不同类型的破损的修复方法如下。

　　1）船壳板挖补

　　对于船壳板上小的破损处采取挖补修理。

　　挖补工艺如下。

　　a. 首先焊接横向和纵向接缝中间部分（见图1）。在焊第一遍时要求焊缝内无缺陷，然后根据钢板厚度继续焊接数层；

　　b. 焊完横、纵向焊缝后，再按次序焊补4个圆角（见图2）。

　　从焊补第二遍开始，每焊接一次都要进行锤击，以减少内部应力，保证焊补质量，锤击时要轻轻击打。

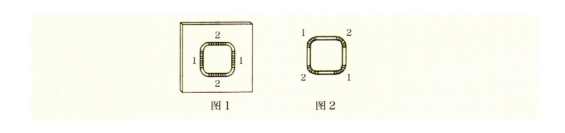

图1　　　　　　图2

2）铆钉的焊补

对于受严重腐蚀的铆钉，可采取焊补修理。焊补铆钉要注意以下事项。

a. 先将要焊补的铆钉及其周围 10 毫米的铁锈清除干净；

b. 焊补铆钉要注意准确，因为铆钉钉头表面往往和钢板一样平，所以焊补时易焊错位置，因此，焊补铆钉时必须先在铆钉头外圈焊一圈焊道如图 3 所示，然后进行第二层焊补。铆钉焊补完，如遇到铆钉长口搭接缝处，必须进行捻缝，以免漏水。

3）铆钉孔的焊接

船上有些铆钉孔必须焊补，例如中山舰的舭龙骨由于打捞过程中被钢缆拉坏，因此许多与外板铆接的铆钉拉脱，修复过程中拟将拉坏的舭龙骨部分卸下，将铆钉孔焊补上，保证水密。

在水平位置焊补铆钉孔时，用钢板作为衬垫，焊前必须将铆钉孔内的油污清理干净，施焊引弧时从铆钉孔边缘开始，然后将焊条由外向内作螺旋形或同心圆形摆动，当焊条摆动到铆钉孔的中央时应稍停留一会儿再熄弧。每层焊道都应注意清理焊渣，一直焊到焊缝金属稍高于母材为止。然后将反面清根后进行封底补焊。

在补焊垂直位置的铆钉孔时，应特别注意铆钉孔上端要保持焊透，对低于钢板表面的凹坑应补焊加高。

若遇到大面积铆钉孔需补焊时，为减小变形可按图 4 的焊接次序进行跳焊。

4）船体构架的更换

在更换肋骨处，应先焊肋间的对接焊缝，并须把头、尾焊满，如图 5 所示。肋骨对接缝焊完后，在接缝两边焊 50 毫米长的短焊缝，见图 6。

在更换型材时，首先应清除端部的油污，两型材的间距以 5 ~ 6 毫米为宜（见图 7，a），施焊时分两部分进行，先焊完焊缝的一边，再焊焊缝的另一边（见图 7，b），然后以月牙形摆动方法将两边连接在一起；最后在焊道两端焊上长约 50 毫米的短焊缝（见图 7，c）。

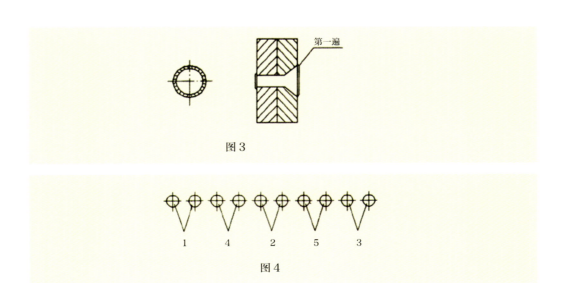

图 3

图 4

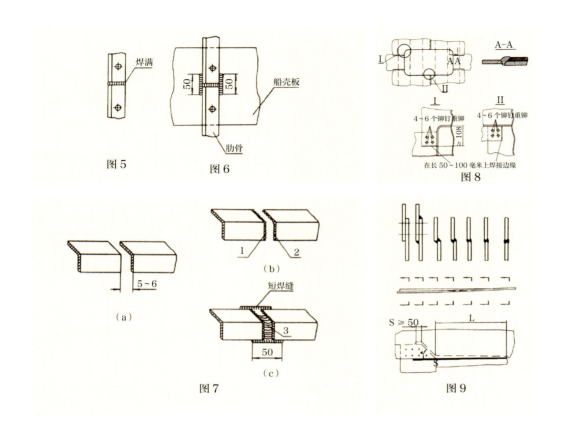

5）大范围外板更换

中山舰有大量的船体外板需要更换，改成焊接结构以后，要严格执行工艺程序，才能保证质量。铆接结构船舶外板钢板焊接示意图如图8所示。通常在铆接结构过渡到焊接结构时把焊缝置于边接缝和对接缝搭缝以外大约离钢板去掉边缘的10倍厚度（切割线应当不近于被去掉铆接缝50毫米）的距离上（见图8）。

6）铆接过渡区的技术要求

板列接缝由铆接形式向焊接形式过渡时，应采用如图9所示的结构形式，并应符合下列规定。

a. 过渡区的长度L应不小于钢板厚度的20倍；

b. 应由搭接逐渐向对接过渡，其斜边的夹角 α 不得大于45°；

c. 搭接的斜边部分应为焊侧高不小于板厚0.7倍的角焊缝，且其延伸长度S不小于50毫米。

铆接缝与焊接缝相交时，过渡区允许采用图9所示的挖角过渡形式。

（3）变形矫正的方法

对于船体结构的较小的变形，能够矫正的进行矫正，修理时采用如下矫正形式。

1）热矫正

船体结构修理时（不用拆下）就地热矫正方法用以修复如下变形。

a. 消除不超过 2 ～ 3 倍钢板厚度的外板钢板上的、甲板钢板上的、舱壁板钢板上的凸起；

　　b. 消除具有不超过钢板厚度 2 ~ 3 倍的外板钢板的凹凸不平；

　　c. 消除邻接被更换部分（钢板）的钢板自由边缘内平顺变形（波纹）；

　　d. 消除凹陷变形的延伸到 3 个肋距且不超过 2 ~ 3 倍板厚的变形。

　　对于具有超过上述数值弯度的其余平顺性质变形可以卸下，在压力机等设备上采用结构热矫正。

　　2）冷矫正

　　卸下结构，用千斤顶或压力机进行矫正。

　　（4）修复工艺及注意事项

　　中山舰船体破损、变形、腐蚀均较严重，因此修复工作中将会有大量的换板、换构架工作，船体拆装工作必须按顺序进行。如果拆换顺序不当，可能会引起船体变形，以致难以纠正，影响船体外观。

　　船体结构修复的重点有以下几处：船右舷中部区域的大破损变形区（编号①）、船右舷尾轴出口处的破洞（编号②）、船左舷尾轴出口处的破洞（编号③）、船左舷尾部外板凹陷变形区（编号④）、船左舷近水线处大范围船体变形区（编号⑤）。修理顺序如下。

　　先修理编号③的破洞，因为其处在水线以下，并且对总强度影响不大，而且此处施工空间较宽敞。在此处进行尝试性的修复，对于制定具体的施工工艺、严格控制变形积累经验，为全面修理工作打下基础。

　　编号①、⑤、⑥的修理顺序为⑥→①→⑤，因这几处破损和变形对船的总强度影响较大，目前中山舰的总纵剩余强度不高，因此修理时应十分慎重。在采取加强措施的情况下，先将后锅炉舱右侧壁修复，对保证船的总强度至关重要，对编号①的破损的修理应采取小块的换板换构架。此处修缮后才能进行编号⑤的修理工作，而此时可以较大块地换板及构架，以加快施工进度及减小焊接变形。

　　按照"整旧如旧"的要求。对于水线以上的外板与需要作为展示的区域应做到焊接工艺能逼真地仿照铆接外观，采用堆焊假铆钉头，做假的铆接搭头等方法。

3. 露天设施

　　对于烟囱、桅杆、救生艇、火炮、探照灯、舷梯和锚等大型露天设施进行复原设计。对于通风风斗、栏杆、旗杆、舷窗、系艇杆等其他设施进行修复；根据损坏程度修补或更换露天甲板上的木铺板。

4. 舱内设备

　　对于舰上原有的舱内设备均在进行清洗、除锈和防腐处理后原位安装，其中，舵机争取作功能性修复；为保证除锈和防腐处理效果，需将前锅炉舱和机舱中的设备吊出船体进行施工；驾驶舱设备需进行复原设计。

　　对于开放展示区和新增设的保障系统所需要利用的管系进行修复，其余管系尽量在原位进行除锈防腐处理。

5. 舱室布置

复原驾驶舱、无线电报房、舰长室、电讯官室和上层士兵舱的舱室布置和装饰原貌，以反映孙中山先生和海军官兵在中山舰上战斗和生活的情景。对其他舱室根据出水时的状况进行整修加固。

6. 防腐保护措施

由于中山舰的腐蚀情况严重，而中山舰是需长期保护的文物型船舶，因而修复时应考虑长效防腐的要求，采用10年期效的超黏附型长效防锈漆，对难以维修的部位应采用具有10年以上期效的重防腐涂料和工艺。舱内木质构件采用防火涂料或进行防火处理，纺织品亦需进行防火阻燃处理。

7. 保障系统

为满足中山舰的安全防护和正常使用的需要，舰上拟增设下列保障系统。

（1）电力系统

根据估算，舰上照明、通风、通信、消防和排水等各种用电设备的用电功率约为120kW。鉴于中山舰的存放方式为岸边停靠，故以岸电为主要电源，舰上配置应急发电机组和少量24伏蓄电池组。在原后锅炉舱段设置配电板室、电源室和蓄电池室。主要设备包括：

岸电箱	1个
岸电补偿器	1个 额定容量约为200A
主配电板	1个
康明斯BR148柴油发电机组1台	额定功率148W
24伏免维护蓄电池组	若干

（2）照明网络

由于舰上原有照明网络已无法使用，因此需重新设计新的照明网络。为达到仿旧效果，可采用现有的白炽灯泡和老式开关，电缆也可以用舱室绝缘进行覆盖。

（3）广播系统

广播系统由1部功率为50W的扩大机（带遥控器）和若干扬声器组成，可以分两路（舱内和舱面）遥控广播，广播室设在原旗房内，扬声器设在各层甲板道、主要展示舱室和舱面。

（4）通风系统

舰上原设有自然通风系统，现改为强制通风方式。通风管路仍利用原通风管，对破损和腐蚀的旧管路进行更换。

（5）消防系统

重新设计舰上消防系统，增设火警报警装置。原有消防管路无法使用，需重新设计。

（6）配置必要的损管器材和排疏水系统

（7）舰面设置信号标识灯

8. 校核试验

为确保完工后的中山舰舰体的水密性能和准确掌握中山舰的稳性状态，需进行下列试验。

在船体结构修复施工时，对外板和有密性要求的舱壁进行密性试验。

在中山舰下水且大部分修复工作完工后，进行倾斜试验。

9. 关于中山舰修复工程的建议

（1）加强合作

中山舰的文物特性，决定了中山舰的修复工程完全不同于其他普通船舶的修理工程。为了达到修复工程的最终目标，需要文物部门、设计单位和船厂通力合作、互相支持。

（2）加强现场管理，实行封闭施工

在中山舰修复期间会有很多社会各界人士前往参观。考虑到船舶修理现场环境的恶劣性，为保障参观人员人身安全及文物的安全，建议加强对施工现场的管理，实行封闭施工。

中国船舶工业总公司第七〇一研究所

一九九七年九月

中山舰修复设计技术要求

附录十九

1. 编制依据

本技术要求根据湖北省人民政府《关于中山舰修复方案的请示》和国家文物局《关于中山舰修复方案的复函》精神编制，作为承担中山舰修复设计任务的中国船舶工业总公司第七〇一研究所开展中山舰修复设计工作的依据。

2. 修复设计的指导思想和原则

修复设计应按照"整旧如旧，恢复原貌"的原则和"应保持中山舰出水时的基本原貌"的要求进行。同时，修复设计应依据历史资料，尽量采用原材料、原工艺。

3. 修复设计内容

（1）在对主船体和上层建筑进行彻底除锈的前提下，根据船体破损和锈蚀情况，进行主船体和上层建筑恢复原貌修复设计，使中山舰恢复自浮能力；在不影响船体强度的前提下，尽可能保留中山舰上的弹孔。

（2）为恢复中山舰历史原貌，应对露天设施进行外貌修复设计，对已遗失和严重损坏的露天设施应根据历史资料进行外观复原设计。

（3）根据文物部门提供的中山舰历史资料，选择对孙中山先生有重要纪念意义和反映舰上官兵战斗和生活情况的部位和设施进行复原设计。其他一般舱室按出水时的状况进行整修加固。

（4）为满足中山舰的安全和防护的需要，重新设计舰上的有关保障系统。

（5）根据中山舰需长期保护的要求，论证并选择具有长效防腐功能的防腐工艺和材料。

（6）在实测和论证的基础上确定中山舰的主尺度和船体线型，推算中山舰的浮态和稳性；根据计算结果制定浮态和稳性的调整方案；制定校核浮态和稳性的实验要求和方法。

湖北省文物局

一九九八年三月十日

附录二十

中山舰修复保护工程验收意见

中山舰修复保护工程验收意见

2001 年 9 月 20—22 日，湖北省人民政府组织史学、文物、舰船、化工等方面国内知名专家，在武昌召开了中山舰修复保护工程验收会议，与会专家在实地检查了修复后的中山舰，认真听取修复保护工程的工作报告，并审核了有关验收资料后，形成意见如下：

一、修复后的中山舰，恢复了 1925 年中山舰命名前后的整体面貌，保留了 1938 年日军炸沉中山舰时的两处弹痕以及其它历史信息；维修工作较好地贯彻了尽量保留中山舰原件的原则，采用了原铆结构工艺；在充分调查研究和论证的基础上所进行的文物复原和仿制工作，有其历史和科学依据；新增加的消防报警系统，有利于中山舰的安全保护。

二、中山舰防腐保护体系采用水性无机富锌涂料、互穿网络（IPN）聚合物涂料、有机氟改性丙烯酸聚氨酯等组成的内、外保护方案具有科学性、先进性和适用性；根据产品的检测数据所揭示的产品性能，考虑到中山舰停放的实际环境，结合该保护体系的运用，以及多种模拟试验结果类比推测，其涂料整体使用寿命可达 10 年以上，其防腐施工质量符合要求。

三、修复后的舰体结构强度和船舶稳性达到修复设计要求；舰艇舾装设备、系泊设备以及救生艇、舵系、舰炮等均较完善地修复；较好地恢复了主、辅机等设备外形及部分机械动作，修复是成功的。

专家们认为：中山舰修复、保护和文物复原工作，较好地贯彻了《文物保护法》的规定，符合"保护为主，抢救第一"的文物保护工作方针和文物保护修复的原则，符合国家文物局对中山舰修复、保护方案的批复要求。专家们一致同意通过验收。

此外，专家们对下一步工作提出如下建议：

一、为落实国家文物局批复意见，同时防止修复后的中山舰发生在船台上长期放置而可能产生的变形，尽快发挥中山舰作为水上流动博物馆的社会教育功能，浮船坞的建造刻不容缓，应立即进行。

二、要继续深入调查研究，拟出详尽的中山舰复原陈列方案，经专家论证后付诸实施。复原陈列要尽可能地反映中山舰的历史事件，重点突出 1922 年孙中山蒙难的历史史实。与此同时，要对部分舱室木质装饰和色调作适当调整，进一步加强出水的部分零散构件的保护和利用，进一步加强修复后的中山舰的管理。

中山舰修复保护工程验收专家委员会主任（签名）：夏燕月
中山舰修复保护工程验收专家委员会副主任（签名）：孙树人 李建球
中山舰修复保护工程验收专家委员会委员（签名）：
郑广荣 杨守万 李评 何云陔 姚树人
胡骏 周崇发 吴剑杰 陈振裕
查全性 胡美洲 李建球 涂文学
○○一一年九月二十二日

中山舰修复保护工程验收专家名单

查全性	中国科学院化学部院士	武汉大学教授	博导
姚树人	原海军工程学院院长	教授	博导
章开沅	原华中师范大学校长	教授	博导
吴剑杰	武汉大学人文学院教授	博导	
郑广荣	原国家文物局博物馆司	司长	
李云平	军事博物馆副馆长、大校（正师）		
周宝中	国家文物局科教专家组	研究员	
王丹华	国家文物局科教专家组	研究员	
胡骏	原中国文物研究所副所长		
夏燕月	中国革命博物馆馆长	研究员	
李建球	中船总第七〇一研究所	教授级高工	
杨守万	湖北省防腐协会理事长		
何云陔	湖北化工研究设计院	院长	
胡美洲	原湖北省文化厅副厅长	研究员	
周崇发	原湖北省文物局副局长	研究员	
陈振裕	原湖北省考古所所长	研究员	
涂文学	武汉市档案局副局长	研究员	

附录二十一

中山舰保护工作报告

中山舰保护工作报告

一、前言：

中山舰是中国近代史上一艘著名的舰艇，1913 年建成下水，1938 年被日机炸沉，沉没时间长达五十九年。打捞出水时，舰体锈蚀严重。中山舰作为重要的革命历史文物，保护工作从它出水之日就摆在文物工作者的面前。作为文物修复原则应尽力保持其原貌，修复中的防腐工作也应尽力不伤害舰体，保持舰体当年的原貌。修复后的舰体将放置在江边供人们参观，因此所处环境较为复杂，而作为文物不可能经常维修，这更增加了修复防腐的工作难度。

涂料涂层保护技术具有防腐蚀效果佳、工程造价低、施工简便、适应性强等特点被广泛应用。涂料防腐保护的特长是依赖于涂料与底材的良好结合，并以恰当的施工条件保证涂层的厚度以及工程后期的维护保养。中山舰保护决定采用涂料涂层保护。因此研究、确定合适的底、面层漆品种，保证设计、施工、使用等方面的经济和社会效益是中山舰防腐保护的重点。为了完成好这一重要研究课题我们组织专门研究小组，进行中山舰保护专用涂料的研究工作。在对传统防腐涂料和改性树脂防腐涂料防腐性能研究比较的基础上，经研究开发、实验、测试（挂板试验、现场试验）和现场应用等过程的检验，最终研制出 ZS-1、ZS-2、ZS-3、ZS-4、ZS-5 等几种涂料分别用于舰艇的内、外保护。

我们根据中山舰专用漆的性能、技术指标及相关国家标准确定整套修复保护工作的施工工艺。并于 1999 年 11 月开始保护工作。在按工艺条件施工后，现保护工作已全部完成。

二、ZS-1 的研究：

1. 涂裂后腐蚀原因：

涂膜下的金属腐蚀是由电化学作用引起的，在阴极，氧有去极化作用，反应如下：

$$O_2+2H_2O+4e=4OH^-$$

因此，膜下泡内溶液呈微碱性，同时，在阳极发生如下反应：

$$Fe-2e=Fe^{2+}$$

Fe^{2+} 与氧、水及 OH 反应生成 $Fe(OH)_2$、$Fe(OH)_3$、$Fe_2O_3\cdot XH_2O$ 等腐蚀产物，其体积要增大好几倍，使漆膜鼓起，最后破裂。由于天气变化，金属表面温度、湿度随之变化，这样在化学、电化学作用下，金属表面将加速腐蚀。

2. 涂料的合成和制备：

金属的涂料防腐，底漆的防腐效果是非常重要的。富锌涂料作为钢铁防腐的重要组成部分，是利用锌粉颗粒间、底材钢板与锌粉之间都保持金属的直接接触，形成一层致密的络合结构，提高了导电性和附着力；同时如果水分侵入涂层，就形成了一个由锌粉与底材钢板组成的电池，锌比钢铁活泼，所以电流由锌向钢铁流动，钢铁得到了阴极保护来阻止钢铁的腐蚀。富锌涂料根据成膜物质的不同分为有机富锌和无机富锌。无机富锌涂料在导静电性、耐碱性、耐热性、耐溶剂性、防锈性等方面都优于有机富锌。近年来，随着人们环保意识的增强，对含挥发性有机溶剂的限制越来越严格，水性涂料、无溶剂涂料等成为涂料行业发展的主流，得到人们越来越多的重视。因此中山舰保护决定选用水性无机富锌涂料作底漆。水性无机富锌涂料作为一种耐热、防腐、室温固化的功能涂料，最早由美国的 NASA 公司在 70 年代开发的。而我国对无机富锌涂料的研制和应用还仅限于硅酸乙酯和硅酸锂系列。

2.1. 原料的选择和组成：

在一般无机涂料中，通常使用低摩尔比的碱金属硅酸盐为基料，其种类与特性如表 1。

表 1 碱金属硅酸盐的种类及特性

种类	特性
硅酸锂	较难溶于水，不宜得到较高的浓度，能耐高温，热应变性差，干燥慢，价格高
硅酸钠	成膜好，易溶于水，极易成涂料，但易被碳化。
硅酸钾	易溶于水，成膜好，价格低
硅酸铵	耐水性好，成膜差，高温易变化，溶液不稳定，价格高

由表 1 可见，硅酸钠、硅酸钾成膜性好，故一般用于涂料的多为碱金属的 钠

盐、钾盐及钾盐的混合物。然而钾离子比钠离子、锂离子体积大，并带有较弱电流，运动上稳定。因此我们经研究选用硅酸钾作为涂料基料，通过向溶液中添加改性树脂，提高其摩尔比，不仅增强了附着力，还使其与锌粉更易混合。

2.2. 水性无机富锌涂料的防腐机理：

从不同摩尔比的硅酸盐的结构（图 1）可看出，高摩尔比的硅酸盐较低摩尔比的硅酸盐含有较多的 OH 基。这些 OH 基可与锌粉发生反应，形成饱和的硅酸锌聚合物（图 2）。因此这种高摩尔比的硅酸钾制得的涂料，反应速度大大提高，固化时间大为缩短，减少了单层涂装的时间。

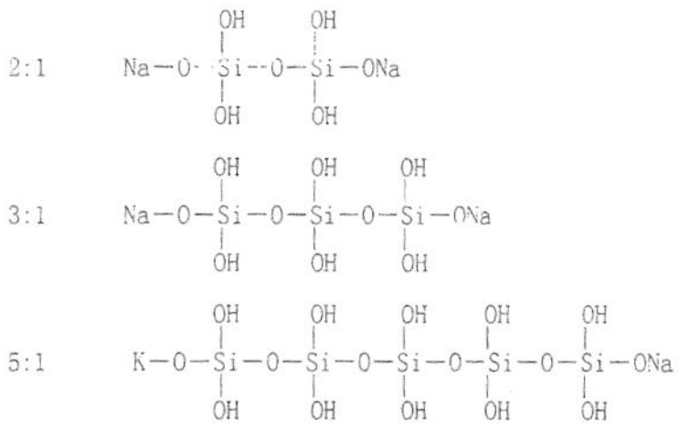

图 1 不同摩尔比硅酸盐的结构

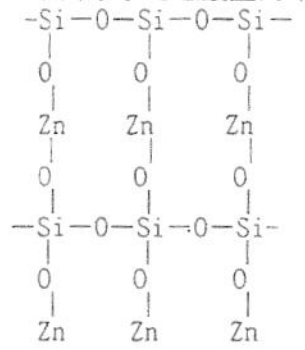

图 2 饱和硅酸锌聚合物结构

当涂料涂到金属表面时，锌粉颗粒之间、底材钢板与锌粉之间都保持金属

的直接接触，形成一层致密的络合结构，提高了导电性和附着力。在此状态下，如果水分侵入涂膜，就形成了一个由锌粉和底材组成的电池，锌比钢铁活泼，所以电流由锌向钢铁流动，钢铁受到阴极保护。同样，当涂料处于腐蚀环境中，由于污染源向涂膜内层渗透的影响，锌将与污染物质反应，形成氧化锌、氢氧化锌、碱式碳酸锌、碱式氯化锌、硫酸锌等腐蚀产物，这些产物逐渐积附在锌粉间的空隙和钢铁的表面，增大电阻，减弱电化学腐蚀速度，锌粉的消耗速度就大大降低，其耐久性得以提高。据 NASA 报道（表 2）在各类富锌涂料中抗腐蚀最强的为水性无机富锌，它在海洋大气条件下使用寿命至少为 25 年。

表 2 富锌涂料在海洋大气条件中使用寿命对比

涂料类型	环氧富锌	溶剂型无机富锌	水性无机富锌	
			后固型	自固型
使用寿命（年）	3-5	12-15	25	25

2.3. 基料的合成：

2.3.1. 低摩尔比硅酸钾的合成：

将氢氧化钾、石英粉等原料按适当的比例混合，经熔融、冷却、溶化、浓缩等工序，通过不断调整，制得一种不挥发份为 30%-39%、摩尔比为 3.3:1 的硅酸钾基料。

2.3.2. 高摩尔比硅酸钾的合成：

按配方要求，在装有硅酸钾溶液的反应器中，高速搅拌下分别滴加硅溶胶、硅氧烷等组份，反应持续 3h，在反应后期，不断进行检测，直到得到一种摩尔比为 4.8-5.3:1 左右、挥发分为 19%-23%的半透明硅酸钾溶液。

2.4. 水性无机富锌涂料的制备：

水性无机富锌涂料由基料和固化剂两部分组成。将高摩尔比硅酸钾在高速搅拌下与添加剂混合制得基料，固化剂为锌粉，按一定的配比加入。

2.4.1. 锌粉的含量：

富锌漆以大量锌粉作为活性填料，锌含量对其防锈性有较大影响。

①制配制 70%--90%不同锌粉含量的涂料制作成样板。

②将样板进行耐盐水腐性（3%的 NaCl 水溶液）及耐盐雾腐蚀性能（将氯化钠溶于蒸馏水，浓度 50±10g/L，pH 为 6.5--7.0 测试），其结果如下：

表 3　富锌漆膜耐盐水结果

时间（h）	锌粉含量（%）				
	70	75	80	85	90
120					面板起泡
148				面板起泡	
216			水渍处起泡		
240	正常	正常			

表 4　富锌漆膜耐盐雾结果

时间（h）	锌粉含量（%）				
	70	75	80	85	90
24	划痕处出现红锈	划痕处出现红锈			
48				面板起泡	面板起泡
72			划痕处出现红锈	划痕处出现红锈	
192	正常	正常			划痕处出现红锈

从表 3、表 4 可以看出，锌粉含量低时，因锌粉颗粒不能形成完整锌粉层，锌粉的阴极保护作用不明显。随着锌粉含量增加，但其阴极保护作用也增大，但树脂包裹在锌粒表面，这样使涂层与样板基体的附着力相对减小，一旦盐溶液渗透到锌粉表面，引起锌腐蚀，体积增大，最后导致涂层起泡，因此锌粉含量有一个临界值。我们经多次试验确定了 ZS-1 的配比。

三、ZS-2、ZS-3、ZS-5 研制：

1. 材料选择：

为了尽快解决适合于中山舰使用的涂料，我们在全国范围内对涂料生产企业进行广泛的调查，并通过计算机检索、会议论文等方法对国内涂料研究机构的最新研究成果进行了了解。从生产企业来看，分为常规涂料和专用防腐涂料。传统涂料生产企业和一些乡镇企业以常规涂料生产为主，而一些合资企业如国际、海虹、式玛等及国内知名企业如开林、715 所、青岛海洋所等企业，都以船用专用涂料生产为主，产品指标比较高，代表了国内专用防腐涂料的生产水平。大都是以氯化橡胶、环氧聚氨酯等系列为主，部分产品采用了改性树脂，但基本上还是对树脂的简单改性或两三种树脂的复合，作为一般船用涂料已基本可以满足实际需要，但对于中山舰这样的高标准要求的防腐对象，则远远达不到要求。

从研究机构包括上述企业的研究成果来看，国内新型防腐涂料的研究工作十分活跃，有合成工艺方面的研究、有树脂改性方面的研究、也有新树脂应用方面的研究，如聚醚、有机硅、氟碳树脂的研究开发，有的研究工作已具有相当高的水平。在对国内最新研究成果的分析研究中，一种新的改性树脂结构形态引起了我们的重视，这就是互穿网络（IPN）聚合物的研究。我们跟踪研究了国内 IPN 研究的最新动态，其中具有代表性的成果有《弹性体-97（3）》的聚氨酯环氧树脂互穿网络和聚氨酯环氧树脂互穿网络的性能研究；《热固性树脂-1996》的聚氨酯-丙烯酸；环氧-聚氨酯-丙烯酸；呋喃-丙烯酸等方面的研究。同时我们对国外 IPN 方面的研究也进行了了解和研究。

从研究成果分析，IPN 聚合物具有非常优异的防腐性能，它不仅具有改性树脂的优点，更由于其结构上的特点而具有优异的耐腐蚀性，能够突显出构成网络结构各树脂的优点。本课题参加单位之一的武汉现代工业技术研究院在此之前已对 IPN 聚合物进行了较深入的研究，并研制出"互穿网络（IPN）聚合物防腐防水材料"（该项目已通过武汉市科委组织的鉴定）。我们在此基础上，进行了更深入的研究，通过多种组合、配比实验并采用计算机辅助设计系统-CAD 技术，进行数理统计、多元线性归一和多目标规划，实现了配方的最优化设计。

1.1. IPN 聚合物的研究：

互穿网络（IPN）聚合物是两种或多种交联聚合物相互贯穿而形成的交织网络聚合物，通过对环氧树脂与聚氨酯形成的互穿网络的研究和应用、环氧树脂与丙烯酸树脂形成的互穿网络的研究和应用、环氧指与芳烃杂环树脂及不饱和聚酸树脂形成的互穿网络的研究和应用，均能改善单独使用单一合成聚合物制品的性质，但又存在种种不尽人意的地方。例如，环氧树脂与聚氨酯互穿网络材料，具有优异的粘接性、机械强度，可用于防腐涂料和胶粘剂的生产，但耐疲劳性、耐候性、耐热性和成本高等不足，使其应用受到一定限制。环氧树脂与丙烯酸酯互穿网络材料耐水性和耐候性有所提高，但脆性较大，抗冲击韧性较差。环氧树脂与杂环芳烃树脂、不饱和聚配树脂互穿网络材料能降低成本且耐疲劳性有所提高，但尚存在韧性差的重大缺点。我们在研究了国内外大量的文献基础上有意将上述互穿网络材料合理的组合起来，设计一种综合性能更为完善的高分子互穿网络材料以满足中山舰的防腐要求。

1.2. 设计方案与设计原理：

1.2.1. 预聚体型聚氨酯树脂增韧 N,N-二缩水甘油基对羟基苯胺缩水甘油醚环树脂：预聚体型聚氨酯树脂为高弹态，它与上述环氧树脂互穿网络形成的材料具有较好的韧性，且不影响环氧固化物的模量和耐热性。上述环氧树脂基体能促进相间渗透，相互间有协同效应，相间分子受到外力场的作用产生自身形变而吸收大量能量，使体系韧性提高。

1.2.1. 聚氨酯甲基丙烯酸双酯核壳结构聚合物增韧 N,N-二缩水甘油基对羟基苯胺缩水甘油醚环氧树脂：核壳聚合物是指由两种单体通过乳液聚合而获得的一类聚合物粒子，粒子内部和外部分别聚集不同成份，显示出特殊的双层或多层结构。核与壳分别具有不同的功能，通过控制粒子尺寸改变其组成。改性后的上述环氧树脂获得了显著的增韧效果。与传统聚氨酯橡胶增韧法相比，双氧基减少内应力，提高机械强度，尤其是冲击强度有明显提高。

1.2.3. 刚性高分子聚酰亚胺芳烃杂环树脂及双环戊二烯改性不饱和聚脂树脂增韧 N,N-二缩水甘油基对羟基苯胺缩水甘油醚环氧树脂：采用原位聚合技术使初生态刚性高分子均匀分散到环氧树脂基体中，可得到高深度和韧性聚合物的复合增韧材料。原位聚合增韧机理是由于形成的固化互联网构成了微观上非均匀连续结构来实现的，这种结构从力学上讲有利于材料产生塑性变形，所以具有较好的韧性。

1.3. 高分子材料的合成：

1.3.1. N,N-二缩水甘油基对羟基苯胺缩水甘油醚环氧树脂的合成：此种树脂合成较困难，经查阅文献、资料发现美国 Bakelite 公司的产品的性能、指标与我们的设计思路较接近，因此决定直接购买美国 Bakelite 公司树脂。

1.3.2. 预聚体聚氨酯树脂：

a. 原料和试剂：

端羟基聚四氧呋喃，工业级，上海合成树脂研究所；甲苯异氰酸酯，AR，北京化学试剂总厂。

b. 合成方法：

将 100 份端羟基聚四氧呋喃加入 500ml 三颈瓶中，加热至 120℃，搅拌，抽真空脱水，冷却至 40℃ 时加入 28 份甲苯异氰酸酯，搅拌升温至 80℃，反应 1.5h，冷却至室温，得淡黄树脂。

该预聚体具有韧性大，弹性好。

1.3.3. 聚氨酯甲基丙烯酸双酯树脂的合成：

a. 原料和试剂：

聚醚，省化工采购供应站进口分装；甲苯二异氰酸酯，工业级，北京化学试剂总厂；甲基丙烯酸羟丙酯，工业级，黄岩有机化工厂；冰乙酸，AR. 上海化学试剂一厂；对苯二酚，工业级，大连有机化工二厂。

b. 合成方法：

把聚醚和甲苯异氰酸酯计量加入 500ml 三颈瓶中，加热，搅拌。升温至 85℃ 时保持 3.5 小时，然后加入甲基丙烯酸羟丙酯、冰乙酸和对苯二酚，升温至 102℃，反应 2 小时。测酸值小于 0.5% 时，停止反应。

该树脂反应活性高，避光保存。

1.3.4. 聚酰亚胺芳烃杂环树脂：

购于徐州造漆厂，该树脂在核壳结构中，提供了一种刚性材料。

1.3.5. 双环戊二烯改性不饱和聚酯树脂：

购于上海新华树脂厂，该树脂由于引入双环戊二烯基因，对不饱和聚酯树脂的耐候性大为提高，树脂价格低，主要为降低互穿网络材料的成本且不影响其性能。

1.4. 互穿网络材料的复配：

1.4.1. 互穿网络材料配方的正交实验：

以字母 A、B、C、D、E、代表上述五种高分子聚合物，做选点配方，利用 $L_9(3^4)$ 正交设计可得出试验配方，正交实验结果如下表示。

因子	变化范围	间距
A（x_1）	1～1.5	0.5
B（x_2）	1～1.5	0.5
C（x_3）	1～1.5	0.5
D（x_4）	1～1.5	0.5
E（x_5）	1～4.0	1.0

为了进一步考查 5 种配合料的用量与互穿网络材料的理化指标，我们采用了计算机辅助设计技术（CAD 技术）。该技术是利用数理统计原理，按照多元线性回归原则，可确定在自然状态下各因子对材料理化性能影响的多元线性回归方程。

根据影响互穿网络聚合物的多元线性回归方程，再限定各项性能指标要求，形成多目标的约束集合，最后 CAD 对其进行多目标规划，从而实现配方的最优化设计。用 y_1、y_2、y_3、y_4、y_5、y_6 分别表示互穿网络聚合物的拉伸强度、断裂伸长率、柔韧性、不透水性、粘接强度和耐温性，约束集合如下：

性能参数	y_1	y_2	y_3	y_4	y_5	y_6
约束值	≥1.6	≥275	1≤y_3≤2	≥30	≥0.6	≥120
希望值	1.8	250	1	30	0.5	130
检测值	1.7	275	1	30	0.6	130

利用 CAD 进行多目标规划后，得出最优化设计配方如下为：

聚合物	A	B	C	D	E
重量份额	26.3	18.6	10.2	8.8	36.1

1.4.2. 互穿网络材料的复配：

a.甲组份的复配：

将 26.3 份改性环氧树脂 A、36.1 份改性不饱和树脂 E 及计量的有机锡化合

物、助剂加入搅拌调合釜 a，于 60℃搅拌混合 30min 后趋热过滤即得甲组份。

b.乙组份的复配：

将 18.6 份预聚体型聚氨酯树脂 B、10.2 份改性丙烯酸树脂 C、8.8 份芳烃杂环树脂 D、计量的三氟化硼—三乙醇胺及其它助剂加入搅拌调合釜 b，于 60℃搅拌混合 30min 后趋热过滤得乙组份。

1.4.3. 固化实验：

a.热固化：将甲组份：乙组份＝1:1（质量比）混合后，于真空条件下注入标准模具，于 120℃固化 2h，制得 120mm×40mm×5× mm 板材 20 块，做性能实验。

b.常温固化：将上述混合料加溶剂、颜填料、助剂、加温固化剂和促进剂，在马口铁片制得 120mm×40mm 漆膜 20 块，做性能实验。

1.5. 互穿网络聚合物性能：

互穿网络性能指标如下表示：

1、固体含量（%）　　　　　　　≥90

2、干燥时间：表干　25℃　　　≤2
　　　　　　　实干　25℃　　　≤24

3、金属表面附着力（划格法）%　　100

4、拉伸强度（MPa）　　　　　　≥1.7

5、断裂伸长率（%）　　　　　　≥250

6、柔韧性（mm）　　　　　　　1

7、不透水性　　　0.3MPa，30MPa 不渗漏

8、粘接强度（MPa）　　　　　　≥0.6

9、耐温变性130℃～−40℃，10 次　无变化

10、耐酸性（5%H₂SO₄）　1440h，无起泡、不脱落
　　　　　（5%HCl）　　1440h，无起泡、不脱落

11、耐碱性（5%NaOH）　1440h，无起泡、不脱落

12、耐盐水性（5%NaCL）　1440h，无起泡、不脱落

13、耐汽油（120″）　　1440h，无起泡、不脱落

14、耐水性　　　　　2160h，无起泡、不脱落

15、耐湿热　　　　　500h，一级

2. 涂料的研制：

在完成防腐涂料的主要成份 IPN 聚合物树脂的研究工作后，开始了以该树脂为基础的涂料研究。根据中山舰的特殊要求，分别进行了底涂、中涂和面涂的研究和配合性试验。

2.1. ZS-2 的研制：

对于中间漆来说，主要考虑的是其封闭性；与底漆、面漆的配合性及抗腐蚀性能，因此在树脂的选择上考虑与面漆采用同体系树脂，同时兼顾与底漆的相溶性，对于其封闭性能考虑采用比较成熟的鳞片状填料。鳞片状填料主要有铝粉、云母片、云母氧化铁和玻璃鳞片。玻璃鳞片密度高，易沉淀、施工不方便，而铝粉与云母氧化铁的封闭功能较好，因此选择不同细度的铝粉与云母氧化铁作为封闭性片状主要填料。通过大量的试验研究，优化出 ZS-2 的配方比例。

2.2. ZS-3 的研制：

面漆主要考虑防腐性和装饰性，对中山舰防腐性的要求主要是耐候性、耐水、耐盐雾及耐冲击、耐磨性能等，装饰性方面主要是涂膜的丰满度、光泽度。ZS-3 面漆我们以 IPN 树脂为主，并加入进口金红石钛白粉、颜料、抗紫外线吸收剂、流平剂、消泡剂等助剂。

我们选择了几种常用的防腐涂料：氯化橡胶（J）、环氧（H）、脂肪族聚氨酯（S）、环氧/聚氨酯（HS）、丙烯酸/聚氨酯（BS）按照国家标准分别测定漆膜柔韧性（GB/T1731-93）、耐冲击性（GB/T1732-93）、耐水性（GB/T1733-93）、耐油性（GB/T1734-93）、耐化学试剂性（GB/T1763-89）、漆膜光泽（GB/T1743-89）、耐候性（GB/T1765-89）及耐盐雾和耐湿热性（GB/T1771-91 和 GB1740-89）与 IPN 聚合物（ZS-3）进行性能比较。

与此同时我们在湛江沿海进行耐候性、耐海水的挂板试验，试验方法如下：

将上述六种涂料分别涂在 50×500mm 马口铁板上，底漆为相应体系的防锈漆，底漆 30±1.5μm 一道，面漆 30±1.5μm 一道，总厚度 60±2μm，各制备三块样板，自然干燥 7 天后用火花仪检测针孔，合格后进行试验。

①耐候性试验：在湛江沿海某处屋顶（海边、7 层露天）面向南 45° 角固定排放，每隔 1 个月观察一次，试验周期一年。

②耐海水性试验：南海码头海湾，用浮阀固定样板，一半漆膜在海水中，一半漆膜在水面。每隔半个月观察一次，试验周期一年。

通过以上综合测试，得到综合性能评定列入表 5。

表 5　各种涂料综合性能评定

涂料性能\项目	J	H	S	HS	BS	ZS-3
柔韧性	△	×	○	◎	○	◎
耐冲击性	△	×	○	◎	◎	◎
耐水性	○	○	◎	○	△	◎
耐油性	×	○	○	○	○	◎
耐盐水性	○	○	◎	◎	○	◎
耐候性	○	△	○	△	○	◎
耐盐雾性	○	○	○	◎	○	◎
光泽度	△	○	○	◎	○	◎
耐湿热性	○	○	○	○	○	◎
综合性能	△	△	○	○	○	◎

注：×—性能较差
　　△—性能一般
　　○—性能较好
　　◎—性能优良

通过测试和综合评定，我们选择 ZS-3 为中山舰内保护专用面漆的首选漆种。

2.3. ZS-5 的研制：

由于无机富锌底漆对基层处理要求较高（必须经喷砂除锈），而中山舰局部如底舱、隔仓等狭小空间无法采用喷砂除锈，因此对这些部位必须采用其它底漆，作为防腐底漆，其主要功能为防锈，我们分别用 A、B、C 三份复合防锈颜料进行比较试验（树脂采用 IPN），并按以下步骤进行试验。

将树脂、助剂、颜填料预混合后均分六份称重计量，前三份分别按计量比例加入等重量的 A₁、B₁、C₁三份颜料；后三份分别按计量比例加入等摩尔的 A₂、B₂、C₂三份颜料。

分别混合均匀后进行分散、砂磨、过滤，按 GB1727-92 的制备法制备成四组试板。

第一组：六块涂膜厚度 100±15μm；

第二组：六块涂膜厚度 40±5μm。

第三组：六块涂膜厚度 45±5μm。

第四组：六块涂膜厚度 45±5μm。

①第一组进行盐水试验

在 30～35℃恒温加盖盐水槽中，盐水浓度 5%，每 24 小时补水并搅拌 5 分钟，观察挂板出现锈斑的时间，表 6 为试验结果。

②第二组进行盐雾试验

在标准盐雾箱中，温度 35～40℃进行盐雾试验，观察挂板出现锈斑的时间，表 7 为试验结果。

③第三组进行漆膜附着力试验

按 GB/T 1720-89 之方法，用划圈法进行测定，测定结果见表 8。

④第四组进行耐酸性试验

试验方法同①将 5%盐水改换成 5%H₂SO₄，测试结果见表 9。

表 6　耐盐水试验

时间(h)	A₁	B₁	C₁	A₂	B₂	C₂
560	△	○	○	×	○	○
720	×	○	○	×	○	○
840	×	×	○	×	△	○
1000	×	×	○	×	×	△
1440	×	×	△	×	×	×

表 7　耐盐雾试验

时间(h)	A₁	B₁	C₁	A₂	B₂	C₂
480	×	○	○	×	○	○
640	×	×	○	×	×	△
720	×	×	△	×	×	×

表 8　附着力试验

样　号	A₁	B₁	C₁	A₂	B₂	C₂
级　别	2	1	1	2	1	1

表 9　耐酸试验

时间(h)	A₁	B₁	C₁	A₂	B₂	C₂
720	△	○	○	△	○	○
840	×	○	○	×	○	○
1000	×	△	○	×	△	△
1440	×	×	△	×	×	×

注：表中　×—出现锈斑

　　　　×—表面失光

　　　　○—表面基本无变化

以上试验表明防锈颜料 C、B 有较好的耐盐水、耐盐雾、湿热化学腐蚀性能及较好的附着力。比较适合于中山舰专用底漆，但颜料 C 在 IPN 树脂中的分散及润湿性较差，因而应选 E 为防锈颜料。经反复试验配成底漆 ZS-5。

四、ZS-4 的研制：

对于中山舰外保护面漆性能特别是耐老化性能的要求很高。含氟涂料因其优异的耐候性能成为中山舰外保护面漆的首选。但是含氟涂料存在着光泽度不理想，涂膜不丰满，价格高等缺点。而丙烯酸酯及聚氨酯涂料却能有效的弥补它的缺点。因此我们选用丙烯酸嵌段共聚聚氨酯对含氟聚合物进行部分改性为中山舰外保护面漆树脂。

1. 含氟聚合物的选择：

含氟聚合物的碳氟键离解能比碳氢键要大的多；而碳氟键的键长又比碳氢键短，所以氟树脂有良好的机械性能和优异的耐化学品性。由于氟树脂有较高的结晶度，使其不易溶于溶剂中。在含氟单体中，加入有关官能团的单体使其

共聚，降低该含氟聚合物的结晶度，就可使该含氟聚合物溶于溶剂中，制得含氟涂料。日本旭硝子公司开发出三氟氯乙烯、烷乙烯基醚和羟基乙烯基醚的三元共聚物氟涂料可溶于溶剂中。为保证工作进度及质量，决定直接选用日本旭硝子公司此种产品。

交联固化：缩二脲不泛黄，保色保光性好，但成本较高；TDI/HDI 三聚体干性好，泛黄性和耐候性适中，成本较低。本研究将缩二脲与 TDI/HDI 三聚体拼用，以达到既能高性能要求，又价格适中。经试验确定缩二脲与 TDI/HDI 的质量比。

2. 丙烯酸嵌段共聚聚氨酯的合成与研制：

丙烯酸酯系列共聚物涂膜因具有高光泽、高硬度、附着力强、耐久性、耐老化性、耐酸性、耐沾污性好等特点而被广泛应用。但其脆性较大，在低温地区易龟裂、粉化；高温环境易泛白。通过不同物料进行共混改性，虽能提高其性能，但因不同物料相容性差，一般为部分相容，影响涂料产品的贮存稳定性及涂膜的性能。近年来，人们通过互穿网络聚合、接枝共聚、有机硅改性等方法提高其性能。本合成以多种丙烯酸酯单体共聚，并通过势能计算，采用在共聚物主链上间断滴加方法进入烯丙基磺酸钠、三羟甲基丙烷丙烯酸酯，控制合适的反应条件，调控不同的分子量，制成油溶性、高度颜料分散性的新型丙烯酸酯嵌段共聚物。其涂膜性能不亚于一般有机硅、环氧化合物改性的同类产品。

2.1. 合成原理：

在引发剂催化下混合单体进行自由基聚，通过不同单体配料比及滴加引发剂和活泼单体的方法合成。主要合成反应如下（分子连接顺序未经检测）：

$$CH_2=C\begin{smallmatrix}CO_2CH_2CH_2OH\\CH_3\end{smallmatrix} + CH_2=C\begin{smallmatrix}CO_2H\\CH_3\end{smallmatrix} + CH_2=CH\cdot CO_2H + CH_2=CH\cdot CH_2SO_3Na + CH_2=CHCO_2\cdot CH_2OCCH=CH_2\begin{smallmatrix}CH_2\cdot CO_2CH_3\end{smallmatrix} \quad (1)$$

$$\begin{smallmatrix}CO_2CH_2CH_2OH\\+CH_2-C-\end{smallmatrix}\begin{smallmatrix}CO_2H\\CH_3\end{smallmatrix}\begin{smallmatrix}CO_2H\\CH_2-CH-\end{smallmatrix}\begin{smallmatrix}CH_2SO_3Na\\CH_2-CH-\end{smallmatrix}\begin{smallmatrix}CH_2-CH_3\\CH_2-CH\cdot CH_2CO_2\cdot CH_2OC\end{smallmatrix}$$

2.2. 主要试剂：

甲基丙烯酸羟乙酯(HM)，甲基丙烯酸甲酯(β-MM)，丙烯酸丁酯(BA)，丙烯酸(AA)，烯丙基磺酸钠，多异氰酸酯-三羟甲基丙烷(TMP-TDI)加成物，三丙烯酸季戊四醇酯(P-AP)，引发剂过氧化苯甲酰(BPO)。

2.3. 合成方法：

四口烧瓶中加入定景比例的单体和溶剂，在一定温度下滴加引发剂溶液，反应至 1h 和 3h 时，间断滴加活性的烯丙基磺酸钠单体（引发剂浓度相同），恒温全回流反应至溴值、羟值、粘度合格后，加入 0.02%阻聚剂，搅匀后出料，产品为浅色透明硬状液。

2.4. 引发剂用量、反应时间与单体转化率及分子量关系：

不同浓度的过氧化苯甲酰(BPC)引发剂在相同温度、相同单体浓度下添加，不同时间的反应结果如图 3。

图 3 中曲线表明：单体的转化率随反应时间的延长，引发剂用量的增大而增大。反应初期 1-2h 内单体转化率增长较快，反应 4.0h 后单体转化率增长趋缓。引发剂用量与共聚物数均分子量关系见图 4。图 4 表明：引发剂用量大，反应温度高，短时间内体系粘度增大，不利于分子量提高，综合几方面因素，最佳反应条件：引发剂用量为 0.75%-0.9%，反应时间 4-4.5h，反应温度 98℃。

1-1.3%; 2-0.9%; 3-0.7%; 4-0.5%　　　　　　1-80℃; 2-98℃; 3-120℃

图 3　单体转化率与反应时间、引发剂用量的关系　　　图 4　引发剂用量与共聚物数均分子量的关系

2.5. 反应温度与聚合时间的关系：

在 0.9%的引发剂和同等的单体浓度下，以粘度和溴值为终点，测定不同温度下聚合反应所需的时间，见图 5。

图 5 表明：自由基聚合反应对温度变化十分敏感，尤其在高温条件，短时间即可完成反应，甚至出现凝胶（图 5 中黑点表示凝胶点），根据 Arrhenius 公式可知：反应速度 $k=Ae^{-E/RT}$，$\Delta E_{聚合}=(E_P-E_t)/2+E_d/2$，反应主要取决于 $E_d/2$ 引发剂分解活化能项。E_d 一般较小（110-150J·mol^{-1}），所以，温度过高，会导致 k 值增大，体系中的自由基浓度显著增大，易引起暴聚。

2.6. 聚合时间与转让化率和分子量的关系：

在配料比、引发剂用量一定，反应温度为 98℃下，考察聚合反应时间与共聚物转化率和分子量关系，如图 6 所示。

图 6 中单体转化率随聚合时间的变化，其测定值同以文献参数指数组合模型计算结果相同。图 6 曲线显示，反应时间延长，有利于提高单体转化率和分子量；但反应 4.0h 后曲线趋于平坦。

图 5 反应温度与反应时间的关系　　图 6 聚合时间与分子量和单体转化率的关系

2.7. 单体浓度与聚合物转化率、粘度关系：

单体浓度与转化率的关系见图 7。图 7 显示，单体浓度 ≥60% 时，转化率反而降低（反应时间均为 4.0h），这表明反应后期存在大分子链间短链转移的迹象。根据聚合速率方程，$Kp=\dfrac{dx/dt}{[P\cdot](xf)}$ 可知：聚合前期 Kp 恒定不变，4.0h 后 Kp 减小，实验结果同 Hamilec 的结论是一致的，即 Kp 下降预示链增长反应中存在扩散控制机理。

在其他条件不变前提下，改变单体浓度，测定单体转化率和粘度关系。实验表明，共聚物中羧基和磺酸基含量对粘度影响明显，如图 8 所示（图 8 为固

17

含量不同的聚合物的测试结果）。反应过程溶剂量对聚合物粘度影响如图 9。

图 8、9 也从侧面反映了丙烯酸酯类聚合物具有反常的高粘度和溶剂的容忍度的原因。

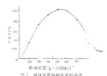
图 7 单体浓度与转化率的关系　　图 8 -COOH、-SO₃Na 含量与聚合物关系

2.8. 嵌段聚合与单体自聚活化能关：

合理设计共聚物的硬、软链段及游离 -OH、-SO₃Na 的分布，有利于加入固化剂交联固化后，提高涂膜的力学性能、光学性能、耐水性、耐老化性，尤其是树脂本身在有机溶剂中的溶解性。依据文献的方法简易求解单体的 FMO 能量（根据单体自聚反应速度用 Arrhenius 公式 $k=Ae^{-\frac{Ea}{RT}}$，以 t=98℃ 作 $\ln k-\frac{1}{T}$ 曲线，计算反应 Ea，同图 10 相近），并计算反应势能，如图 10，确定合成方法。

根据 Hoffman 的 FMO 理论可知：丙烯酸酯共聚反应属轨道控制反应，其反应活性符合二级微扰理论方程：

$$\Delta E_{相互}=\frac{2(C_D^{HO}\cdot C_A^{LU}\cdot \Delta\beta_{DA})^2}{E_D^{HO}-E_A^{LU}}$$

式中，C_D^{HO} 为给予自由基的 HOMO 轨道系数（在自由基反应中为 SOMO），C_A^{LU} 为接受体的 LUMO 轨道系数；$\Delta\beta$ 为获尔斯-阿德尔反应中心的共振积分。因此，反应主要取决于两作用的 FMO 轨道能差 $\Delta E'$。在激发态时，单体转变为双自由基，其前沿轨道能隙 $\Delta E'=E_D^{SOMO}-E_A^{LUMO}\le 6Ev$。又根据实验及 Arrhenius 公式 $\ln\dfrac{t_1}{t_2}=\dfrac{E}{R}\left(\dfrac{T_2-T_1}{T_1\cdot T_2}\right)$ 求得表观反应势差，反应易于进行，

18

尤其是烯丙基磺酸钠单体其反应势能很小，易于自聚。为控制嵌段聚合，我们采取了滴加方式进行聚合。同时适当地提高聚合温度，减小 β-HM、AA、BA 单体因活化能差异的竞聚，而 P-AP 反应势能较高。根据图 6 可知，最理想嵌段时间为反应进行至 1h（$\overline{Mn}=3.2\times10^4$）和 3.0h（$\overline{Mn}=5.1\times10^4$）时，分段滴加。

单体空间障碍大，反应活性最低。从理论分析：在嵌段聚合中，一般接枝于大分子链末端。这种模式的共聚反应一直进行到主链 $\leftarrow A-B-C-D\rightarrow_n$ 的 E_D^{SOMO} 能级下降到与单体的 E_A^{LUMO} 能隙 >6eV 时，反应自动终止。有趣的是，反应具有分子量的自动调节功能。这一点同高分子聚合加速效应后期速度减小加快，然后缓慢并趋于零的文献叙述一致，并经本实验证实（见图 4、6）。因此，在嵌段聚合反应后期，尽管延长了反应时间，单体未能完全转化。

 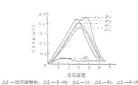
图 9 固含量与聚合物粘度的关系　　图 10 丙烯酸酯自聚反应势能图
ΔE—均丙烯酸酯；ΔE₁—β-HM；ΔE₂—AA；ΔE₃—BA；ΔE₄—P-AP

2.9. 嵌段共聚物表征：

分别进行 IR 谱、TGA 谱测试，结果见图 11、12。

显然 IR 谱，3419.2cm⁻¹ 宽强峰为羟基吸收峰；2960.2cm⁻¹、2827cm⁻¹ 分别为一 CH₂ 的吸收；2620cm⁻¹ 弱峰为酯基频吸收；1645cm⁻¹ 为 C=C 双键吸收；1390.4cm⁻¹ 为 S=O（磺酸及盐类）；1172-1265cm⁻¹ 为 C=O、C—O—C、O—H 等官能基倍频吸收。IR 谱信息表明，嵌段结构中含预先设计基团（见反应式（1））。从图 12TGA 热重曲线可见，155℃之前为溶剂吸热挥发失氧，失重率为 24.35%；197.9℃ 开始分

19

解至 367.75℃ 热分解率占 75.65%，同文献[1]的改性的丙烯酸共聚物可相类比。加入改性后的 TMP-TDI，热失重主要为两个阶段：≤192℃（12.1%）为少量溶剂和未交联固化剂；295～562℃（78.7%）为聚氨酯弹性体（图略）。

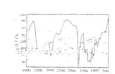
图 11 嵌段聚合物的红外光谱图　　图 12 嵌段聚合物 TGA 曲线

3.9. 嵌段共聚物物性：

嵌段共聚物的物理性能见表 10。

表 10 嵌段共聚物的物理性能

测试项目	结果	文献[1]	测试方法
外观	水白清亮	-	
色泽	1	-	GB 1721-79
固含量/%	48	48	GB 1725-79
酸值/mgKOH·g⁻¹	28	-	GB 2895-82
溴值/mgKOH·g⁻¹	34	-	按文献[1]
羟值/mgKOH·g⁻¹	46	-	按文献[1]

3. ZS-4 的研制：

3.1. 配制涂料：

将含氟聚合物溶液的固体份含量稀释为 50%，按比例与丙烯酸嵌段共聚氨酯混溶。取混合树脂 75（质量比），加入 R930 钛白粉、流平剂、溶剂、消泡剂等助剂配成涂料。

文献[1] 田军、薛群基.有机硅橡胶改性丙烯酸树脂附膜的接水性研究.高分子材料与工程,1998,4.

20

3.2. 制备样板和试样：

按照 GB1727-79（88）和 1765-79（88）制备样板；GB1763-79（88）制备试样。

3.3. 涂膜性能检测：

附着力、光泽、耐冲击性、硬度、耐盐雾性、耐化学品性和人工加速老化均按国家有关标准测定及评定。最后确定中山舰外保护专用丽漆 ZS-4。

五、涂料的优化和配套：

在初步选定涂料后，又对配方进行优化调整，并进行多次检测（检测结果见相关检测报告），对涂料间的配套性进行检测。主要测试层间附着力、涂刷性和咬底等方面的指标，均取得满意效果。将 ZS-3、ZS-4 及国内某企业环氧聚酰胺磁漆、聚氨酯磁漆企业标准列表如下：

指标名称	品种	ZS-3	ZS-4	环氧聚酰胺磁漆	聚氨酯磁漆
耐盐雾性（25±2°C，5%NaC1）		1500			96
耐老化性		1500	1600		
耐水性（浸入 GB5682 的三级水）		2900	72		144
耐盐水性（浸入 3%NaC1）		1480	72		

经研究确定：

1. 以 ZS-1 或 ZS-5 为底漆；ZS-2 为中间漆；ZS-3 或 ZS-4 为面漆的组合有良好的配合性；

2. ZS-5 可以在人工除锈达到 St3 级以上时应用，并与其它涂料有良好的配合性。

六、施工工艺

1. 基体表面处理

基层处理是指在进行涂装前，除去基体表面附着物或生成的异物，以提高基体表面与涂层的附着力，是防腐工程的第一步。涂层防护效果不仅与涂漆的种类、工艺等因素有关，涂漆前的表面处理也是至关重要的。如果前处理达不到要求，将会影响涂层与基体的结合力，达不到防锈效果。不同表面处理方法的应用应从腐蚀环境、要求、经济价格等各方面考虑，作到既要有使用效果又有经济效益。中山舰沉没时间太久，内外腐蚀严重，部分已出现腐蚀穿孔，对

较好的舰体参照国标 GB8923-88 进行评定，其锈蚀等级达 D。因此采用喷砂除锈。这种方法可除去表面的污垢、锈蚀，清洁表面。根据文物的修复原则，修复防腐工作应尽力不伤害舰体。喷砂除锈时应严格控制施工压力、喷射时间、喷射角度、喷距、及磨料的形状、粒径等级等，达国标 GB8923-88Sa2.5 级。喷砂除锈的部位用 ZS-1 为底漆。

由于舰体结构复杂，部分舱室不能喷砂除锈。不能喷砂除锈的部位，经研究采用人工除锈要求达到 St3 级以上，并对基体进行磷化处理，采用 XL-80 新型超低温快速"四合一"磷化剂，以 ZS-5 为底漆。

2. 涂装体系

依据国家有关标准及中山舰保护的特殊要求，根据我们的研究和实验结果，确定如下涂装体系：

A：内保护手工除锈涂装体系

涂料名称	道数
XL-80"四合一"磷化剂	1
ZS-5	1
ZS-2	1
ZS-3	2

B：内保护喷砂除锈涂装体系

涂料名称	道数
ZS-1	2
ZS-2	1
ZS-3	2

C：外保护涂装体系：

涂料名称	道数
ZS-1	2
ZS-2	1
ZS-4	2

---

3. 涂装方法：

3.1. 底漆采用手工刷涂，增强涂膜附着力。

3.2. 中间漆、面漆采用喷涂，保证涂漆外观。

4. 涂装环境

当出现下列情况时不得进行涂装：

a. 涂装环境温度低于 5℃或高于 40℃。

b. 基材表面温度低于露点温度加 3℃。

c. 涂装周围环境相对湿度大于 85%。

5. 涂装间隔时间：

a. 喷砂（手工）除锈达要求后，立即涂刷一道底漆，最长不超过 6 小时，如因各种因素造成返锈，应重新施工。

b. ZS-1 涂刷间隔：6h≤ t ≤24h

c. ZS-2 涂刷间隔：72h≤ t ≤7d

d. ZS-3 涂刷间隔：24h≤ t ≤7d

e. ZS-4 涂刷间隔：24h≤ t ≤7d

f. ZS-5 涂刷间隔：24h≤ t ≤7d

七、质量标准：

1. 涂膜厚度：按 GB1764：用干膜厚度计测量显干膜厚度，不合规定要补涂。测量的取点如下：小于 10m² 的面，每面不少于 3 点，大于或等于 10m² 的面每 5-10m² 测 1 点，管路等细长体每 3-4m 长测 1 点，管路等细长度每 3-4m 长测 1 点，其厚度 90%以上应达到标准涂层厚度，且最小厚度值不小于标准涂层厚度的 70%。考虑到中山舰的特殊要求并结合具体情况，对腐蚀较严重及凸凹不平的区域加倍取点检测。

2. 附着力：按 GB9286 测量 ≤1。

3. 外观：目测检查，无明显漏涂、起泡，表面平整光滑。

4. 漏涂和针孔：用针孔检测仪进行检测，无火花产生为合格。

5. 起泡：按 GB/T9277·2-88 检测。

八、实际应用：

中山舰防腐保护工作经多方的组织、协调后，于 1999 年 11 月全面展开。并且在严格技术条件及工艺条件的前提下，现已全部完成。

1. 人员：

在中山舰修复工作中，凡参与工程的人员都进行了相应的岗位培训，培训合

格后持操作证上岗施工。

2. 材料：

2.1. 材料检验：所有施工材料都经国家级检测机构的检验合格后才办理入库手续，进入施工现场。

2.2. 材料的调配：

a. 开桶：施工时要求施工人员开桶前仔细检查并确认涂料的品种、牌号、颜色、有效贮存期等是否符合要求，然后将桶盖及周围的灰尘污物擦净，以避免异物混入。开桶后，发现表面有结皮时，要沿边缘将漆皮割开取出，不要任意搅动，不能使漆皮碎片搅拌在涂料中。

b. 搅拌：涂料成分中比重较大都容易下沉，而较小者容易上浮，所以使用前搅拌均匀，才能充分发挥涂料性能。

c. 双组份涂料混合和熟化：双组份涂料混合后在规定的使用期限内用完，避免浪费。双组份涂装涂料是由基料和固化剂组成，通过固化剂和基料混合后的化学反应来达到固化，所以基料和固化剂必须按比例混合，混合时，将固化剂在不断搅拌的情况下，缓缓加入基料中，直至全部加入并搅拌均匀。

双组份涂料在基料和固化剂混合后，放置一段时间，达到规定熟化时间后，才可用于涂装。

d. 稀释：每种涂料使用何种稀释剂以及最大用量都严格按产品说明书上规定。涂料中加入稀释剂后，还需充分搅拌均匀。

e. 过滤：涂料在使用前都需要 60~100 目的尼龙网或金属网过滤。因为在涂料中可能产生或混入较大的固体颗粒，漆皮或其它杂质，这些杂质会影响涂层美观，也会堵塞喷嘴，使喷涂作业无法顺利进行。

3. 工艺纪律：

3.1. 施工人员按工程方案工序完成后，对照检测项目和质量标准进行自检。确认合格后，自检合格填写《工程施工交工单》提交质检员检验。

3.2. 质检员接到班组《工程施工交工单》进行严格的质量检测。确认合格后在工程施工交工单上签字，交下道工序施工。当发现不合格填写《返工通知单》交班组返工并重新检验。

3.3. 质检员及工程管理人员经常巡视施工现场，发现违反工艺纪律和操作规范者及时制止，并及时改正。

4. 现场施工

4.1. 基层表面处理：

施工中我们对舰体内、外壁及下甲板以上所有舱室(不含备用煤舱、第1—4煤舱、二层锅炉舱及轮机工作房)采用喷砂除锈，基层表面达到 GB8923-88 中 Sa2.5 级，粗糙度 50~75μm，对腐蚀严重的区域，我们调低了喷砂压力，采取低压多次喷砂以尽量减少对本体的伤害。

对下甲板以下底舱所有舱室和备用煤舱、第1—4煤舱、二层锅炉舱及轮机工作房，因施工条件限制无法喷砂除锈部位，采用动力工具除锈，基层表面达到GB8923-88 中 St3 级。

4.2. 涂装施工：

对采用动力工具除锈的基层表面先用 XL-80 新型超低温快速"四合一"磷化剂进行磷化处理，然后按内保护手工除锈涂装体系(A)涂装。采用这套体系的主要范围为：下甲板以下底舱所有舱室、备用煤舱、第1—4煤舱和二层锅炉舱、轮机工作房，总面积约 3000 m²。

对舰体内部采用喷砂除锈的基层表面按内保护喷砂除锈涂装体系(B) 涂装，采用这套体系的主要范围为：下甲板以上底舱所有舱室内部(不含备用煤舱、第1—4煤舱和二层锅炉舱、轮机工作房)，总面积约 5000 m²。

对舰体外表采用喷砂除锈的基层表面按外保护喷砂除锈涂装体系(C) 涂装，采用这套体系的主要范围为：舱体外表面，总面积约 2000 m²。

4.3. 机械、锅炉、管系及铜质构件处理：

机械采用动力工具除锈，外壳及非运动构件内壁按内保护手工除锈涂装体系(A)涂装；运动构件内壁采用手工除锈后经 XL-80 磷化剂磷化，并涂特种防锈黄油。

锅炉内部因施工条件限制，决定采用密封充氮法进行保护，锅炉外部采用动力工具除锈，按内保护手工除锈涂装体系(A)涂装。

管道内壁尽量疏通、除锈，然后用 XL-80 磷化剂磷化，并涂特种带锈防锈漆；管道外壁采用动力工具除锈，按内保护手工除锈涂装体系(A)涂装。

对舰内铜质构件，采用手工除锈后涂装清漆。

5. 安全卫生：

因修复工作在船舱内部，施工空间相对封闭、狭小，因此施工时注意了照明、通风、防尘等安全、卫生问题。制定了以下安全制度：

a. 施工用电机、开关、照明采用防爆电器。

b. 不得在施工现场和材料存放处吸烟、带入火种及其它可能产生明火或火花的物品或操作。

c. 做好通风、防尘工作。

d. 要求现场人员不得用溶剂洗手、洗脸，以防中毒。

e. 应避免涂料和溶剂溅入眼中，如发生应立即用清水冲洗眼部 10 分钟以上并到医院治疗。

f. 施工中如发现头昏、恶心等中毒现象应立即离开现场到通风处休息，严重者立即送往医院。

g. 不得用脏手进食。

呈：武汉市文化局

著名历史文物"中山舰"整体迁移工程

实

施

方

案

重庆长江轮船公司中山舰救助打捞工程部
重庆市渝中区太平门施救码 40 号
二○○八年一月三十一日

前　言

中山舰是伟大革命先驱孙中山先生乘坐过，并在中国近代史上有着重大影响和不同寻常经历的一艘军舰，它有着深远的政治影响和特殊的历史意义。先后经历了护国运动，两次护法，孙中山广州蒙难，中山舰事件和武汉会战等重大历史事件。1938 年 10 月 24 日该舰在武汉抗日保卫战中与日机激战，因尾部中弹沉没于江夏区金口镇长江水域。在社会各界的关注和呼吁下，于 1996 年 11 月 12 日，经国家文物局批准正式展开打捞，重庆长江救助打捞公司（现重庆长江轮船公司中山舰救助打捞工程部）承担了这一打捞重任，经精心组织，坚苦奋战，历时 78 天的水下打捞作业，于 1997 年 1 月 28 日，实现了"中山舰整体打捞出水"，在国内创造了整体打捞文物战舰的先例。在有关方面的关怀下，中山舰经原湖北造船厂按文物有关规定已原样修复，随着江夏区金口镇中山舰博物馆的建设完工，中山舰将作为文物搬迁至博物馆内永久保存，在博物馆内中山舰作为中国近代史的见证，展示出它不屈的爱国主义精神，警示人们牢记历史，不忘过去，缅怀英烈，激励斗志，向他们一样为了民族的利益，为了祖国的繁荣富强而努力奋斗。

一、工程概况

（一）工程概述

中山舰迁移工程，按中山舰博物馆建设的总体规化要求，于 2008 年 4 有 30 日前，将现存于湖北省武昌南华高速船舶有限公司（原湖北船厂）内的中山舰，迁移至距武昌约 25 公里远的江夏区金口镇中山舰博物馆内。中山舰迁移工程将采用中山舰由船台下排、中山舰进浮坞坐墩、拖轮顶推浮船坞进行水上运输、浮坞抵岸靠泊接岸，卷扬机迁引，气囊滚动中山舰尾

部上岸、中山舰上岸运行至人字形调向区、调向后中山舰首部由气囊滚动运行至最高点、中山舰调向后平地运行垮越长江堤坝和公路，进入博物馆区内不断微调导向，在气囊的滚动下最后直入中山舰博物馆就位等工序。

（二）工程特点

1、作为文物的中山舰经过修复后，只是达到了结构完整性，存在着强度数据不确定、重心高度不确定、水密性不确定等因素，水上直接被拖带不具备条件。

2、采用浮船坞水上拖带运输中山舰，安全可靠，可起到充分保护文物中山舰的重要作用，并解决强度数据不确定，水密性不确定及不具备直接被水上拖带的问题。

3、坞内加工全托架固定中山舰，除了可保护中山舰在运输途中不受损坏外，同时也能更好地解决中山舰重心高度不确定因素给迁移工程带来的困难。

4、浮船坞靠泊地点水域，常年为回流水，船队操作难度大，不利船舶正常靠泊，需要采取特殊方式解决（如：掉头靠泊方式，利用岸上的地牛柱帮助船队靠泊）。

5、为保证中山舰上岸后的陆上气囊运行安全，采取修建人字形的道路方式，降低道路的坡度，坡度要求不超过 3 度，延长了中山舰陆地上运行的时间，增大了工程量。

6、陆地上气囊运行时间长，运行过程中中山舰将经过上坡、调向、转弯、平地运行等多项作业过程，最后进入博物馆内就位。

中山舰迁移工程为托架设计、浮船坞改建、船台下排、中山舰进坞坐

墩、水上拖带、陆上气囊运输的综合性工程，工序多，作业难度复杂，质量要求高，受托架固定，浮船坞拖带，道路因素影响大，故要统一组织指挥，协作，精心组织施工，确保中山舰迁移工程万无一失及施工安全，保证工程按期完成。

（三）质量、安全目标

1、质量目标

以中山舰安全整体迁移为中心，一切工作围绕中山舰安全为核心，确保中山舰整体迁移工程万无一失。

2、安全目标

中山舰安全下排，顺利进坞，浮坞拖带，靠泊上岸，气囊运行，进博物馆定位等整个施工过程中安全无事故。

（四）设计依据

根据中山舰工作领导小组对中山舰迁移工程的要求，中山舰博物馆提供的部分史料，中山舰旅游区地形图，金口镇槐山矶江边地形图。

二、施工条件

（一）水域条件

中山舰上岸地点水域常年为西流（回流），水流速度相对较缓，流速不大于1米/秒，4月份的水位不具备浮坞直接靠泊的条件，靠泊点的岸边河床要进行开挖，需要修建临时码头。

（二）岸上条件

水沫线距长江大堤最高点的直线距离为120米，将跨越长江防洪大堤

和一条公路，高度为17米，上岸地点河滩是原始的堆积、沉淀物，较为松散，需要建造一条可利用气囊运行的道路。

（三）现场条件

1、现场交通：场内外道路连成一体，陆上交通便捷，工地位于长江边，施工设备可采用水上运输方式解决。

2、现场用水电：施工用水电均由建设单位协助解决。

（四）组织条件

中山舰迁移工程是在武汉市中山舰迁移工作领导小组统一组织指挥下，委托重庆长江轮船公司中山舰救捞工程部、武汉市七0一所、武汉市地产集团、南华高速船舶有限公司等单位共同实施中山舰整体迁移工程，各单位高度重视，组织条件具备。

三、施工前准备工作

为确保中山舰迁移工程顺得进行，如期完工，必需充分做好迁移工程前的准备工作，具体工作安排如下：

（一）由武汉市七0一所根据中山舰舰长、舰宽、型深、稳性等条件，对中山舰迁移工程中需要的托架和引桥进行方案设计，提供中山舰舰体托架、引桥的相关参数以及设计图纸，并提供技术指导。要求气囊与托架接触面为满铺钢板、首尾雪橇型、两边圆弧型、建造符合抗拉强度的"双十字"缆桩共十个（两边为左右对称布置共八个，托架首、尾纵中各一个）、舰体坐墩高度不大于350。

（二）由南华高速船舶有限公司对七0一所设计的托架和引桥进行

建造，同时对中山舰迁移过程中，舰体下排后水中检漏、浮态调整、舰体坐坞、博物馆舰体油漆施工作业，并对浮船坞进行改建，符合气囊在浮船坞上安全运行，浮船坞与岸间引桥满足气囊运行尺度、强度要求。

（三）重庆长江轮船公司中山舰救捞工程部组织有关工程技术人员与武汉市地产集团协商，按中山舰陆上运行的实际情况和业主要求，确定修建临时码头，气囊的运行道路和地牛柱设置等施工作业方案，并进行技术交底。

（四）水上拖带运输作业前，及早与海事、航道、公安部门联系，协助有关部门完善有关手续，设立水陆警戒标志。

（五）有关部门应尽快拆除中山舰道路运行场内的有关建筑（砖厂房屋、电线），清除障碍，为道路修建施工创造条件。

（六）在甲方的安排下，按规定将水、电接至现场，并要与甲方协商好施工用地。

以上工程项目内容时间必须在二00八年三月二十五日前完成。

四、施工顺序

主要施工顺序：本工程为船台下排、中山舰坐坞（中山舰头部先进坞，满促头下尾上的拖带要求）、水上拖带、陆上气囊运输等，具体施工顺序为：

```
托架设计
   ↓
托架建造
```

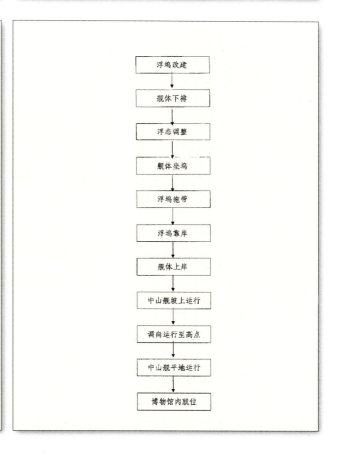

```
浮坞改建
   ↓
舰体下排
   ↓
浮态调整
   ↓
舰体坐坞
   ↓
浮坞拖带
   ↓
浮坞靠岸
   ↓
舰体上岸
   ↓
中山舰坡上运行
   ↓
调向运行至高点
   ↓
中山舰平地运行
   ↓
博物馆内就位
```

五、气囊的选择与有关数据

（一）舰体重量 Q 估算

1、气囊选用原济南军区空军后勤部军工厂研制生产，获国家发明专利的鲁鹰牌 JKS－B（Φ1.6×15m）高强度尼龙橡胶承载气囊。

2、据中山舰原始资料显示，该舰长：62.48 米，型宽：8.99 米，吃水：2.40 米，两头尖，舰体瘦削，满载排水量：780 吨。中山舰经打捞修复后，考虑到舰体轮机具还有少部分，舾装大部分恢复存在，武器已复原，弹药已清除，人员及生活用品的不存在的综合因素，实际舰体重量应该是：

Q$_1$=600 吨左右。

托架重量 Q$_2$ 估算

Q$_2$=50 吨左右

承载重量 Q$_3$ = 600 + 50 = 650 吨

按常规计算，得气囊数 N。

N = $\frac{650 \times 1.3}{160 \times 0.07 \times 10 \times 0.65}$ = 11.4（实取 12 只）

式中：

650————承运重量（T）；（假设托架为 50T）

1.3————气囊不平衡系数；

160————气囊承载力计算系数；

0.07————计设气囊工作压力（MPa）；

10————计设气囊长度（m）；

0.65————舰体附加托架后的相对方形系数（估算）。

考虑中山舰为国家一级文物，加上本次工程的特殊性，如：中山舰上岸地点坡度特别大，不具备直接上长江大堤的条件，为降低运行坡度，将有很长的一段是在长江岸边临时修筑的人字形道路，运行路基比较松软，为确保中山舰上岸运输过程中的绝对安全，中山舰在实际运行中使用 15 个鲁鹰牌 JKS－B（Φ1.6×15m）高强度尼龙橡胶承载气囊，该气囊最大工作压力可达 0.13 Mpa，在特殊情况时能发挥承受较大的负荷作用，考虑到移舰工作时还要有接续气囊，因此增备用气囊数量 5 个作为轮换使用，共需要承重气囊 20 个。

（二）坡度在小于 3 度时的气囊迁移力 F 估算

1、陆地气囊迁移力 F$_1$ 估算

道路运行坡度控制在小于 3 度时。

（1）舰体下滑力 F$_2$ 力估算：

F$_2$=sin3°×650=34.02 吨　　　（取 35 吨）

（2）舰体对斜面压力 F$_3$ 估算：

F$_3$=cos3°×650=649.11 吨　　　（取 650 吨）

（3）气囊相对舰体的摩擦力 F$_4$ 估算：

F$_4$=650×cos3°×0.25=162.28 吨　　（取 163 吨）

（4）气囊迁移力 F 估算：

F= F$_2$+ F$_4$

=198 吨

2、牵引地牛配置个数 N

N=4 个（每个地牛最大拉力 65 吨）

3、牵引钢缆千斤数的选择

（1）按一般钢绳强度计算（4.5×D²，D 单位为 cm）直径 56 钢缆的破

断力为 141 吨，满足每根最大拉力 55 吨的配置，即四根直径 56 钢缆千斤满足安全要求。

（2）走丝直径 26 钢缆的破断力为 30 吨，满足每根最大拉力 10 吨级的卷扬机的配置要求。

4、滑车组配置

按每组最大拉力 55 吨的设计，用 100 吨级滑车组完全满足设计要求。

5、卷扬机动力配置

按 10 吨级卷扬机 80%功率和滑车组摩擦阻力校核，每组安全有效拉力为 75 吨，四台 10 吨级卷扬机满足牵引要求。

（三）气囊牵引道路要求

1、坡度

（1）陈列馆区域 625 米线路区域，坡度在小于 2 度；

（2）从舰体触岸开始，到岸上闸门 360 米 "人" 字型线路区域坡度控制小于 3 度。

2、宽、曲度

宽度不小于 20 米，曲度半径不小于 70 米。

3、路面

（1）运行路面全部夯实、碾压、碎石铺路（厚度不小于 100）。

（2）横向高程差不大于 2 度，路面抗压不小于 0.6MPa/cm²。

（3）气囊牵引路面起点入水部位必须为直立的，高度在 1 米左右的端头，三方须垒砌、加固、夯实，确保舰体触岸高度调整和抗压强度要求。

4、触岸区域水下部位深度要求

根据明年三月底的水位情况，对触岸区域水下部位进行实地探测，确

保有浮船坞进出自然的水域深度和宽度。

（四）2640H$_p$ 拖轮的功率要求

（1）2640H$_p$ 拖轮，按常规 1 马力能拖带 3T 计算，2640H$_p$ 拖轮能拖带 2640H$_p$×3T = 7920 吨。

（2）1200 吨级浮坞主尺度：长 74.9 米、宽 24 米、坞墙宽 3 米、内宽 18 米、工作吃水 2.25，进坞船最大充许吃水 3 米、自重 Q 为 1472.4 吨。被拖带浮坞重量 Q = 1472.4 + 650 = 2122.4 吨。

（3）2640H$_p$ 拖轮能完全促使浮坞的正常拖带要求。

六、施工步骤及工期安排

（一）浮船坞靠泊前的准备工作

1、2640H$_p$ 拖轮拖带两艘综合工程驳船及施工人员于 2008 年 4 月 1 日前，到达江夏区金口镇槐山施工现场，在岸上纵向恰当位置开挖两个（地牛坑长 3 米×宽 2 米×深 3 米，内埋长 3 米 200 型工字钢两根，七尺枋 12 根，Φ47 地牛缆埋设）临时地牛柱，生两根Φ32 地牛钢缆，作好浮船坞靠岸纵向控制准备。

2、在浮船坞靠泊预定的码头区域后，岸上纵向恰当位置开挖 1 个（地牛坑长 3 米×宽 2 米×深 3 米，内埋长 3 米 200 型工字钢两根，七尺枋 12 根，Φ47 地牛缆埋设）临时地牛柱，生 1 根Φ32 地牛钢缆，作好浮船坞靠岸横向控制准备；下游 45 度方向抛锚 1 口（锚重 3000Kg，Φ45 锚链 7 节），作好浮坞靠岸横向控制准备（要求沉锚不碍航行）。

（二）气囊运行前的准备工作

1、8 套牵引设备（8 台 980KN 卷扬机、9800KN 滑车组、Φ56 牵引钢缆、

Φ26滑车组钢缆）、三台空压机、充气管件、动力电缆、木质墩料、起重专用气囊5个等其它设备转运上岸。

2、徐工320型装载机将4套牵引设备（卷扬机、滑车组、钢缆、充气管件、动力电缆）分别吊运到1号地牛组；再将另4套牵引设备（卷扬机、滑车组、钢缆分别）吊运到2号地牛组。

3、布放好牵引钢缆，根据道路的距离最后决定钢缆长度，初估钢缆走5道，连接好卷扬机与滑车组，并与地牛柱相连，接驳动力电源，预放牵引起重专用气囊5个，现场做好接中山舰迁移前的相关准备工作。

4、浮船坞上托架底部预留的空间内放置运行气囊15个，对齐中心线，连接气管，相关系缆工作。

5、工程时间：3天

（三）水上浮船坞拖运

1、2640H₂拖轮与浮船坞用加强缆进行顶推编队作业（双"八"字、连接、操纵缆），检查舰体、托架、坞各受力部位，确认安全无误后，由指导船长指挥开航拖运。公安、武警、海事、航道进场进行现场水域、陆地维护。500H₂拖轮随行护航到靠岸水域。

2、2640H₂拖轮拖带浮船坞靠泊预定区域后，连接收紧岸上钢缆，将浮船坞在纵向上得到有力控制。

3、完成纵向控制后，随即将岸上、下游45度方向的锚缆分别与浮船坞尾部连接、收紧、系妥，将浮船坞在横向上得到有效控制。

4、工程时间：1天

（四）中山舰迁移步骤

1、气囊运行中山舰上岸

（1）完成浮船坞靠泊妥当后，放下靠岸引桥，浮船坞调整吃水，岸上连接迁移千斤钢缆，并收紧待用。

（2）根据托架与岸接合部的高低，浮船坞进行升高或降低作业，接合高度达到运行要求时，起重专用气囊均匀充气，统一指挥实施离岸、上岸迁移作业。

（3）中山舰完全运行上岸后，拆除相关固位钢缆，收回定位锚及锚链，2640H₂拖轮将浮船坞拖回原址进行复原作业。

（4）中山舰上岸后在坡道上运行至调头区，运行距离180米。工程时间：4天。

2、中山舰陆地上坡迁移

（1）完成中山舰调头作业后，随即继续展开中山舰陆地上坡迁移，中山舰到达堤坝闸门口（最高点），运行距离260米。

（2）工程时间：3天

3、中山舰迁移进馆

（1）中山舰运行进入中山舰旅游规划临时围墙以内后，进行中山舰将调向作业，将中山舰纵向中心线与道路中心线吻合后，然后进入平地运行阶段作业。

（2）工程时间：4天

4、中山舰进馆就位

（1）中山舰到达陈列馆调向区域后，进行调向作业，将中山舰纵向中心线于陈列馆预设就位中心线吻合后，实施中山舰进馆作业。

（2）中山舰到达预定的终点线时，开始就位作业，将中山舰就位于预定位置，完成中山舰整体迁移工程。

（3）工程时间：4天

5、说明

（1）整个牵引路面设置地牛七组（从河边开始1-7编号），每组四个地牛，每个地牛安全抗拉不小于686KN。

（2）1号地牛组完成作业后，装载机将1号地牛组所有设备吊运到3号地牛组处进行组装、连接、备妥待用，依此连续、循环作业。

（3）装载机始终负责牵引现场设备的吊装、运输作业。

（五）善后处理（3天）

（1）一天时间协助中山舰舰体拆墩、就位、加固；

（2）一天时间对岸上工具、设备回收入库。

（3）一天时间对水上锚泊设备收缆进轮。

（4）返航回基地。

现场总工程时间控制在二十二天左右。

七、安全保证措施

安全施工方针：安全第一、预防为主

安全施工目标：中山舰迁移工程安全无事故

工程项目安全：确定中山舰迁移工程项目经理为该迁移项目安全生产的第一责任人，对该迁移工程安全生产负有领导责任，向下逐级建立兼职安全员，逐级建立安全生产责任制，形成有力的安全生产体系。

八、浮坞拖带安全预案

（一）增派1名指导船长驾驶监航，拖带前认真检查系缆和舰体坐墩是否牢固。

（二）开航前认真开好作业会，布置各项安全措施到位。

（三）悬挂特殊船队信号旗，专人无线电话联系上、下水船舶，严格遵守"内规"和过大桥有关规定，保持与各大桥监督站和海巡艇的不间断联系。遇情况不明，早停车稳航，不盲目起航。

（四）增派一艘500HP拖轮，随航护驾。

（五）拖轮抵拔时做好各种系缆准备工作，与岸上连接，固定好船坞，确保中山舰离开船坞上岸时的安全。

九、气囊运行操作工艺

（一）浮船坞船队靠泊好后，对每只起重专用气囊均匀充气，逐步提高压力，当托架底部高出墩料50mm时，停止充气，调整全部气囊内压，将中山舰坐墩的墩料全部拆除。

（二）卷扬机启动运行，托架托起中山舰开始随气囊一起向前移动，气囊在运行中持续应注意托架底部和坡道的夹角，通过前后气囊调压，使托架底部与坡道逐步保持平行，必要时可调节浮船坞的压载水吃，帮助中山舰高开浮船坞上岸。

（三）在卷扬机绞动牵引托架与中山舰时，不断从托架前部等距离喂入气囊，气囊滚动，逐步将托架与中山舰移出浮船坞，当整个托架与中山舰全部置于坡道上后，调整气囊内压，使托架底部与坡道平行，高度控制止在 0.5±0.05m 范围内。

（四）托架与中山舰进入坡道上后，首先通过调整气囊中心线的位置，尽量使托架中心线逐渐与坡道中心线对齐，气囊中心线应与坡道中心线垂直摆放，当坡道中心线为弧线时，气囊中心线应与弧线的切线方向相垂直，如出现不同方向的弧线时，要随时变更气囊中心线。

（五）要变换气囊中心线，必须等待前面的一只气囊摆放完备，充好气后，再更换第二只，在气囊中心线更变后要将左右两边的卷扬机收紧，注意避免左右松紧不等，只要圆弧线允许，卷扬机的位子可适当延长。

以上工作完成后，开始缓慢均匀启动卷扬机，使托架与中山舰逐渐移到卷扬机近处停止前进，晚上过夜时将在托架下垫一部分垫料与七尺方，使托架与中山舰固定稳妥不后退，气囊放少量气体。

（六）中山舰运行进入中山舰旅游规划临时围墙以内后，道路的坡度逐渐减小，这时候钢缆道数可以减少，另外，由于路面质量提高，为缩短工作时间，可以适当降低托架高度，确保托架高度在 0.3±0.05m，并减为用 13 个气囊滚动，以减少气囊运行时间。

十、气囊安全操作规程

（一）检查路基是否平整，地牛组是否符合抗拉强度。

（二）检查滑车组、钢缆的受力情况，如受力不均匀，应及时对滑车组、钢缆进行调整，使其钢缆均匀受力。

（三）备用 5 个气囊作为预备。

（四）铺垫气囊时应注意气囊平铺与路基之上，不得有折皱。

（五）充气人员应在中山舰同一侧充气，必须站在气囊加气口的侧面，不能正对充气口站立。

（六）充气人员应随时观察气囊内的气压表，如发现气囊气压表发现异常，应及时报告。

（七）现场指挥人员应做到哨音与旗语并用，施绞人员、充气人员应时听从现场指挥人员的统一指挥。

（八）派专人对气囊运行过程中的气囊的受力情况进行观察，中山舰运行路线的周边情况如有发现异常情况，应立即通知现场指挥人员停止施绞。

（九）现场配备一辆应急车辆。

（十）现场专人与交叉部门联系、协调、处理相关事宜。

十一、文明施工措施

（一）对参与中山舰迁移工程人员进行统一管理，教育全体员工必须遵守文明施工和社会公德，在施工现场及社会场所禁止酗酒、赌博、严禁打架斗殴和其他不文明的行为发生。

（二）各种入场机具、船舶、车辆必须停放整齐有序，各种材料堆放也应整齐有序，不得乱停乱放。

（三）加强团结协作，共同为完成迁移工程任务作出努力，首先要搞好各作业组的团结。同时要搞好同业主、监理、地方有关部门和当地居民之间的团结，为业主排忧解难，承担一切能够承担的对外联系和协调。

（四）施工现场设置醒目的文明施工标志，施工现场应经常进行日常

卫生防病工作，保证生活环境处于良好状态。

（五）施工现场设置保卫，做好防火、防盗并配备足够的消防器材。

（六）坚持文明施工，注意环境保护，做到工完、料尽、场地清洁。

十二、环境保护措施

（一）工作船上要对厨房、厕所、澡堂、垃圾堆放处作统一考虑，注意生产、生活产生的垃圾、废水、废气的排放处理及其噪音的控制，做到不对河流及生活区产生污染。

（二）教育职工自觉讲究卫生、爱护环境，提高职工的环保意识，减少或者消除生活用品的污染。

（三）要高度重视迁移工程施工过程中，可能发生的油污排放对长江造成的污染，要正确使用环保设备，杜绝不管是有意或是无意造成的污染。

十三、施工进度计划

（一）工期安排及说明

1、本迁移方案预定本工程的开工时间为 2008 年 4 月 1 日至 2008 年 4 月 22 日；总工期为：22 天。

2、根据迁移工程要求，本工程的关键工序主要为托架设计，托架建造施工，船坞改建，道路的修建，中山舰坐坞，船坞拖带，中山舰上岸，中山舰陆上气囊运行，各工序是保障迁移工程总工期的关键，为尽可能缩短工期，除一方面按施工进度安排施工，合理组织安排人力及物力；另一方面，尽可能使工期环节要衔接紧凑，合理安排搭接关系与确定合理的施工时间。

（二）施工总进度计划

根据中山舰救助打捞工程部编制的施工总进度计划，本工程的计划工期为 22 天，为保障这一目标的顺利实施，特制定以下施工进度计划：

1、2008 年 1 月 31 日前，中山舰迁移工程方案设计、专家论证，实施方案报中山舰领导小组，武汉市文化局。

2、2008 年 3 月 25 日前，完成托架设计，托架建造，浮船坞的改建，气囊运行道路的修建等工作期。

3、2008 年 4 月 1 日～2008 年 4 月 22 日重庆长江轮船公司中山舰救助打捞工程部对中山舰迁移工程的具体实施作业期。

十四、工期保证措施

（一）思想保证

1、项目经理作思想动员，由中山舰救捞工程部组织发动全体职工，一定要确保本中山舰迁移工程的顺利完成。

2、由主管生产的经理主持，在职工中确保工期、创安全的竞赛活动。

（二）组织保证

1、由主管生产的副经理组织有关部门和单位，共同担负本中山舰迁移工程的施工任务。

2、项目经理部和各项目负责人与施工人员形成一个网络整体。共同实施该中山舰迁移工程的施工。

（三）制度保证

1、调度会制度：日生产检查汇报、班前、班后会，协调落实计划。

2、进度考核制度：每阶段进行进度考核，并与工资、奖金挂钩。

3、机械管理制度：配件计划、维修保养、完好率和使用率考核制度

4、劳动力管理制度：劳动力计划、材料、库存保管等。

（四）技术保证

1、开工前，组织工程技术人员编制详细的施工组织、设计与安全计划，建立技术交底、三检制度等。

2、施工中，积极推广新技术、新工艺等。

（五）资源保证

1、材料保证：气囊、卷扬机、滑车组、充气管件、动力电缆、钢丝绳、墩料、白棕绳、手套、油料、后勤物资等保证满足施工进度计划要求。

2、劳动力保障：配备技术好的施工人员，满足本工程的施工要求。

3、机械设备保障：配置足够的机械设备，满足施工进度要求。

4、资金保证：保证本工程的用款满足施工进度的要求。

十五、投入主要设备

1、2640H_P拖轮	一艘
2、500H_P拖轮	一艘
3、综合工程船	两艘
4、980KN气囊	20个
5、12M³/0.7MPa空压机	一台
6、0.6M³/0.7MPa空压机	两台
7、98KN卷扬机	八台
8、980KN滑车组	八对
9、200米Φ56牵引千斤	八根
10、500米Φ26滑车组走丝	八根
11、3000Kg级（Φ45锚链7节）锚设备	两套
12、木质枋料、墩料、锲子	20M³
13、导向滑车	八个
14、320装载机	一台
15、75K_W发电机组	一套
16、现场通讯	六套
17、现场照明	20套
18、现场索具	10套
19、现场劳保用品	两套
20、现场燃润油	10吨
21、陆地动力电源配置	120Kw/380V

鉴于中山舰、托架、道路数据未能确定，投入设备需根据实际另报。

十六、投入人员（30人）

1、高级工程师	2人
2、高级船长	1人 3、救捞
工程师	3人
4、起重工程师	2人
5、电气工程师	1人
6、起重技师	1人
7、机械起重工	16人
8、机电工	3人
9、安全管理	2人

十七、陆地气囊牵引线路示意图：见后附件

十八、方案设计参考文献

一、姚根福先生著《海上救助与打捞》

二、海军港航学院《救助打捞工程原理》

三、海军航保司令部《救助打捞案例选编》

四、中国救捞《气囊下排工程案例选》

参考书目

皮明庥：《中山舰史话》，武汉出版社，2001 年。

王瑞华：《百年名舰风雨历程：中山舰工作实录》，武汉出版社，2013 年。

张侠、杨志本、罗澍伟等：《清末海军史料》，海洋出版社，1982 年。

张宪文、张玉法主编，朱汉国、杨维真、林辉锋等著：《中华民国专题史》（第四卷：
国民革命与北伐战争），南京大学出版社，2015 年。

周崇发：《风雨中山舰》，海天出版社，2013 年。

　　湖北省于 1997 年将举世闻名的中山舰打捞出水，2001 年完成中山舰舰体修复保护工程，2011 年武汉市中山舰博物馆正式对外开放。鉴于中山舰在中国近代史上的重要影响，且其打捞、修复、保护与展示利用工作作为我国水下考古工作的早期案例之一，价值和经验需要认真总结。受湖北省文物局委托，湖北省水下文化遗产保护中心、国家水下文化遗产保护武汉基地、武汉市中山舰博物馆承担《中山舰打捞与文物保护利用》的编写工作。为了圆满完成编写任务，我们到湖北省档案馆、文化厅、文物局查阅了大量的原始资料，请专家提修改建议，历经多年打磨，数易其稿，《中山舰打捞与文物保护利用》终于付梓。

　　本书详细介绍了中山舰整体打捞、修复和保护工程的实施过程，使读者从中可以看到，中山舰的打捞、修复和保护工作是科学而严谨的系统工程，为中国水下超大件文物的打捞发掘提供了宝贵的经验和珍贵的文献资料，有重要的参考意义。

　　本书的编纂工作得到湖北省文化厅、文物局和武汉市文化局、中国船舶工业总公司第七〇一研究所领导的亲切关怀和大力支持，湖北省文化厅党组成员、文物局局长黎朝斌，文物局副局长王风竹多次对《中山舰打捞与文物保护利用》的编写工作提出指导意见。胡美洲、周崇发、张威、余西云、顿贺、梁华平、王光明、程涛平、郑自来、徐家宽、周斌、李光辉等专家对本书提出了宝贵的修改意见。华中师范大学原党委书记、教授马敏先生抽出宝贵时间为本书写序。在此一并表示衷心的感谢。

　　由于中山舰的打捞、修复、保护与陈列展示是一项十分复杂的工作，时间跨度长，涉及单位和人员较多，资料非常丰富、庞杂，文中若有疏漏及错误之处，诚请各级领导、专家和广大读者批评、指正。

编　者

2018 年 11 月

www.sciencep.com

ISBN 978-7-03-062517-5

9 787030 625175 >

定价：328.00元